供应链管理专业协会（CSCMP）
布赖恩·吉布森（Brian J. Gibson）
[美] 乔·汉纳（Joe B. Hanna） 著
克利福德·迪菲（C. Clifford Defee）
陈浩哲（Haozhe Chen）
吴梦如 译

供应链管理综合实战

战略实施、信息协同、流程优化与绩效评估

人民邮电出版社
北京

图书在版编目（CIP）数据

供应链管理综合实战 ：战略实施、信息协同、流程优化与绩效评估 / 美国供应链管理专业协会（CSCMP）等著 ；吴梦如译. -- 北京 ：人民邮电出版社，2021.1（2023.9重印）
ISBN 978-7-115-54833-7

Ⅰ. ①供… Ⅱ. ①美… ②吴… Ⅲ. ①供应链管理 Ⅳ. ①F252.1

中国版本图书馆CIP数据核字(2020)第178642号

内 容 提 要

本书汇集了设计、实施和管理供应链所需的知识，提供了对供应链管理在改善客户服务、降低成本和提高财务绩效方面的作用的新见解，清楚而详细地介绍了实施供应链管理的有效方法，可帮助企业在供应链竞争中获得优势。

全书介绍了供应链的定义、结构、流程、权衡决策、战略原则等，阐明了当前的挑战，分享了先进的技术；说明了确定定性和定量指标的方法，并展示了如何使用它们来管理、权衡和提高供应链性能；介绍了可能已经在重塑企业供应链的十大关键因素，如全渠道客户、生产转移、可持续性和自动化等。

图书内容集系统性、理论性、可操作性于一体，为读者提供全景化视角和解决方案，适合供应链管理的从业人员参考和阅读。

◆ 著　[美] 供应链管理专业协会（CSCMP）
布赖恩 • 吉布森（Brian J. Gibson）
乔 • 汉纳（Joe B. Hanna）
克利福德 • 迪菲（C. Clifford Defee）
陈浩哲（Haozhe Chen）
译　吴梦如
责任编辑　马 霞
责任印制　周昇亮
◆ 人民邮电出版社出版发行　北京市丰台区成寿寺路 11 号
邮编　100164　电子邮件　315@ptpress.com.cn
网址　https://www.ptpress.com.cn
涿州市般润文化传播有限公司印刷
◆ 开本：700×1000　1/16
印张：20.75　2021 年 1 月第 1 版
字数：237 千字　2023 年 9 月河北第 5 次印刷
著作权合同登记号　图字：01-2019-7542 号

定价：79.80 元

读者服务热线：(010)81055296　印装质量热线：(010)81055316
反盗版热线：(010)81055315
广告经营许可证：京东市监广登字 20170147 号

本书作者谨以此书献给作者的家人。作者非常感谢他们在作者的职业生涯和本书的写作过程中给予作者的鼓励、耐心和支持。布赖恩·吉布森（Brian J. Gibson）非常感谢他的妻子马西娅（Marcia）和儿子安迪（Andy）。乔·汉纳（Joe B. Hanna）要感谢他的妻子艾米（Amy）、孩子马克（Mark）和萨拉（Sara）。克利福德·迪菲（C. Clifford Defee）要感谢他的妻子若伊（Joi），孩子梅森（Mason）、科林（Collin）、杰西（Jesse）、凯西（Casey）、德鲁（Drew）和斯科特（Scott）。陈浩哲（Haozhe Chen）要感谢他的妻子静（Jing）和女儿康妮（Connie）。

关于作者

布赖恩·吉布森（Brian J. Gibson）博士在奥本大学担任供应链管理讲席教授。他在物流经理岗位工作多年，积累了相当丰富的经验，他也是一位具有创新意识的教育工作者，经常在课堂上分享之前的实践经验。他与人合作完成了100多篇学术文章，编写了《零售供应链年度状况报告》，拍摄了《供应链要点》系列视频，并出版了两本教科书。吉布森博士常年活跃于供应链管理领域，在供应链管理专业协会（Council of Supply Chain Management Professionals，CSCMP）、国家托运人战略运输委员会（National Shippers Strategic Transportation Counciu，NASSTRAC）教育委员会、零售业领袖协会（Retail Industry Leaders Association，RILA）物流指导委员会以及埃森哲学院的供应链管理内容开发团队中均有任职。

乔·汉纳（Joe B. Hanna）博士是奥本大学供应链管理学院副院长、教授。他发表了60多篇文章，活跃于奥本大学的本科生和研究生群体中，并参与了诸多管理教育项目。他还为一些公司提供教育和咨询服务，包括普拉特·惠特尼集团公司、现代公司、门罗物流公司、Pacer国际公司、Transplace公司、Fortna供应链咨询公司、SMC3公司、凯恩能源公司等。

在进入学术界之前，汉纳博士曾在菲利普斯石油公司（现康菲石油公司）、菲利普斯 66 化工公司（现雪佛龙菲利普斯化工公司）以及普华永道会计师事务所积累了实践经验。

克利福德·迪菲（C. Clifford Defee）博士是奥本大学供应链管理副教授。他与人合作编写的一篇文章在《商业物流期刊》（2009 年）和《运输期刊》（2010 年）上获得了年度最佳论文奖。他是《零售供应链年度状况报告》的作者之一。迪菲博士是外包服务提供商 PFSweb 的联合创始人，在埃森哲工作 13 年后，他在 PFSweb 担任了 6 年首席运营官。

陈浩哲（Haozhe Chen）博士是美国东卡罗来纳大学商学院市场营销与供应链管理副教授。他在美国的一些物流和供应链管理期刊上发表了 20 多篇文章，目前的研究方向包括逆向物流、供应链整合、供应链关系和国际物流。他对与中国相关的物流话题及问题特别感兴趣。他在中国拥有 8 年的国际贸易行业从业经验，是美国运输物流协会（American Society of Transportation and Logistics，ASTL）、CSCMP、供应管理研究所（Institute for Supply Management，ISM）和逆向物流协会（Reverse Logistics Association，RLA）的积极会员。

推荐序一

从认识与操作两个层面去创新供应链

什么是供应链？根据 2012 年《物流术语》国家标准，“供应链是生产与流通过程中，为了将产品与服务交付给最终用户，由上游与下游企业共同建立的网链状组织”；在 2017 年国务院办公厅颁布的《关于积极推进供应链创新与应用的指导意见》中，“供应链是以客户需求为导向，以提高质量和效率为目标，以整合资源为手段，实现产品设计、采购、生产、销售、服务等全过程高效协同的组织形态”。这两种定义是一致的，从网链状组织到组织形态、商业模式和治理结构，定义有了提升。国外研究者对供应链的定义更多，但大同小异。

中国供应链的发展，我认为要从认识与操作两个层面去促进。毛主席在《实践论》中有一个精辟论断：“感觉只解决现象问题，理论才解决本质问题。”他还引用别人一段话：“理论若不和革命实践联系起来，就会变成无对象的理论，同样，实践若不以革命理论为指导，就会变成盲目的实践。”理论源于实践，又反作用于实践。不解决供应链的认识问题、理论问题，就会变成盲目的供应链实践。

对供应链的认识我认为主要是三个方面：一是供应链的本质是什么；二是供应链与物流是什么关系；三是供应链对推进国民经济发展以及经济全球化起什么作用。

帕拉格·康纳（Parag Khanna）在《超级版图》一书中有句名言："供应链大战的目的不在于征服，而是要与世界上最重要的原材料、高科技和新兴市场建立起物理和经济上的联系。21 世纪，谁统治了供应链，谁就统治了世界。" 2012 年，美国政府签发了《美国全球供应链国家安全战略》，把供应链上升为国家战略。2020 年，新冠肺炎疫情在全球蔓延，对世界经济发展造成巨大冲击，习总书记说："确保全球供应链开放、稳定、安全。"这些充分体现了供应链的地位与作用，这种体现企业、产业、城市、区域与国家竞争力的软实力无可替代。

如果说 2005 年美国物流管理协会（Council of Logistics Management，CLM）更名为供应链管理专业协会（Council of Supply Chain Management Professionals，CSCMP），标志着全球进入供应链管理时代，那么 2017 年国务院办公厅颁布的《关于积极推进供应链创新与应用的指导意见》，标志着中国进入了现代供应链新阶段。

2018 年，《财富》（*Fortune*）杂志公布的世界 500 强企业中，前 25 位有 5 家中国企业，前 100 位有 22 家中国企业，但由高德纳（Gartner）公司每年公布的全球供应链 25 强企业中，中国没有一家；在 100 强的排名中，中国企业只有 3 家，即联想（第 26 位）、华为（第 35 位）、海尔（第 41 位）。在供应链管理领域，中国还有很大进步空间，我们刚刚起步，必须奋起直追。

追赶需要落实，需要创新，实践就要提上议事日程。从国家层面，266家供应链试点企业、55座试点城市以及多个产业部门进行了积极的探索，取得了阶段性成果。从市场层面，许多企业从实际出发，推进供应链的应用与创新，总结了不少典型模型。但从总体上讲，一些企业没有“上道”，过于浮躁，缺乏总体设想，片面地追求不切实际的目标。

供应链管理的理想模式是生产企业和物流企业形成长期、稳定的供应链伙伴关系，企业将物流作为生产能力的一部分。从原材料采购、生产制造、成本控制、交付到维修回收，企业采用一体化的供应链管理流程。标准的流程才可能降低总体供应链管理成本，提高投资回报率。目前国际上主流的供应链管理流程有SCOR模型、CSCMP流程标准与全球供应链论坛提供的供应链流程。

CSCMP作为全世界公认的物流和供应链领域权威的专业协会之一，提出了《供应链管理流程标准》第1版和第2版，将供应链流程划分为计划、采购、制造、交付和回收5个基本结构。在5个基本结构的基础上，增加了一个执行的流程，总共6个部分。每个主要流程都包括了很多次级流程。

由人民邮电出版社出版的供应链系列图书，充分体现了这个标准流程的6个部分。这套丛书是国际供应链专家的经验之作，代表了当代供应链理论与实操的较高水平，对提升中国企业供应链管理水平将起到很好的作用。我们要特别感谢CSCMP中国圆桌会协助引进这套教材，要感谢所有参与翻译、审校的各位专家，他们付出了大量的心血。

中国经济正处于转型发展阶段，而企业是国民经济的“细胞”，没有企业的转型发展，特别是制造业的转型发展，就没有国家的转型发展。打造一个开放、稳定、高效、绿色、安全的弹性供应链，关系到国家的安全。

丁俊发

中国知名流通经济学家、资深物流与供应链专家

享受国务院特殊津贴

推荐序二

时代变革与供应链管理者的使命

从电商到新零售，从贸易摩擦到抗击新冠疫情，供应链管理正在走向舞台的中央——供应链管理者角色与使命从来没有像今天这么重要。当供应链管理上升为国家战略，当供应链管理成为新的职业，供应链管理者的时代已经来临。

如何成为好的供应链管理者？如何找到最佳的知识源泉？哪一种知识体系最权威？你选择的路径决定你的出路——你不能走错路重来，否则那时候你会发现已经远远地落在别人后面了。CSCMP 参与组织引进的这套书，为你指引了方向。

过去 20 多年的时间里，我所做的一项重要工作，就是引入美国的供应链内容资源与知识体系。

几年前，我也曾在国内高校供应链课程建设研讨会上讲述美国的物流与供应链教育。

从 2000 年起，我坚持每年去美国参加全球物流年会。2005 年，美国的物流管理协会更名为供应链管理专业人员协会（简称“供应链管理专业协会”），标志着全球物流进入供应链时代。这件事大家可能已经听过很多次了。2004 年 9 月 24 日在北京举办的第五届中国国际物流高峰会上，我发表了“时代变革与物流的使命”主题演讲，在今天看来，我当年的观点仍然不过时。

2004 年发表演讲时，我已经知道 2005 年美国物流管理协会要更名。2005 年的全球物流年会在美国加州的圣迭戈举办，主题为“追赶供应链浪潮”，讨论的核心是物流全面拓展到供应链管理领域。之后的事情可能大家都知道了。2006 年，CSCMP 推出《供应链管理流程标准》，2007 年清华大学出版社出版了由我牵头翻译、校对的中文版。到撰写这份推荐序时，《供应链管理流程标准》第 2 版的中文版也即将付印、出版了。这两版流程标准，成为供应链管理知识体系的核心。

中国进入供应链时代，是以 2017 年国务院办公厅颁布的《关于积极推进供应链创新与应用的指导意见》为标志的，这说明供应链已上升为国家战略。国家对供应链这一领域越来越重视，至今相继颁布了相应的文件来促进中国供应链快速发展，以达到国际水准。

任何行业的发展，都需要具有专业知识和技能的人来推动。2019 年 9 月 23 日，在美国洛杉矶安纳海姆举办的全球供应链峰会上，会长兼首席执行官瑞克·布拉斯根（Rick Blasgen）在开幕式上说，美国供应链就业人数 4,400 万人，占整个就业人口的 37%。可见供应链对整个美国经济的重要性。

在供应链上升为中国国家战略之后，供应链人才的供给已经远远跟不上需求的步伐了，供应链人才培养的问题也提上了日程。2020 年 2 月

25 日，人力资源和社会保障部、国家市场监督管理总局、国家统计局联合向社会发布了 16 个新职业，其中就包括供应链管理师这一职业。

无论你是现在准备进入供应链领域，还是已经在供应链某一垂直领域的岗位上，都需要选择一个合理的路径，采用科学的方法学习和进行职业训练，使自己能够快速地在供应链领域中成长，迅速达到国家职业标准，同时还要争取成为国际化的供应链管理者。

要成为国际化的供应链管理者，就要获得国际化的知识资源。一个人成功的速度，取决于学习的能力和速度。在知识爆炸的时代，在数字化时代，计算机这种“超级大脑”一秒钟就可以读几百万本书。但是，一个人却不能快速地把需要的知识转化为自己的本领。所以，选择知识体系很重要。

今天，CSCMP 确实已经成为全球物流和供应链领域最有影响力的组织之一。该协会是全球供应链思想领袖汇聚的平台，处于定义产业、引领方向的地位。从协会给专业人员提供的支持和服务来看，CSCMP 的宗旨说明了一切：教育和连接全世界供应链管理者。《供应链管理流程标准》给出了包括计划、采购、制造、交付、回收（退货）、执行在内的 6 个部分的标准架构，但没有涉及各个部分的深入分析。人民邮电出版社出版的这套供应链丛书，覆盖了供应链管理中计划、采购、生产、运输等核心流程模块，也包含了丰富的全球企业案例，保证了内容的全面性和专业性。这套丛书，是美国注册供应链管理师 SCPro 项目配套的教材。这套丛书的引进，为中国的供应链管理者掌握国际化的知识体系提供了权威的工具。

CSCMP 会长兼首席执行官瑞克 · 布拉斯根在 2005 年就曾说过：“这

是一个成为供应链管理者的伟大时代。”

当你立志成为一个供应链管理者，那剩下的事就是如何发展你的事业，绽放你的人生。

知识获取需要平台，事业的发展也需要平台。CSCMP 实际上就是我获益最多的知识获取平台和事业发展平台。CSCMP 在全球 75 个国家和地区拥有 105 个圆桌分会，由 8,500 多名物流与供应链领域专业人员构成，其最具有代表性的活动是每年举办的全球峰会。峰会每年至少有三四千名来自全球的物流与供应链领域的专家、学者以及企业高管参加，他们齐聚一堂，探讨和交流供应链前沿趋势。CSCMP 是知识源泉，也是信息源泉。CSCMP 的专业资讯平台包括供应链管理通信、供应链实时热点、物流年报、美国商业物流杂志等。我在自学的同时也会参加行业活动，包括沙龙、培训以及会议等，这样不仅可以提升我的人际交往能力和沟通能力，同时还可以拓展我的职业网络。

万丈高楼平地起，要想攀升到事业的巅峰，我们需要找到事业发展的阶梯。我希望这套丛书能给大家提供好的内容资源，且每个供应链管理者也都能利用好协会这个宝贵的资源平台。

人生路漫漫，通向成功的路不止一条。外国人说，条条大路通罗马；中国人说，条条大路通北京。成为供应链管理师的路可能不止一条。我相信知识溢出效应，在前人的基础上前行，总能加快我们学习的速度，提升我们学习的效率。

王国文 博士

中国（深圳）综合开发研究院物流与供应链管理研究所所长

CSCMP 中国首席代表

推荐语

供应链管理是一项复杂的系统工程。我们在企业进行供应链工程实践时，必须给大家讲清楚什么是供应链、什么是供应链管理、供应链管理包括哪些流程、如何构建供应链、如何开展供应链管理等问题。这些问题都能在这本书中找到答案。

曾江辉

中国航空综合技术研究所研究员

这本书详细介绍了现代供应链管理从战略、战术到执行的最佳实践。这些实践将帮助企业提升供应链的竞争力，尤其是书中总结的供应链战略原则和影响未来供应链的因素对当今供应链的变革有着深远的影响。

唐隆基

中国数字化学会特聘终身顾问，罗戈研究副院长

持续供给保障是供应链管理面临的挑战，这本书从产供销协同的视角，通过最佳实践的方式展现了各种主流的供应链管理战略，包括产供销协同预测与计划、物流配送、信息系统规划等解决方案，适合从业人员研读。

王保华

原芬兰 ElcoteQ 集团、原海尔集团副总裁

中国物流学会常务理事

中国供应链的发展正处于从“自发”走向“自觉”的阶段，从业人员急需一套与实践紧密结合的系统性理论指导体系。CSCMP 基础级注册供应链管理师指定教材，构建了供应链管理的底层知识结构和方法，能够帮助从业人员有效搭建全局性供应链知识应用框架，非常值得阅读和学习。

秦璐

北京交通大学物流工程系副主任

中物协（北京）物流工程设计院副院长

前言

做一个坚定的供应链管理变革者

随着报纸、电视和网络媒体的不断渗透，供应链和供应链管理已经成为家喻户晓的名词。虽然它们已经众所周知，但我认为它们并没有一个大家都能理解且被广为接受的定义，也没有被公众深入理解。人们可能会想，为什么会这样？当然，许多人认为他们已经了解了许多比较常见的商业活动（如市场营销、销售和金融）的定义。例如，就目前的定义而言，市场营销最早出现于 18 世纪和 19 世纪的工业革命时期。根据最近的一些文章，目前市场营销已经有超过 72 种不同的定义，这些定义都是由权威的企业和高级商业领袖提出的。此外，由于供应能力、市场饱和程度的演变以及技术的发展，该学科已扩展到许多细分商业领域，所以一般公众对上述任何一种学科的大多数定义都只触及了学科的表面。

供应链管理起源于营销学科的分销领域。后来，在持续不断的商业活动中，供应链管理逐渐被归入物流领域，后又被归入一系列商业活动的整合领域。按照公认的定义，供应链管理涉及多个学科并具有多阶复杂性。从本质上讲，供应链管理主要负责完成物流学科定义的许多功能性活动，并满足其他传统上独立运作的职能部门的需求，这些职能部门需要彼此之间进行协调与协作，并且需要平衡企业运营中涉及的各种活动。供应链管理者需要提高解决问题的能力，以加强企业与供应链战略合作伙伴及其内部职能部门（包括关键物料和服务供应商以及客户、消费者）的协调与协作，而企业认为这对于促进利润增长和提升客户服务水平至关重要。下面我将介绍一些我的工作经验，以期阐明为什么要通过 CSCMP Pro Level 计划来开始供应链管理的学习之旅。

不过首先需要指出的是，本书并不是千篇一律地阐述众所周知的与供应链或供应链管理相关的常见内容。以我的经验，任何供应链模型或供应链管理体制的先决条件是，它必须满足企业经营的业务和所在行业的基本特征，必须遵循针对特定业务和文化的相关战略，并根据企业历史进行调整。此外，即便是针对某一供应链中的某个环节，也不要指望供应链中所有企业对其定义和职责都是一致的。我在供应链领域 40 年的工作经验告诉我，许多企业中的物流或供应链的相关职责都是截然不同的。

在一家消费品公司中担任物流业务的领导意味着要负责相应区域的客户服务、订单管理、产成品配送中心管理、产成品运输、应收账款和收款、信息技术以及销售服务。销售预测、订单开票和系统整合则由另一个分管部门集中完成。

而在另一家消费品公司中，担任物流业务的领导则意味着要负责全国范围内的销售预测、需求计划、订单管理、生产计划、生产调度、工程、所有配送中心（产成品、原材料和供应品）的管理，以及所有的运输和采购管理。

在一家医疗保健品制造公司，我曾负责管理一个供应链组织，这个供应链组织实际上作为一个独立的公司运行，支持 4 个产品部门。我管理的组织主要负责整个美国公司的全国销售预测、需求规划、生产规划、客户服务、订单管理、应收账款和收款、所有配送中心的管理、工程、所有采购和运输服务、质量管理、产品监管，以及信息技术管理业务，并对美国公司所有的产成品享有所有权。此外，我作为该公司全球供应链的领导者，对国际业务和供应链人才管理负有直接和间接责任。作为一个如此庞大的组织的部门总裁，我也有自己的首席财务官和人力资源官。

最后一个例子是一个实现了垂直整合的时装零售商，该公司在世界各地的数千家工厂采购、设计，并将产品以不同的品牌在 6,500 家零售店直接销售，还通过互联网销售的方式将产品销售至世界各地（多数在美国）。供应链服务由一个归属于母公司的独立运营的营利性公司提供，其主要负责的全球业务包括协调需求计划，所有分销和装配中心的规划和运营，所有非店铺设施的设计和施工，所有非商业资产、差旅采购，产品监管，产品技术质量的法律和公司合规性，在美国销售的产品的国际制造和进口的安全性和国家合规性，供应链的研究和开发，6,500 个零售点的定时空运、水运、火车和汽车进出口运输的统筹规划，以及面向数以百万计的消费者的货物交付（也就是说，在同一时间，超过 50% 的产品在周五空运离开亚洲工厂，在美国进行拆卸、分类、重新组装、包装、运输，并在下周五前在预定的两小时送货窗口期内送达全美国数千家商店）。在这种规模的组织中，我也有自己的财务团队、人力资源团队和信息技术团队，每个团队都由一名高管领导。该公司利用母公司的整体能力和成本结构为第三方零售客户（一些竞争对手或分拆公司）提供所有或部分此类活动、服务，以获取利润，从而为母公司优化整体的负债率和成本结构。

上述例子都是我个人的不同经历，足以说明不同的公司对物流或供应链服务有着不同的定义。在每个例子中，物流或供应链的最初定义都是一系列小范围内的活动，随着绩效的提高以及每个公司或母公司的业务突破，其活动范围逐渐扩大。在每个例子中，供应链都在公司领导者可以接受的范围内发展，供应链管理的控制范围在不断更新。在很多情况下，供应链组织的不断发展都并不是因为公司领导者希望如此，而是因为这种发展更加符合公司的战略、目标和能力，并且供应链组织已经证明了其能够极大地促进整个公司实现目标，有利于提高公司的业务水平和能力。

医疗保健品制造公司与时装零售商的公司战略、业务目标和业务特点截然不同。虽然两者都有产品可供出售，但供应链的速度、成本和敏捷性却大不相同。每个供应链的设计都是为了完成公司自身的战略和财务目标。对于两家公司来说，对某些产品进行销售从而获利是供应链管理的最终目的。如果您曾在联合包裹运送服务公司（United Parcel Services）或联邦快递（FedEx）工作过，就会明白，这些公司之所以会成为供应链服务公司，是因为供应链服务就是其卖点。所有公司的确定的或者事实上的业务产品战略，都必须通过一个确定的或事实上的供应链战略来实现。随着不断学习和经验的不断增长，您应该积极推动所在公司的供应链管理的发展，为公司的整体战略制定提供一定的建议。

供应链领导者不仅能够提升特定领域的功能和流程贯彻能力，而且能够增强公司及其关键战略伙伴的相关能力。作为一名供应链领导者，您需要在自己的职责范围内获得并保持专业性，并对自己的角色如何融入公司的大局以及实现公司的总体目标有良好的理解和同理心。专业知识与领导力和声誉类似，需要您不断地学习才能熟练掌握。只有当其他人看到并认识到您所展现出来的成果，并愿意采纳您的建议、忠告和指导时，您才能称得上专业。

本书将提供一个知识框架，以便您了解当今大多数公司的传统组织模式中存在的供应链管理的直接组成部分。该系列研究涵盖以下内容：业务需求的规划；业务产品和服务所需的供应和加工制造活动；制造、组装和服务活动，以创造可销售的产品和服务；有关原材料、服务、零部件和最终产品的运输管理，以实现销售或使用目标；对供应商所需的资源进行确定和管理；提供支持和服务所需的零部件和最终产品；计划和运营接收、存储和运输供应的物理位置的活动；提供生产所需的零部件和最终产品；组装和分销；完成最终销售，提供客户或消费者可能需要的售后服务。

供应链合作伙伴的首要任务就是充分了解每一项业务活动，了解自己当前的职责，了解如何才能实现高水平的职能要求，并对其他直接供应链活动和公司内的其他职能进行补充。对于上述所有活动，一个有价值的供应链伙伴应该知道并熟悉活动的基本概念及其组织内的现有角色。之所以说现有角色，是因为由于竞争的存在，供应链管理其实是一门不断发展的学科，但当今许多公司并没有引入供应链管理。完成此项了解计划后，您的任务是了解供应链角色和协作的理想状态，对所学内容进行测试，并慢慢提高供应链在您所在领域的影响力，从而提升公司的获利能力。本项目并不是您在相关专业领域以及其他领域学习的终点。如果您想保持最佳状态并获得更全面的成长，就要每天通过高度发达的技术手段获取新的见解，不断进行阅读、讨论和实践。

上述每一项活动都有以健全的原则为基础的关键要素和流程，以提高供应链整体的效益和效率，同时也显示出反应灵敏性和环境可持续性。由于当今技术的进步（或未来技术的发展），上述每一项活动、流程和成果都需要进行不断的优化，包括其运作方式、目的的重新评估，以及每个供应链合作伙伴能够且应该了解如何才能更好地预测或消除不必要的环节以建立优质的供应链。但是，要对当今的技术加以利用，首先需要了解每项活动存在的原因、如何进行以及为什么以现在这样的方式来进行这些活动，以便能够通过新技术来改善供应链活动并增加部门或公司的业务成果。这里再举几个我过去的例子，这些例子对我曾任职的公司产生了极大的影响，改善了公司的业务能力。产生这种结果是因为有能力的职能团队成员愿意走出各自的职责范围，并在公司愿景的大范围下进行更广泛的思考以取得业务的显著改善。

在一家消费品公司任职期间，我负责减少资本投入和支出，同时改善为客户提供的服务。当时，该公司的所有产品都是通过配送中心严格、按时交付给客户的，而这得益于制造工厂的准时发货。通过组建跨职能团队，该公司能够在相同的交货期要求下以更低的销售价格为客户提供工厂直接发货的服务，这同时降低了公司的仓储和运输成本。在订单管理、分销供应、生产计划和销售等领域都是如此，跨职能团队可以分担责任、共享信息、树立共同目标，并将相关变更及时纳入统一的信息系统。变更包括将潜在的客户订单（工厂制造产品的50%～60%）转至工厂，以便以更低的价格直接从工厂发货。一旦更改为工厂直接装运发货，计算机系统将自动按照与承运人和运输时间有关的要求重新安排客户订单，以满足交付要求——根据时间段、位置和产品的不同来调整原先的区域配送中心和工厂装运预测余额，并减少待分配集中补给数量，将库存需求直接转移到工厂的客户订单中，或将限时的计划客户订单交付给该工厂装运。当然，这其中任何一项变更的完成难度都是极高的。但是，还是有人提出了这些想法。只有通过连续不断地讨论，这些想法才能成为新的、更好的企业协作计划，协作团队才能得到足够的支持，才能说服领导层建立相应的系统、流程，并告知领导层预期结果会是什么，以获得其批准并实施计划。

另一个我亲身经历过的跨部门协作的例子发生在我就职过的一家医疗保健品制造公司。该公司将医疗用品销售给分销商，然后分销商再将产品转售给医院、诊所、集团医生办公室以及个人办公室。该业务的预测流程没有被很好地执行，这对制造和物流环节都是一个持续的挑战，一方面是因为制造过程需要较长时间，另一方面是因为已知的技术瓶颈——灭菌过程既有位置限制也有容量限制。关键卫生领域所需的高服务水平，再加上糟糕的预测结果，使得库存水平和生产变革成本都比较高。通过组建一个跨职能团队，公司对分销商的折扣计费系统进行了修改，要求分销商每天以电子方式汇报各自的最终用户的发货信息。简单地说，这些信息可以告诉公司每个产品被运送到最终的“零售”客户使用点、医院、诊所、医生处等的时间和数量。通过该系统的辅助，公司每天都能掌握运送给每个分销商的产品及其数量，以及每个分销商运送给每个最终用户的产品及其数量。有了这些信息，该公司几乎实现了全部销售渠道的可见性，并且能够合理地确定所有分销商的每日库存余额。如果将这些信息用于供应链管理，则供应链团队能够制订更准确的短期需求计划、分销需求和生产计划，有助于提高公司的预测能力，如哪些产品需要被分配和运送给关键客户，以及何时由客户使用产品。对供应链有实质性促进作用的并不是更准确的预测和统计数据，而是更好、更及时、定义更深入的需求数据。当今世界，在供应链规划和执行的过程中使用大数据有助于提高上述能力。虽然信息可能并不是实时的，但它能够提供更全面、更及时的有关最终用户和分销商的实际情况，帮助公司实现以较低的产品库存水平满足客户的需求。

此外，要将与供应链相关的人才聚集在一起，需要各个领域的专家愿意为了共同的目标和愿景而合作。供应链管理者要不断地重新思考，为了改善供应链绩效，应获得什么样的信息或需要进行什么样的流程优化。这也有助于供应链合作伙伴对彼此的职责范围有更深的理解，从而更好地实现供应链目标。上述所有的例子都意在向各位读者表明，学习供应链管理的知识对公司未来的成功至关重要。

虽然更多地了解供应链的每一个直接组成部分是很重要的，但这样的学习是不完整的。读者需要在本书知识的基础上，对构成完整公司的其他业务职能有一个全面的了解，这样既能帮助读者看懂这些业务职能在所有公司模型中的相互作用，又有利于读者以及公司做出更好的决策。例如，了解您所在领域的活动对公司财务业绩的直接和间接影响是很重要的。能够将相关领域的活动转化为所有人都能理解的业务绩效，有助于提升您所在团队的能力（财务敏锐度是成功所需的基本技能）。

您需要熟悉所在公司的利润表、资产负债表和现金流量表信息。如果您并不清楚自己在财务报告中的表现究竟如何，请向财务部门寻求建议。如果您不熟悉一家公司的财务关系，可以通过搜索引擎搜索“杜邦模型”（DuPont Model）进行研究，上面相关的定义和解释可帮助您厘清公司活动和相应财务信息的关系，并了解公司的资产、支出和营运资本是如何影响公司业绩的。您需要对公司的财务报告进行深入挖掘，找出您使用的资产出现在哪里，支持您的业务活动的所有直接开销出现在哪里，以及管理费用出现在哪里（也就是说，运输费用出现在公司从原材料到成品运输的所有实物项目中，也包括所有的宣传材料、建筑和办公材料，如纸张和铅笔等其他实物供应）。

您应该提高对供应链相关领域的熟悉度，从而提高您的公司的经营业绩。您可能还会发现需要通过作业成本法来管理供应链，正确评估每个品牌或产品线的活动和成本，以便更准确地识别哪些品牌或产品线（或哪些特定做法）正在消耗相应供应链部门或公司的资源并在不断吞没真实成本。如果您之前从未这样实践过，这一方法肯定会为您和您的团队打开一扇新的知识之窗，并可能为您的公司提供新的增加利润的思路。

无论讨论的是供应链管理的一个组成部分，还是所有的组成部分，或者是公司涉及的所有活动，您都需要在公司当前的文化背景下开展工作，同时建立并维持更多的协作关系。当您从诸如此类的课程中学习了新的、更好的方法来完成工作时，请与他人协作，一起探讨如何才能通过改善工作方法提高所在领域的绩效。您也需要考虑如何才能成功地让您的团队、同事甚至上级接受这样的变革。我职业生涯早期的一位导师告诉我，我应该像水手改变航向那样坚定地执行自己的变革计划。他对我说，来自安于现状者的抵抗之风将持续试图使我的努力偏离航向，我应该提前做好万全的准备，通过不断的变革来抵御这股抵抗之风。在我的整个职业生涯中，每当我需要改变一个企业的行为、技能和文化时，我都会很感谢他的教导。由于管理工作的本质，供应链领导者往往具有更强的分析能力，但有时可能会忽视对其他职能部门而言非常重要的细节。对此，我的建议是设法直接融入其他职能部门内部，指导或观察向客户销售产品的过程，或者直接参与特定的产品会议进行业务量的计算。生产现场是您应该尝试获得一些经验或至少对其管理过程进行仔细观察的领域。公司内的任何其他活动或职能领域的管理都是不容易的，只是管理方法不同而已。如果不知道公司的其他领导者是如何以及为什么受驱动的，那么您的管理就会处于不利地位。

在我的职业生涯中，我为自己曾在多个行业的多家大公司工作过而感到自豪。我在职业生涯初期选择的一种工作方法就是设法更好地了解我所服务的公司，其目标是什么及其是如何不断实现目标的，该公司的文化是如何随着时间演变的，该公司的具体实践策略是什么。每次进入一家新的公司时，我提出的第一个请求就是查看公司前 5 年的战略计划（如果有）。如果该公司没有战略计划，我会要求查看公司近 5 年的总预算计划。大多数时候，我都能以一种非常好奇的眼光来审视这些文件。通过对这两种文件的仔细审查，我可以对我的新公司和新同事有更多、更深入的了解，如公司每年的计划是什么，计划的实现程度如何及其背后的原因，该公司最看重的是什么，以及其他一些与总体目标有关的尚待解决的问题。通过这样的仔细审查，我能更好地了解自己在公司中将要扮演的角色。很多时候，这也能使我更好地认识如何才能改变我的角色或者供应链管理在公司内部的角色。在我职业生涯的后期，这也有助于我创建与公司的整体目标和业务计划相吻合的供应链战略，从而为公司带来更强的竞争力和更多的利润增长。

随着您在职业生涯中不断成长，我相信您会发现，要想不断取得优异成绩，必须不断提高自己的职业技能和人际交往技能，然后才是领导技能。本书有助于您对供应链领域的学习和了解，不过您也必须学习大量的人际交往技能。我说的人际交往技能是那些能教会您对您的团队实现有效领导的基本原则的技能。这些原则包括如何更好地了解自己和团队成员的个人风格、如何与他人相处、如何影响他人、如何管理变革、如何增强自信，以及如何更好地指导团队成员、塑造企业文化并最终实现在更短的时间内获得更多的成果。对于大多数人（包括我自己），在一个职位、部门或公司中表现出的较强的能力，只是取得更大成就所要具备的技能和才能中的一部分。

我第一次有机会为一家医疗保健品制造公司创建一个独立的供应链组织的原因首先在于该公司的高级管理层对供应链绩效的认识在不断提高，而且降低医疗用品总成本的压力持续存在。我们认为，如果我们能够同时对公司内部和整个行业的供应链效率低下的问题给予足够关注，提高对新标准的接受程度，并通过技术手段提高能力，我们就可以实质性地降低最终用户需要支付的总成本，同时增加公司的利润。为了达成这一目标，公司需要发展新的供应链管理能力，为所有的供应链流程、所有的产品业务以及所有的本地市场客户和渠道提供协作的通道。公司可利用新的供应链管理能力促进供应链整合，通过提供更高质量的订单履行流程和服务并精简企业内外部接洽流程在整个渠道内创造经济价值，同时通过销售基本和高级产品来提高营销价值。

供应链管理的变革只是全球范围内其他关键领域（包括技术、营销管理和人力资源管理）变革的一部分。整个组织需要学习的是变革管理的技能——使组织与市场保持一致并比竞争对手更负责任、更有效地进行变革的技能。我们需要了解涉及供应链所有功能和流程的最先进的思想，以帮助企业制定更好的业务解决方案，并将先进的思想及其影响引入整个行业。我们需要学习新的人际交往技能，重新定义或调整企业关系，这包括练习我们的倾听技巧（以了解潜在的机会和可能性）、提升对所有业务背景的更大的企业团队的适应能力，并要能够理解每个领域的特点可能会让人产生具有选择倾向性的感知及其可能造成的认知上的盲点。我们也需要付出同样的努力来理解每个人是如何被自己的思维习惯和行为方式影响的，并了解在每个领域中如何才能更好地相互支持以获得更好的结果。如果能做到这些，您将会积极促进企业文化的塑造，同时促进能力强大的部门领导者引导所在部门、供应链组织以及企业取得更好的发展。我之所以提到这段经历，是因为这段经历深刻地影响了我，让我明白了在职业生涯和个人生活中获得成功和满足所应具备的知识和技能。

我和我的团队从那家医疗保健品制造公司的高级管理层处收到的两份证书上的颁奖词，很好地总结了我对供应链的学习和管理以及如何成为一名成功的供应链专业人员所提出的建议。

“为我公司实现提供一流服务的愿景，其在流程、组织协调和内部关系方面对本公司、中心或部门做出了杰出贡献，特颁此证。”

“感谢供应链服务运营委员会成立了一个新的供应链管理部门，其优秀的领导形成了强大的部门文化，同时为客户提供了一流的服务，并为经销商、最终用户和产品业务带来了巨大的财务效益。”

在学完本书后，您将对供应链管理的原理形成更广泛的了解，打下更坚实的理论基础，您若要成为更有效的领导角色，还需要终身学习有关供应链和人际交往的知识。

学习本书时您也应理解，在一开始，由于缺乏及时且整合的信息技术的支持，供应链管理其实会带来沉重的工作负担。但是，各个职能部门在持续积累各自的专业知识，更加熟练地与物流相关领域或其他重要的部门建立和维护关系，以便尽其所能地履行各自的职责。跨部门之间的积极协作使企业取得了更多的业务成果，不过仍有许多企业在致力于改进供应链及渠道成果。我相信，如果有选择，大多数公司都希望建立一个反应灵敏、快捷的供应链，希望能够通过其业务和供应商活动来实现为自己设定的产品和服务目标。到目前为止，这个想法还不具备完全实现的可能性。但随着信息技术的不断演进，我相信未来可以通过使用大数据在各个行业中建立起反应敏捷的供应链，通过供应链和渠道带动产品或服务需求，以满足最终用户的消费需求。在一个完整的商业供应链中，拥有、共享和正确使用无处不在的信息的能力将成为企业的一种变革能力。这并不会改变您将要学习的基本原理，但会让供应链专业人员能够在更短的时间内以更少的资产或开销取得更好的结果或收益，对资产及开销的利用也更加有效。本书的所有组成部分都旨在为不了解供应链的企业提供有关供应链的基础知识，这些企业此前也许从来没有想过要建立供应链，但在不久的将来，企业业务的转型会需要这样做。学习完本书后，您将成为一个更全面、更博学的企业供应链管理者，有了本系列丛书所介绍的一个个经过实践证明的业务解决方案，您几乎可以在任何大型公司中担任更高领导职位的重要候选人。

每当我创建一个新的供应链组织时，我都会提醒自己和我的团队：“要实现供应链服务的领导地位，我们应当身先士卒开始供应链管理的变革。”

因此，现在我要对本书的读者说：“21 世纪的供应链管理之旅要从您开始。不断地学习、摸索、执行、超越吧！”

尼古拉斯·拉霍维克（Nicholas. J. LaHowchic）

Diannic 公司首席执行官兼总裁

Limited Brands 公司前执行副总裁

Limited Logistics Services 公司前首席执行官兼总裁

Becton Dickinson 公司前总裁

***Start Pulling Your Chain! Leading Responsive Supply Chain Transformations* 一书合著者**

目录

导言

01 供应链的定义

02 供应链的结构、流程以及权衡决策

03 主要的战略原则

04 供应链信息与技术

05 全球供应链管理

06 绩效评估

07 未来的供应链

致谢

导言

供应链的定义

供应链管理是促使企业成功的一个比较复杂而又日益重要的因素。第 1 章讨论的有关供应链的基础定义、参与者和目标都是读者应该了解的有关供应链的重要内容，但仅仅了解这些基础定义是不够的。充分了解供应链管理对企业发展的作用，供应链涉及的流程（计划、购买、生产、运输、交付）、战略、技术，以及全球供应链的发展情况和评估供应链绩效的工具也是至关重要的。本书第 2 章至第 6 章将对这些基本主题进行阐述。

供应链的结构、流程以及权衡决策

供应链是由能够满足客户需求的各项基本流程组成的。第 2 章主要介绍具体的供应链流程（以产品、信息和资金在供应链流程中的多向流动为背景）以及满足客户需求的各种渠道。第 2 章对供应链中的每个流程都进行了详细阐释，也介绍了管理者应在供应链流程中做出的权衡。

主要的战略原则

成功的供应链管理依赖综合规划以及促进企业高效运转的战略。第 3 章分析了供应链管理者必须遵循的指导原则，讨论了改进企业内部供应链功能和促进企业间协调的战略，介绍了供应链管理过程中可能会遇到的障碍。这些潜在的挑战和陷阱可能会对供应链管理的绩效产生负面影响。

供应链信息与技术

有关客户需求和库存可见性的信息通常与库存本身同样重要。第 4 章主要讨论了有助于提高不同供应链间的透明度以及促进企业决策的技术能力，还讨论了技术在供应链规划和执行中的作用，具体包括满足信息需求的能力。此外，第 4 章还介绍了相关的供应链软件和工具，并对一些新兴技术及创新活动进行了概述。

全球供应链管理

国与国之间产品、信息和资金的流动情况可能是一个非常具有挑战性的议题。第 5 章主要介绍了能促进国际贸易的全球供应链管理活动，分析了供应链管理者必须要考虑的一些挑战、要求和外部因素，探讨了与出口、运输以及进口货物有关的内容，并讨论了关键的成本因素。

绩效评估

供应链管理者必须对供应链的绩效进行核算，以评估其策略和运营成功与否。第 6 章重点介绍了通过相关指标和评估框架对供应链的绩效进行评估的方法，以确保企业能够满足客户需求及其内部发展目标。第 6 章讨论的重要主题包括绩效评估的作用、权衡分析、评估指标类型、绩效评估方法及框架，还讨论了供应链绩效与企业财务结果之间的关系。

未来的供应链

供应链具有动态性，能够促进以前瞻性思维方式进行管理的企业的发展。第 7 章主要介绍了一些可能会给供应链管理者带来一定挑战且可能会改变供应链建立流程的新问题。不断变化的全球供应链网络、人才短缺、可持续性要求、全渠道发展，以及不断增加的客户期望等，都是未来几年可能重新塑造供应链战略的变革因素。

01

供应链的定义

良好的供应链管理能够为消费者提供更大的便利，并促进企业与社会发展，因此其对于促进贸易发展极其重要，但其重要性往往被低估。广大消费者从供应链管理中受益匪浅，但很少有人会想到将燃料送到加油站、将新鲜食品送到商店或将基本医疗用品送到医院急诊室需耗费的成本、需制订的计划，以及需采取的行动。多数人只是觉得琳琅满目的产品随时可以取用，但从没有想过自己的生活质量在多大程度上依赖高效的生产供应链。

不仅消费者这么认为，许多企业也存在同样的认知。尽管良好的供应链管理有助于节约成本并获得竞争优势，但在市场营销、行政或制造环节中，很少有企业重视这一点。在这些企业看来，供应链管理仅仅是发生在与客户交易过程中的幕后运营的行为。这些企业对供应链给予关注的唯一时间节点大概是当供应中断、生产停止或交货延迟的时候，在这种情况下，这些企业希望供应链管理者能够迅速解决问题，使各级组织恢复正常供应，并采取措施防止将来再次发生这种情况。

一个好消息是，包括亚马逊、麦当劳以及联合利华等在内的非常具有洞察力的企业已经认识到了供应链管理的重要性，并将其列为企业的战略优先事项。这些企业的管理者们很清楚，若不与处于同一供应链中的供应商、客户或其他实体协同，将不可能实现有效竞争。在当今全球经济复杂多样的背景下，这一点显得至关重要，因为一个企业的供应商和客户很有可能来自不同的地区，后者需要企业全方位满足其需求，并且其对于企业服务的期望值也在不断上升。因此，是否愿意花时间研究、开发高效且灵活的供应链，以应对不断变化的市场需求，是一个企业成功与否的关键。

实现良好的供应链管理的第一步就是了解其基础概念。为使读者对追求良好的供应链管理达成一致，我们需要讨论什么是供应链管理、为什么它很重要，以及它是如何使各种各样的组织受益的。因此，本章主要介绍了一些与供应链有关的重要术语及其定义，并对供应链管理的目的和目标进行广泛讨论，以阐明供应链管理者应该达到的基本管理目标。另外，本章对供应链管理及其主要参与者的发展历程进行了概述。本章还介绍了供应链管理的价值主张，并阐述了供应链管理对于推动组织以更好、更快、价格更低的方式满足客户需求的重要作用。

界定“供应链”的重要性

供应链管理的一个基本难点就是缺乏可跨组织和跨行业使用的通用“语言”。与财务会计以及其他已经有一定历史的传统商业领域不同，供应链管理领域目前还没有形成一套能被普遍接受的定义和管理规则。比如，如果找来一些企业业务主管对“供应链”这一术语进行定义，将会引发一场旷日持久的争论。

这种情况在供应链管理这样一个相对较新的领域并不罕见。起初，各个组织对于供应链的定义及其应用缺乏一致性认识。虽然这是意料之中的情况，但这并不可取。统一的定义对于理解供应链管理的基本特征和范围至关重要，因为这些定义能够明确指出什么属于供应链管理、什么不属于供应链管理、什么是供应链管理的关键要素，以及供应链管理的应用有哪些。

下一节将对一些基本的供应链管理术语的普遍定义进行介绍，对供应链的组成部分进行评估，并对其范围进行界定。这一坚实的参照系，将有助于我们避免供应链的定义范围过于狭窄或过于宽泛而导致的危险。若供应链的定义范围过于狭窄，那么供应链管理对于企业的潜在价值将受到限制。相反，若供应链的定义范围过于宽泛，那么将导致企业对供应链的流程、协作和绩效的管理控制变得十分困难。

供应链的定义

一个企业若要对供应链管理的重要性给予高度重视，其领导者就必须首先明确供应链所包含的内容。正如我们无法对尚未明确的内容进行管理一样，我们也无法为尚未明确定义的内容制订并实施计划。因此，阐明供应链的总体目的、范围以及组成部分就显得至关重要。以下是一些有关供应链的定义，这些定义分别强调了供应链中的某些关键要素。

（1）美国供应链管理专业协会对供应链的定义：物流过程中的材料和信息交换，从原材料采购到成品交付，再到最终用户收货，都是供应链中的一环；也就是说，所有的供应商、服务提供商以及客户都是供应链中的环节。

（2）Christopher Martin L. 对供应链的定义：供应链是一种组织网络，这些组织通过上下游联系来参与不同的生产过程和生产活动，以向最终用户交付产品和服务的形式来产生价值。

（3）Coyle、Langley、Novak 以及 Gibson 对供应链的定义：供应链是指一系列相关企业通过共享信息并以协调实际生产的方式来确保商品、服务、信息以及现金在整个交易环节中的顺畅流通。

上述定义中，一个重要的共同特征是都强调了联合网络或系统的概念。图 1-1 中对供应链的简单描述表明，供应链中的直接上游供应商和下游客户呈线性关系。该图中的供应链仅关注单向物流，而忽略了极其重要的信息流、资金流和反向物流。这种误解过度简化了真实的供应链，无法揭示供应链网络的动态本质。

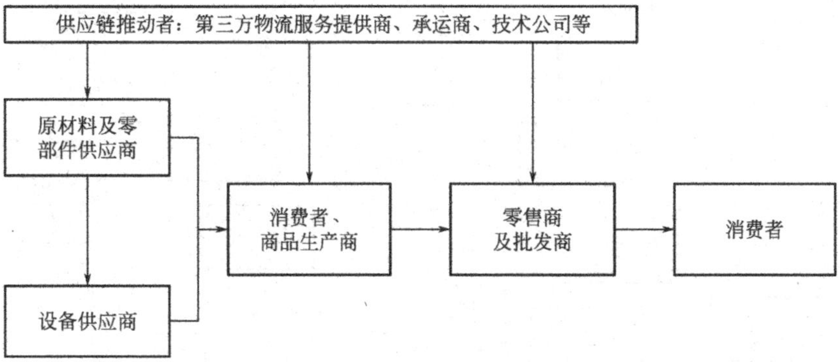

图 1-1 供应链的线性表示

实际上，供应链涉及多种关系以及产品和信息传播的众多路径。图 1-2 反映了真实的供应链，该图中的供应链是指由参与者和资源共同构成的网络。为了从供应链中获得最大利益，企业必须动态地利用其内部资源和供应链网络提供的外部资源来满足客户需求。这样的企业网络、企业设施和运输互联能够改善包括材料的采购、成品的制作及分发环节在内的整个商业过程。

撇开简单的概念表述不谈，重要的是我们要理解没有哪两个供应链是完全相同的。一个组织的供应链结构和关系受到其所在行业、地理活动范围、供应基础、产品种类、实现方法以及需求模式等多种因素的影响。以一家跨国制造商和一家本地的农家乐饭店为例，这两个组织都将受益于强大且稳定的供应链。然而不同的是，跨国制造商的供应链网络面临着更大的中断风险，因为其必须将位于不同地理位置的供应商与多个销售渠道整合起来才能提供完整的服务。

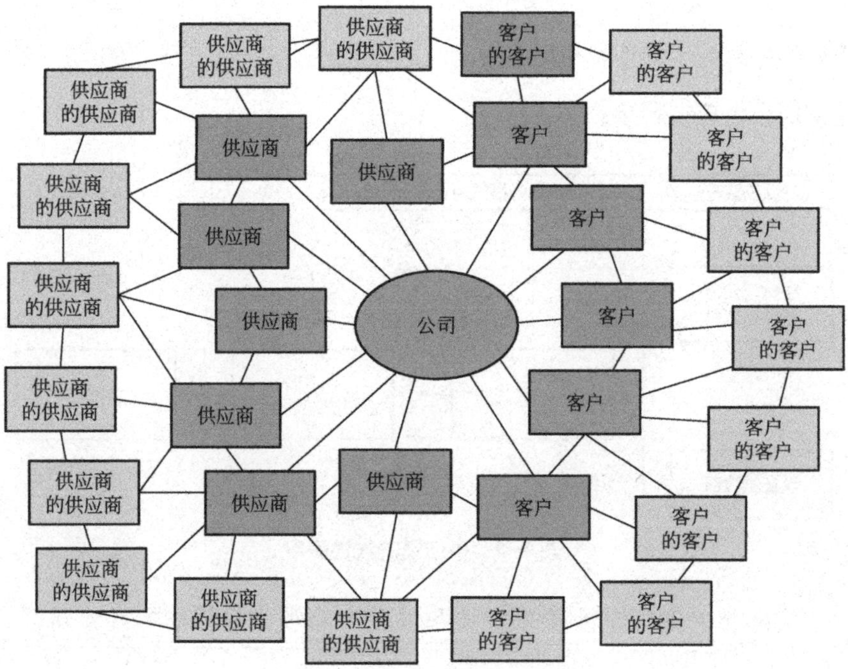

图 1-2 供应链的网络化表示

供应链管理的定义

供应链管理一词于 20 世纪 80 年代初诞生，在 20 世纪 90 年代中期开始流行，现在已经成为日常业务词汇的一部分。供应链是为满足客户需求而存在的实体，而供应链管理则指供应链内的各个组织为取得相应成果而进行的公开管理。供应链管理从本质上讲可以是宏观的战略性管理，也可以是具体的运营性管理，但根据美国供应链管理专业协会的调查，绝大多数被调查者认为，一个组织内部的供应链管理主要涉及战略和运营管理的结合。

对供应链管理进行定义似乎是一项十分简单的任务，但是网络中充斥着的大量繁杂的定义使得这成为一个艰巨的挑战。在搜索引擎中搜索“供应链管理的定义”时，很快就会生成成千上万个结果，这些定义很多都来自专业协会、专业顾问以及专业学者，但其会在定义中添加自己的理解以及自己所认为的重点。以下是供应链管理的一些定义。

（1）美国供应链管理专业协会对供应链管理的定义：供应链管理是对所有涉及产品采购和加工转换活动以及所有物流管理活动的计划和管理；值得注意的是，供应链管理还涉及企业与渠道合作伙伴（可以是供应商、中介机构、第三方服务提供商以及客户）之间的协调与协作。从本质上讲，供应链管理整合了企业内部以及企业外部的各种供需管理。

（2）Gartner 对供应链管理的定义：供应链管理是指创建和满足客户对商品和服务的需求的过程，它管理的是一个致力于满足最终用户共同目标的贸易伙伴社区。

（3）LaLonde 对供应链管理的定义：供应链管理通过对从采购到消费的实物商品流和相关信息流的同步管理，实现增加客户量、创造更多经济价值的目标。

（4）Stock 及 Boyer 对供应链管理的定义：供应链管理是对企业内部以及相互依存的业务单位之间的关系网络进行的管理，具体包括管理材料供应商、采购、生产设施、物流、营销以及促进材料、服务、财务和信息从原生产商流向最终用户（实现正反向流动）的相关系统，从而为企业创造更多价值，通过提高效率实现利润最大化并提高客户满意度。

尽管上述定义的长度和复杂度各不相同，但都不约而同地探讨了

3 个主题：活动、参与者及利益。也就是说，企业必须对其供应商和客户网络之间的供应链活动进行计划和协调，以确保最终产品能够以及时、安全且经济有效的方式满足客户需求。当企业的产品能以及时、安全且经济有效的方式满足客户需求，客户满意度和留存度将得到有效提升。

相关术语及其定义

供应链管理涵盖了本书将要讨论的众多业务流程、生产活动以及目标。在进行深入探讨之前，我们有必要弄清相关术语的定义及其与供应链管理的关系。

1. 物流管理

物流是指有助于满足客户需求的一系列基本的供应链流程，其目标是在正确的时间、正确的位置提供正确的产品或服务。美国供应链管理专业协会将物流管理定义为“供应链管理的一部分，主要负责计划、实施和管控货物、服务以及使相关信息在生产起点和消费终点之间高效地正反向流通和存储，以满足客户需求”。无论是由内部，还是由供应商、客户或由外部物流服务提供商提供运输服务，有效的物流管理对于实现有效的供应链管理都是必不可少的。

2. 供应管理

供应管理侧重于企业对实现其战略目标需要或潜在需要的资源或能力的识别、获取、访问、定位以及管理。对于大多数组织而言，物流控制着产品的分配，而供应管理则控制着直接材料、产成品、服务、资本设备及间接材料的战略采购。为实现供应链的最佳性能，两者都需企业予以高度重视。

3. 价值链

价值链的定义是作为竞争分析和战略的工具而产生的。价值链由主要活动（如入站物流、运营、出站物流、营销以及服务）和辅助活动（如基础架构建设、人力资源管理、技术开发以及采购）组成，二者共同为客户提供价值并为企业创造利润。对于一个扩展型的企业而言，价值链和供应链具有互补作用，整合而成的供应链使得产品和服务能够在正反两个方向上流通，而价值链使得客户端产生需求及资金流。

4. 分销渠道

分销渠道能够促进产品和服务从制造商流向最终用户或消费者。企业可以选择自行建立直接通向消费者的销售渠道，也可以依靠批发商和零售商等传统中介机构来实现与最终用户的交易。互联网作为当前的主要销售平台之一，其迅速扩展正在迫使制造商和零售商在其供应链中开发具有创新性及灵活性的“全渠道”功能，以满足来自商店、分销中心和生产地的客户需求。

主要参与者

供应链管理的参与者是指参与物资、信息和资金双向流动的各种实体。不同供应链的规模和范围各不相同，这取决于所涉及的产品、供需地理分布以及客户服务要求。可以肯定地说，没有哪两个供应链是完全相同的，参与者的角色在每个供应链中可能都有所不同。

例如，可以对苹果和苹果公司的 iPad 产品的供应链进行比对。如果你买了一个带有小苹果园的房子，就可以开一个店面卖苹果。这个简单的供应链有两个主要参与者：一个是零售商，也就是卖苹果的人；一个是消费者。相比之下，苹果公司则需要一个由零部件供应商组成的全球供应链网络为 iPad 产品制造重要的零部件，需要合约制造商组装产品，需要运输和物流公司将产品分销到全球市场，需要零售商销售产品，需要最终用户购买生产出来的 iPad 产品，还需要其他一些相关企业提供信息、包装、贷款等来完善供应链网络。如此复杂的供应链网络可能非常难以管理，而且管理成本也很高。

对供应链参与者合理分类的基础是其对产品的所有权。在供应链的各个环节中拥有过产品实体的参与者是直接的利益相关者，包括产品的最终用户、零售商、分销商、制造商以及供应商。而负责提供物流、信息流和资金流的实体则是供应链的推动者，其通常不拥有产品的所有权，但在安全、有效地执行供应链任务中发挥着关键作用。供应链推动者包括物流服务提供商、信息技术公司、咨询公司、金融机构、政府机构、设备提供商以及一些间接材料提供商。

直接利益相关方

虽然供应链中每个环节的参与者都会影响供应链效率，但没有哪个其他直接利益相关方比产品的最终用户更为重要。最终用户的需求是供应链中所有活动的催化剂，如果不存在需求，则根本不需要供应链网络。这就是为什么如此多的供应链将重点放在最终用户的需求上并进行相关的计划和活动。在消费品供应链中，最终用户是零售消费者；在工业供应链中，最终用户则是购买材料、产品和服务以支持自身运营的公司。例如，德国汉莎航空公司向美国波音公司购买 747 喷气式飞机和维修零部件，美国联合包裹运送服务公司为其船队购买柴油，这两种购买行为都属于工业供应链中的一环。

零售商在供应链中扮演着重要的角色，充当沟通最终消费者和产品制造商的中介。零售商从多个货源处批发产品以累积库存，并将各种各样的产品组合出售，如沃尔玛（Walmart）超市里有超过 10 万种不同的商品。此外，零售商一方面为消费者提供便利的一站式购物服务、有竞争力的定价以及金融交易服务，另一方面为制造商提供货架以存放和销售其产品，并从各个销售点（POS）的统计数据中提取用户需求画像。

批发商和分销商是向制造商和零售商提供增值服务的中间人。批发商从制造商处批量购买产品，并将少量产品出售给零售商，为制造商和零售商双方减轻存储负担，并向零售商提供送货服务。同样，作为连接制造商和最终用户的中间人，分销商负责提高产品流通效率。分销商从制造商处购买大量材料或者零部件，然后迅速以更小的销售单元将货物卖给最终用户。这使得制造商能够专注于生产、管理面向分销商的大批量订单，而不必花时间管理来自全球的最终用户的小批量订单。

制造商将各种原材料、零部件等加工成面向最终用户的成品以提供商品的形式效用。这个加工过程可以在公司内部完成，也可以外包给合约制造商。合约制造商用另一家公司的品牌或者标签生产产品。例如，2013 年耐克公司的产品的设计和制造是由来自全球 43 个国家和地区的 777 家工厂完成的。制造商采用的生产流程（按库存构建、按订单配置和按订单设计）对于供应链的设计和运营有着重大的影响。

供应链中供应商的范围比较广泛，只要是为制造商的生产过程提供必要投入的实体都属于供应商，具体包括原料提取商和加工商、零部件生产商、组件装配商以及参与成品生产过程的其他实体。一级供应商直接为制造商提供关键的产品，二级和三级供应商则持续稳定地为下游供应商供应材料。优质供应商为供应链带来的专业知识和高效率水平是很少有制造商自己能够拥有的。

辅助商（服务性企业）

绝大多数供应链需要物流服务提供商计划和执行将产品从原产地运输到目的地的过程中的工作。物流服务提供商的作用主要包括库存管理、货物运输、货物存储、交付订单以及其他相关方面。一些物流服务提供商仅专注于物流服务中的某一方面，如装车运输；另一些物流服务提供商则能够为客户提供一套完整的物流服务，这些物流服务提供商往往要在所需的设备、人才、技术和设施方面进行大量投资。客户可以根据需要在可变成本的基础上对这些功能加以利用。

信息技术公司能够促进供应链中关键信息的快速流动。直接利益相关方往往不会选择自行开发软件并试图将其与其他系统进行融合，而是依赖信息技术公司提供的供应链规划、供应链执行和供应链事件管理工具，以提高不同供应链的可见性、加强供应链控制，并促进相关策略的制定。一些信息技术公司专注于提供特定于某一方面的解决方案，而其他一些信息技术公司则会为客户提供一体化的供应链软件。

间接材料供应商负责提供能够辅助供应链运作但与特定产品没有直

接关联的货物，具体包括易耗品、工具以及其他有助于促进产品高效生产的用品。同样，为确保安全和准确地交付货物，包装材料以及相关的加工用品也是必需的。

金融机构和政府机构在供应链中也发挥着重要作用。银行及相关机构通过资本管理、支付管理、现金管理、监督合同执行等方式为贸易提供便利，有助于降低全球供应链贸易中的风险和库存成本。政府机构负责监督产品标准、劳动法、设备要求以及运输法规的强制执行，为供应链的安全运行提供保障。其他一些机构，有的负责提供进出口支持以推动贸易顺利进行，有的负责进出口管控以确保供应链安全运行，有的负责收取费用以支持供应链基础设施的建设。

涉及逆向流动、服务、项目、事件以及其他特殊场景管理的特殊供应链需要其他协助者和专家的支持。顾问、项目经理、回收公司、设备制造商、建筑公司以及实验室只是专业供应链建设过程中的一些辅助参与者。

要取得供应链管理的成功，关键在于供应链的所有主要参与者都要积极地参与关键需求的计划和制定。对于所有供应链参与者而言，有关预期需求、时间地点安排以及其他特殊需求的信息共享是至关重要的。直接利益相关方之间的协同将有助于其合理地运用所需的生产能力、库存以及劳动力，更高效地满足客户需求。

供应链管理的目标

供应链管理的定义表明，供应链管理实际上是一项超越单一组织范围和能力的复杂工作。供应链网络的建立和维护耗时耗力，需要列出一个内容繁多的行动清单，需要大量的专业知识、时间和资金来制定战略、建立关系和角色、调整流程、培养工作人员、实施技术以及增强投资能力。

那么，既然供应链的建立和维护过程如此烦琐且耗时耗力，我们就有理由怀疑，企业重视供应链管理能力是否值得。显然，答案是肯定的，因为企业只有建立强大的供应链，才能在市场上展开有力竞争。企业供应链管理的关键目标应该是高效满足客户的需求，提升为客户创造价值的能力，增强企业的响应能力，增强供应链弹性，并增加企业的财务收益。

目标一：高效满足客户需求

从根本上讲，供应链管理的目的是尽可能在任何时间、任何地点都能够满足客户需求。那句著名的农产品商业格言“空车没法卖货”就形象、生动地表明了供应链管理的这一根本目的。

企业必须通过最有效的方式对供应链资源加以利用，以求及时、有效地实现供需匹配的目标。一条供应链上的合作伙伴需要共同努力，以最大限度地提高资源生产率，制定标准化的流程，避免在重复性的事务上浪费精力，并尽量降低库存水平。这些方法可帮助企业减少浪费、降低成本，并提高供应链效率。

降低供应链成本是企业的普遍目标，特别是在经济发展形势不确定的时期，多数企业致力于节省内外部成本。要提高供应链的运营效率，可以从运营中的任何一环着手，但运输成本和库存成本仍然是企业很关注的成本控制目标，因为其在 2013 年占到了美国企业物流系统成本的 81%（1.08 万亿美元）（1 美元约合 6.82 元人民币）。

Ocean Spray 是一家主要生产果汁及食品的农业合作社，该公司在佛罗里达州增设了一个区域配送中心后，货运成本显著降低。该配送中心的建设缩短了货运距离，其地理位置优越，很好地利用了从新泽西州到佛罗里达州的火车空厢。从货车的公路运输到铁路运输的转变，以及货运里程的减少，该公司的运输成本降低了 40%，同时二氧化碳排放量也减少了 20%。

个人护理产品制造商 Kimberly-Clark 已经花了 6 年的时间来建立一个以需求为驱动的供应链。该公司已重新调整了其配送中心网络，并精简了设施数量，以降低供应链库存和成本。为了进一步减少安全库存并降低相关成本，该公司正在使用能够提供零售商销售点数据的需求规划软件以了解客户需求并制定更加准确的预测报告。通过努力，在 18 个月的时间里，Kimberly-Clark 公司的成品库存减少了 19%。

目标二：提升为客户创造价值的能力

成本效益的实现和廉价产品的供应对于企业而言是至关重要的，但供应链管理者也必须注重提升为客户创造价值的能力。客户就是“上帝”，没有客户，就没有供应链需求。因此，供应链管理的一个基本目标必定是始终如一地满足或超额满足客户的需求。

若想为客户创造价值，企业就要依据对客户需求的清晰理解来制定基于市场的客户服务策略。供应链战略的制定和设计也应源于此类客户需求。对企业，这意味着更高质量的客户服务、更强的稳定性以及更少的异常情况。

对于需要全球最大的炸薯条制造商 McCain Foods 供应食品的餐馆和食品服务公司而言，能够完全按照要求及时交货的能力显得至关重要。McCain Foods 公司并没有完全依赖低成本的铁路运输，而是通过长途运货卡车运输食品，从而为对时间比较敏感的供应链客户提供了十分出色的按时交货服务。该公司还会提前装货，并根据需要加快交货速度，以确保这些餐馆、食品服务公司能够源源不断地为顾客提供炸薯条。

需要注意的是，目标一和目标二并不是互斥的。为了取得商业成功，企业必须建立能够有效平衡效率与有效性的供应链，以优化整体绩效。由高德纳（Gartner）咨询公司发布的“全球供应链 25 强”排行榜列出了能够同时实现这两个目标的企业，这些企业将需求、供应和产品整合到了同一个网络中，从而对不断变化的客户需求做出响应，并获得利润。高德纳公司根据行业观点、3 年加权资产回报率、库存周转率和 3 年加权收入增长率等指标选出了 2013 年全球供应链 25 强，如表 1–1 所示。

表 1-1　Gartner 2013 年全球供应链 25 强

排名	公司名称	Peer 打分	Gartner 打分	资产回报率	库存周转率	收入增长率	总得分
1	苹果公司	3203	470	22.30%	82.7	52.50%	930.76
2	亚马逊	3115	475	1.90%	9.3	33.60%	898.93
3	宝洁	1901	493	8.60%	5.8	3.60%	599.40
4	可口可乐	1779	278	11.70%	5.5	14.00%	515.12

续表

排名	公司名称	Peer打分	Gartner打分	资产回报率	库存周转率	收入增长率	总得分
5	联合利华	1469	522	10.50%	6.5	9.00%	498.76
6	沃尔玛	1629	282	8.80%	8.1	4.90%	478.99
7	戴尔	1409	342	6.20%	30.7	−0.60%	442.37
8	思科系统	1167	517	8.50%	11.2	7.80%	422.71
9	麦当劳	1197	353	15.80%	147.5	5.90%	409.67
10	三星电子	1264	298	11.60%	18.5	15.70%	393.32
11	英特尔	756	515	15.60%	4.2	11.40%	318.43
12	耐克	955	236	14.10%	4.2	10.60%	298.43
13	百事可乐	810	314	8.60%	7.8	10.50%	282.20
14	高露洁	794	324	18.90%	5.2	3.60%	280.33
15	3M	999	105	13.30%	4.2	6.90%	276.67
16	星巴克	808	159	16.50%	4.8	11.50%	242.52
17	印第纺织	745	221	18.00%	4.2	13.40%	242.19
18	卡特彼勒	714	247	5.80%	2.8	23.40%	240.71
19	强生公司	730	144	9.60%	2.9	3.30%	218.96
20	雀巢	679	112	13.30%	5.1	−0.60%	198.55
21	福特	552	231	5.70%	15.1	3.10%	198.03
22	联想集团	397	211	2.50%	22.2	29.80%	155.37
23	H&M	399	41	28.20%	3.7	6.70%	110.63
24	康明斯	74	139	13.30%	5.3	13.50%	54.09
25	高通	122	45	12.70%	8.5	25.90%	43.08

备注：总得分 =Peer 打分 ×25%+Gartner 打分 ×25%+ 资产回报率 ×25%+ 库存周转率 ×15%+ 收入增长率 ×10%

目标三：增强企业的响应能力

供应链管理能力的另一个重要方面是企业对变化的响应能力。当前的商业环境正在经历快速变化，多种因素都在影响企业的运营和生存。供应链管理可以帮助企业应对由全球化、经济剧变、消费者期望值升高以及其他相关问题所带来的挑战。

国际贸易的空前扩张大大增加了新的市场进入者的数量，从而加剧了市场竞争。例如，如今老牌的电视供应商松下（Panasonic）、三星（Samsung）和夏普（Sharp）需要与 Vizio、海信（Hisense）及其他电视制造商们一起争夺本就有限的零售货架空间以及销售市场。此外，国际贸易成本也在不断攀升。随着离岸劳动力成本的增加，全球采购现在并不能保证一定能够降低产品的总体成本。在这种情况下，我们需要利用有关供应链管理的专业知识以及供应链网络的灵活性来分析和应对这些问题。与此同时，全球化也为企业带来了扩张的机会。能够适应新市场需求，并且已经建立了灵活的供应链网络的企业将大放异彩。

全球经济衰退等经济危机对消费需求和生产产生了巨大的负面影响。无力预测经济形势变化、及时调整产能并降低供应链库存水平的企业将无法生存，这就是 2009 年 Circuit City 商店、K-B 玩具公司和其他一些零售商的悲惨命运。为了以最小的损失来应对此类经济衰退，企业应该建立一个具有较强的环境适应能力的运营模型，该模型应具有灵活的供应链能力及可变的成本结构。此外，标准化流程和系统的使用将有助于企业基于短时间内的需求变化快速响应或直接停止运营。

借助触手可及的信息，当今的消费者对供应链提出了更高的要求。

如今的消费者可以使用移动设备实时查看产品信息，进行价格比较并查看产品库存情况。这导致他们对更多产品种类、个人定制商品、淡季库存以及低成本快速交货的期望值不断增加。为了满足消费者的这些期望，零售商必须能够将库存作为共享资源，并使用分布式订单管理技术完成来自供应链中最佳节点的订单。是否具有这种反应灵敏的全渠道供应链将是区分零售赢家和输家的重要标准。

此外，产品的生命周期正在不断缩短，能够促进供应链转型的新技术也在不断涌现，而且政府对运输等供应链流程的监管也在加强，这些都是企业需要保持灵活性的重要原因。作为应对方法，建立一个具有灵活性且反应灵敏的供应链将有助于大大减小这些变化所带来的消极影响。

目标四：增强供应链弹性

除了随时间周期而发生的业务挑战之外，企业可能还会遇到突发的严重事件，导致供应链中断。这些非典型事件（如自然灾害、灾难性天气、劳工罢工以及供应商倒闭等）会对货物的流通产生负面影响，并可能使企业遭受财务、声誉以及客户关系等方面的损失。根据一项研究的估计，供应链中断将会导致股东价值异常下降，降幅甚至超过 10%。

考虑到供应链中断的成本如此巨大，企业必须提前采取相应的预防措施以应对供应链风险。常见的预防步骤包括风险识别、风险评估以及风险降低。为了增强企业对供应链中断风险的应对能力，Sheffi 建议各企业在安全问题上进行通力协作，在其供应链中增加冗余，并通过企业间的交叉培训提升相关员工的能力。

除了采取预防性的风险管理措施外，企业还须具备应对供应链中断的管理能力，开发自身识别供应链中断、克服供应链中断并重新设计流程以降低未来风险的能力。对于那些已知的风险，企业要设计具有较强弹性和灵活性的供应链，以迅速从重大事件中恢复元气。而对于那些不太可能发生但一旦发生就会给企业造成灾难性后果的风险，供应链管理者必须参与制订相应的应急计划，并提前对计划进行测试。

戴尔公司（Dell）因其按需配置（Configure To Order，CTO）的计算机系统而闻名，该公司提前构建了供应链以降低风险，并具备了从供应链中断中快速恢复的能力。CTO 流程使得戴尔公司能够提供不同的系统配置方式，并引导客户使用现成的组件和指定的方式配置系统，从而有助于克服组件不足的问题。戴尔公司还与主要供应商建立了稳定、牢固的长期合作关系，以确保在供应不足的情况下，供应商能够给予其优先客户地位。另外，戴尔公司还对二级供应商进行了资格认证和审查，以降低库存短缺的风险。上述策略将 2011 年发生在日本东北部太平洋海域的地震对戴尔公司的影响降到了最低。

目标五：获得财务收益

供应链管理的重要作用之一便是为企业创造更多的利润。传统的举措着重提高成本效率，也就是通过降低库存水平来降低库存账面成本、通过提高自动化水平来降低人工费用、通过合并订单来减少运费等。而与此不同的是，优秀的企业则会使用供应链来增大其与其他同类企业的差异，增加销售额并进入新市场。优秀的企业的主要目标是提高竞争优势和股东价值。

同时关注成本控制并创收将有助于企业的C级主管认识到供应链管理的价值。当主管们把更多的战略重点放在供应链管理上时，企业就不应再对自身的日常职能给予过多关注，而应着手建立一个供应链管理者能够巧妙管理的跨职能和跨企业的具有复杂性的战略性流程。他们必须了解整个供应链中所有企业间的相互联系，并应对来自供应商和客户接口管理的各种挑战。

关于供应链管理在增加企业财务收益方面的作用，“价值主张”部分将进行更加详细的讨论。

供应链管理的发展历程

与其他商业学科（如会计学或经济学）相比，供应链管理并没有悠久的历史。供应链管理这个术语最初是由博思艾伦咨询公司的Keith Oliver在1982年提出的，但是直到21世纪初，它才获得了广泛的关注。不过，与供应链管理有关的概念其实已经存在了几十年之久。例如，当今的供应链策略借鉴了20世纪初零售商的做法，重点关注客户需求，即“在适当的时间和适当的条件下将适当的人员和适当的物品送到适当的位置”。

从商业的角度来看，供应链管理的起源在于各种实质上相关但最初都独立运营的商业活动，如图1–3所示。1960年之前，采购、库存、仓储、订单处理、运输以及其他相关活动都是独立进行的。每个活动都有自己的预算、流程、优先事项以及关键绩效指标（KPI），但这种各自独立的做法是次优的，无法实现总成本最低化。

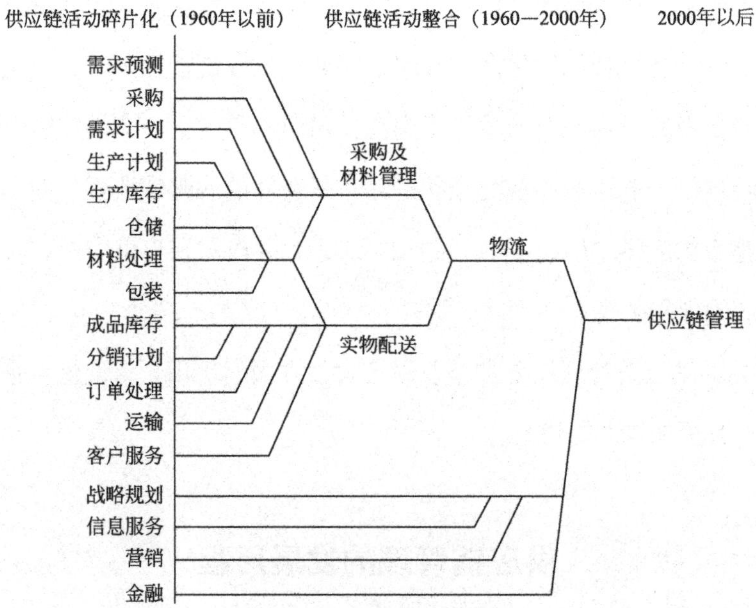

图 1-3　供应链管理的起源

后来，企业的领导者们意识到了这个问题，并开始整合相关的商业活动，将入站运输、采购和生产相关的活动进行了整体协调，以支持企业生产，并将库存管理、订单处理、出站运输以及其他相关活动整合成了实物配送功能。

后来，这两个领域被整合为统一的物流职能或流程，以协调和整合企业的入站和出站流程。

当多个企业将各自的流程进行同步化，并采用更加全面的供应链管理理念（包括对相关领域的战略考虑）时，真正的供应链就出现了。这个真正的供应链囊括了金融、营销、战略规划以及信息服务。

尽管近几十年来，供应链管理领域取得了迅猛发展，但许多企业仍然处于供应链发展的早期阶段，很少有企业能够完全达到其期望的供应链成熟状态。图 1–4 阐释了这一发展历程。

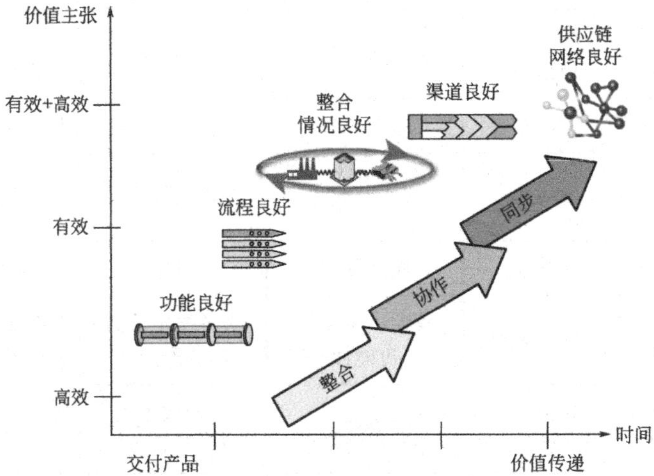

图 1–4　供应链管理发展历程

进行供应链管理的企业必须有意识地用具有一致性的内部流程取代原来的职能条块分割和成本目标。这往往也是企业进行供应链管理变革时最具挑战性的方面。LaLonde 指出：“在进行供应链整合的过程中，企业内部存在的障碍比外部挑战更难克服。”

当一家企业整合了其内部流程并采用统一的成本和服务绩效目标后，其发展重点便转向了建立外部关系并进行企业扩张。与关键供应商和客户的协作、强大的企业能力和先进的技术有助于企业创造更大的跨渠道价值。

建立成熟的供应链的最后一步是开发真正的供应链网络同步能力。要实现前面已经讨论过的增强企业响应能力和增强供应链弹性的目标，企业需要建立一个动态的供应链。表 1–2 总结了企业在供应链发展的每个阶段应具备的战略适应和执行能力。

表 1-2　供应链能力进化

		功能良好	整合供应链管理	延伸性企业	动态供应链管理
		1980 年前后	1990 年前后	2000 年前后	未来
与商业战略相符	供应链的作用	满足企业内部需求	满足客户需求	设计及履行	设计、履行以及推动利润增长
	影响程度	部门划界	公司划界	选定合作方	形成供应链网络
	财务影响	成本	成本及服务	推动价值	实现动态优化权衡
	运营影响	合规	相互依赖	协作	灵活性高
	订单管理原则	先到先得	有做出承诺的可能性	具备做出承诺的能力	具备做出承诺且从中获利的能力
	合作方整合	整合程度较低	紧密整合	合理化（少即是多）	互换性
执行能力	供应及需求的平衡	按计划生产	满足整体需求	预测需求、差异化履行订单	感知、形成并回应需求
	决策	分散决策	团队决策	快速处理紧急事项	快速处理重要事项
	风险因素	事后追悔	有系统缓冲区	出现突发事件和冗余	预测并响应
	事件视界	月	周	天	实时
	技术	独立应用程序	物资需求计划 / 配送需求计划	企业资源规划和博尔顿系统（“能够计划”）	适配层
	人才	工作：各领域专家	多任务：擅长多领域的专家	事业：供应链管理是一个涉猎广泛的行业	领导地位：供应链管理是一项需要经营的业务

资料来源：Cudahy, G. C., George, M. O., Godfrey, G. R., & Rollman, M. J. 2012. Preparing for the unpredictable. *Outlook: The Online Journal of High-Performance Business*.

价值主张

总体而言，供应链的定义、目标和发展历程表明，供应链管理有利于企业更好地为客户创造价值，有利于企业实现目标并创造股东价值。以下各小节将对每一个价值主张进行详细讨论。

客户效用

对市场营销的原则进行回顾时，我们会发现企业主要提供 5 类效用。这 5 类效用包括形式效用、占有效用、地点效用、时间效用和数量效用。企业通过将零部件组装成有用的产品来改变零部件的物理特性和价值而使其产生形式效用，形式效用的创造是生产过程中的重点。占有效用的创造是市场营销过程的主要任务，侧重促进货物所有权的出售和转让。而地点效用、时间效用和数量效用的创造是供应链管理的主要任务。

供应链通过将产品从生产地点转移到有市场需求的地方而产生地点效用。通过在客户可以到达的地方随时提供产品，产品就具有了经济价值。例如，将流感疫苗从工厂运输到患病风险高的地区的药房和医院，患者就可以接种疫苗，从而避免感染病毒。

时间效用是通过在客户需要时提供可用的产品来实现的。供应链管理必须根据需求对将库存从生产和存储地点转移到需求地点的过程进行协调。例如，变速箱、发动机和其他关键零部件的及时交付对于按计划生产汽车至关重要。同样，文具零售商在学校发布返校通知时必须确保背包、铅笔刀和记号笔已经在货架上待售了。

数量效用是指企业应确保能够为客户提供正确数量的产品，满足客户需求。供应链管理者须结合使用预测、计划和库存的方法实现数量效用。库存过多会增加成本，而库存过少会导致缺货。如果福特汽车公司计划生产 500 辆野马敞篷车，其轮胎供应商固特异公司就必须向福特交付 2000 个轮胎以支持其生产。

地点效用、时间效用和数量效用共同为客户创造价值。一个很好的例子是迪士尼会在天气炎热时沿着游行路线临时设置点心车。这些点心车可以在有需要的时间和地点为游客提供充足的冷饮，这既解决了游客口渴的燃眉之急，又为迪士尼创造了更多的利润。

此外，产品的种类、条件和价格等问题也是实现供应链价值主张的必要条件。因此，为了满足客户需求并留住客户，供应链需满足 7 项要求：在适当的时间，适当的地点，以适当的条件，基于适当的成本及适当的数量，向适当的客户提供适当的产品。

成功地满足客户需求

只有当一家企业建立了能够以比竞争对手更好、更快、更低成本的方式服务于客户需求的供应链，上述 7 项要求才有可能被满足。企业不仅要注重满足客户需求，更要以高效的方式来满足需求。也就是说，企业必须根据客户服务政策使供应链成本最低化，以确保各方都能从交易中获得价值。

要比竞争对手更好，就需要企业深入了解客户需求，并提升供应链管理能力。客户根据产品价格、质量、交付情况和增值服务来决定是否购买产品，而供应链管理则通过优化整个交易过程的方式来促进客户进行交易。因此，企业必须有能力在适当的时间、按照适当的数量向客户提供适当的产品。例如，亚马逊的Prime计划之所以大获成功，就是因为该公司足够了解客户需求，能够在两天之内将货物从附近的服务区域配送到客户指定的地点。

要比竞争对手更快，则需要企业快速地执行和交付订单。对于需要始终如一地满足客户收货期望的企业而言，快速交付产品是一种竞争优势。供应链管理者还需要建立可根据具体情况调整供货速度的供应链，从而既能满足客户的高级服务要求（次日交货），又能满足标准的服务要求，还能灵活地满足客户的特殊需求并创造更多的业务机会。

要比竞争对手更低成本，则需要企业提高运营效率。为了提高效率，企业需要通过重新设计日常流程来提高生产力、更好地利用资源并减少浪费。利用现有的资源以及物流服务供应商和其他合作伙伴的专业知识也有助于企业提高运营效率。企业的当务之急是推出比竞争对手更低的抵岸价格及产品价格。

要同时实现更好、更快、更低成本的目标并非易事。传统观点认为，一个供应链能实现其中2个目标已经算是很好的了。例如，一个供应链若要满足100%的库存可用性以及次日交货这2个目标，其成本就会骤然攀升，这会给企业造成严重损失。不过，占据领先地位的制造商和零售商还是在努力优化其供应链，以求实现3个目标。

要实现更好、更快和更低成本的目标，就需要企业改善内部流程并加强与其他供应链成员的协同。就内部流程而言，企业需要取消生产过程中不必要的步骤，以使产品流通合理化。此外，供应链管理者还应与供应商和客户建立互相协作、互相信任的关系，加强沟通交流，提高库存可视性，促进产品流通，并改善产能利用率。为了消除供应链中的过剩库存并减少浪费，企业需要采取内部成本控制措施以及供应链成员协同的成本控制措施。

实现更好、更快、更低成本的三重目标的价值主张及其潜在回报是不容忽视的。行业内具有较优供应链的企业可以在市场上建立起可持续的竞争优势，并为其供应链投资带来可观的回报。对于企业本身、企业股东及供应链成员而言，这些都是值得追求的成果。

股东价值

从价值创造的角度来看，多数企业将财务重点放在了通过更严格的成本控制来提高效率上。考虑到供应链中用于物流和订单交付的资金量巨大，成本控制确实是一个重要的目标。但是，单纯地将降低成本作为重点使得企业错过了许多能够对增加利润产生积极影响的机会。在过去的一段时间中，多项研究表明，采用良好的供应链战略可以为企业提高收入、提高固定资本投资效率、控制营运资金并降低企业税负。

鉴于供应链战略与企业财务绩效之间的紧密联系，供应链管理者必须了解其行为和资源利用方式将会对财务报表、盈利能力和股东价值产生怎样的影响。图 1-5 所示的战略利润模型为评估企业财务绩效提供了一种简明的方法。

该模型表明，净值回报率是 3 个可控因素，即净利润率、资产周转率和财务杠杆的函数。净值回报率是衡量企业盈利能力的一个指标，它揭示了一家企业用股东投入的资金创造了多少利润。在该战略利润模型的分项中，供应链战略通常更加侧重于增加销售额、降低销售成本、减少可变费用、降低库存水平以及减少应收账款。

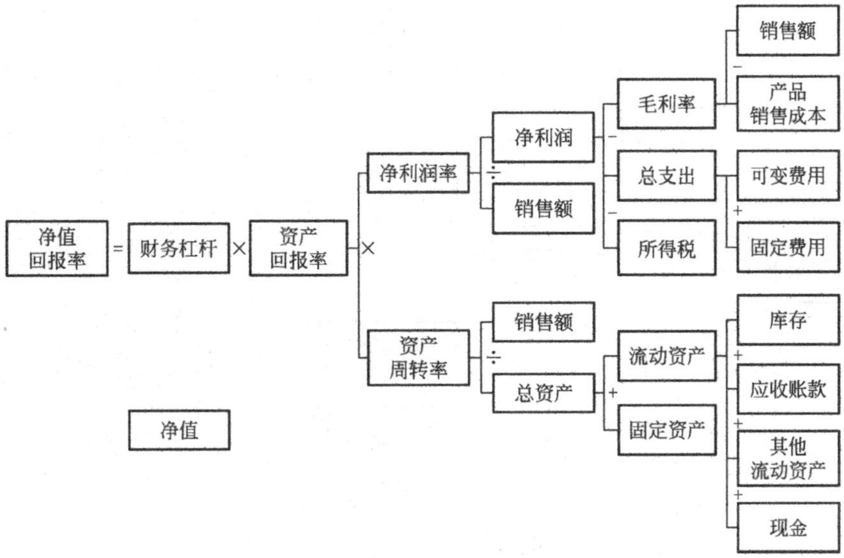

图 1–5　战略利润模型

图 1–6 对该战略利润模型进行了进一步阐释，对良好的供应链战略及其对企业财务绩效的积极影响进行了深入剖析。例如，如果像 H&M 这样的大型零售商成功地启动库存合理化战略，就可以取得积极的成果。只要收入不下降，H&M 公司的库存水平降低就将促使其存货账面成本降低，并对增加利润产生积极影响；并且库存水平的降低将提高库存周转率、降低营运资本投资，而较高的利润和较低的投入则会产生较高的净值回报率。

为了提高股东价值，供应链管理者必须按照图 1–6 中的模型思考战略，让战略与供应链效益及其对企业财务绩效的影响形成有机联系，确保供应链团队实施的战略能够促进企业利润及股东价值增加。

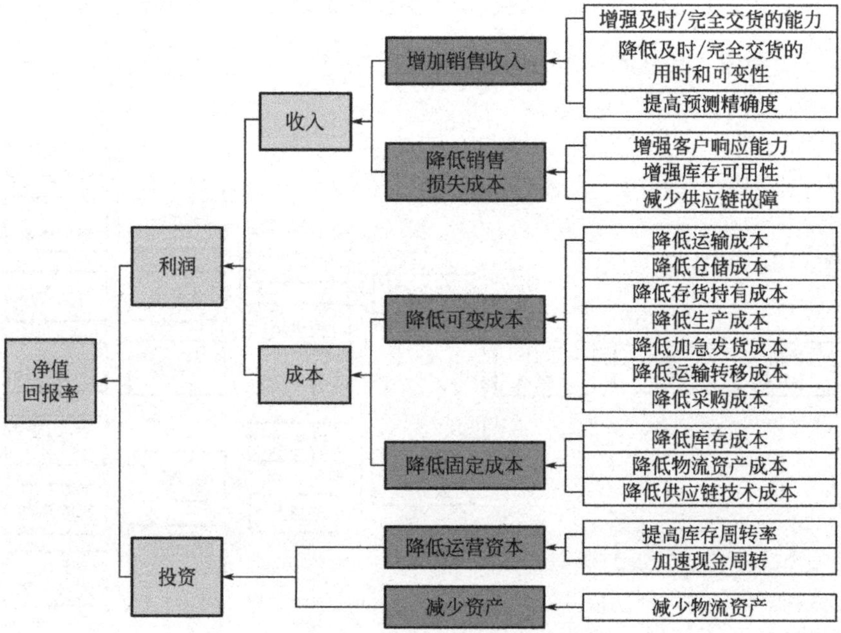

图 1-6　供应链战略及其与财务绩效的关系

小结

供应链不是对从原材料提取到向最终用户交付产品的一系列过程进行简单的线性拼接，相反，根据本章的讨论，供应链其实是一个非常复杂的网络，企业要通过这个网络实现物资、信息和资金在主要参与者之间的快速流动。一个高度集成的供应链能动态地对多个企业的能力和资源进行整合利用，以确保及时、高效地满足客户需求。

供应链的整合、协作和同步并不是偶然发生的。企业必须将供应链管理作为企业的战略发展重点，召集合适的人才，投资必要的技术，促进供应链中各个环节（计划、采购、加工和物流）的开发和协调。要实现良好的供应链管理，以上措施都是企业必须采取的。

正如本章所强调的，供应链管理并非严格意义上的企业内部职能。即使是全球最大的制造商也要依赖外部实体的专业知识为其提供必要的资源和能力。而这些主要参与者主要包括在供应链中与产品有着直接利益关系的零售商、分销商、制造商和供应商，以及推动供应链高效运行的物流服务提供商、信息技术公司和间接的材料和设备供应商等辅助商。这些主要参与者共同促进供应链活动安全、高效地进行，实现关键流程的运转。

供应链和跨链关系的建立能够为企业带来很多意想不到的益处。随着企业越来越注重企业间的整合、协作和同步效用，而不再是仅关注企业单一功能的实现，供应链将变得更加动态，更加有助于企业实现其基本的组织目标。也就是说，随着企业的供应链管理能力不断增强，企业将能够实现高效运转，满足客户需求，具有更强的响应能力，以及更强的供应链弹性以应对供应链中断或其他变化，并创造更多的利润。最终，这些能力将转化为更大的客户效用、更高水平的客户需求满足能力和更多的财务绩效，以及更多的股东价值。而这 3 个方面的益处将提升企业的首席执行官和公司董事会对供应链管理的重视程度。

尾注

[1] Anderson, D. L., Copacino, W. C., Lee, H. L., & Starr, C. E. (2003). *Creating and Sustaining the High-Performance Business: Research and*

Insights on the Role of Supply Chain Mastery.

[2] Baird, N., & Kilcourse, B. (2011). *Omni–Channel Fulfillment and the Future of the Retail Supply Chain*.

[3] Ballou, R. H., Gilbert, S. M., & Mukerjee, A. (1999) Managing in the new era of multienterprise supply chains. *Proceedings of the Twenty–Eighth Annual Transportation and Logistics Educators Conference*. Eds. Bernard J. LaLonde & Terrance L. Pohlen. Toronto: Council of Logistics Management, 23–37.

[4] Blackhurst, J., Craighead, C. W., Elkins, D., & Handfield, R. B. (2005) An empirically derived agenda of critical research issues for managing supply–chain disruptions. *International Journal of Production Research*, 43(9), 4067–4081.

[5] Bradley, P. (2013) Collaboration bears fruit. *CSCMP's Supply Chain Quarterly*, *7*(2), 34–36.

[6] Christopher, M. L. (1992) *Logistics and Supply Chain Management*. London: Pitman Publishing.

[7] Cooke, J. A. (2013) Kimberly–Clark connects its supply chain to the store shelf. *DC Velocity*, 11(5): 53–55.

[8] Council of Supply Chain Management Professionals. (2010) *Supply Chain Management Terms and Glossary*.

[9] Council of Supply Chain Management Professionals. (2011) "Supply Chain Management Definition" .

[10] Council of Supply Chain Management Professionals. (2013) *24th Annual*

State of Logistics Report: Is This the New Normal? Oak Brook, IL: Council of Supply Chain Management Professionals.

[11] Coyle, J. J., Langley, C. J., Novack, R. A., & Gibson, B. J. (2013) *Supply Chain Management: A Logistics Perspective.* Mason, OH: South–Western Cengage Learning.

[12] Cudahy, G. C., George, M. O., Godfrey, G. R., & Rollman, M. J. (2012) Preparing for the unpredictable. *Outlook: The Online Journal of High–Performance Business*.

[13] de Souza, R., Goh, M., Kumar, M., & Chong, J. (2011). *Combating Supply Chain Disruptions: Lessons Learned from Japan 2011*.

[14] Dittmann, J. P. (2012) Start with the customer! *CSCMP's Supply Chain Quarterly.*

[15] Gartner. (2013a) *Gartner Announces Rankings of its 2013 Supply Chain Top 25*.

[16] Gartner. (2013b) *IT Glossary*.

[17] Gibson, B. J., Mentzer, J. T., & Cook, R. L. (2005) Supply chain management: The pursuit of a consensus definition. *Journal of Business Logistics*, 26(2), 17–25.

[18] Heckmann, P., Dermot, S., & Engel, H. (2003) *Supply Chain Management at 21: The Hard Road to Adulthood*.

[19] Hendricks, K. B., & Singhal, V. R. (2003) The effect of supply chain glitches on shareholder wealth. *Journal of Operations Management* 21(5), 501–522.

[20] Institute for Supply Management. (2010) *Supply Management Defined*.

[21] LaLonde, B. J. (1997) Supply chain management: Myth or reality? *Supply Chain Management Review*, 1(Spring), 6–7.

[22] LaLonde, B. J. (1999) The quest for supply chain integration? *Supply Chain Management Review*, 2(4), 7–10.

[23] Lummus, R.R., & Vokura, R.J. (1999) Defining supply chain management: A historical perspective and practical guidelines. *Industrial Management & Data Systems*, 99(1), 11–17.

[24] Mentzer, J. T., DeWitt, W., Keebler, J. S., Min, S., Nix, N. W., Smith, C. D., & Zacharia, Z. G. (2001) Defining supply chain management. *Journal of Business Logistics*, 22(2), 1–26.

[25] Nike, Inc. (2013) Global Manufacturing.

[26] Partridge, A. R. (2010) Managing a customer–driven supply chain. *Inbound Logistics*.

[27] Porter, M. E. (1985) *Competitive Strategy: Techniques for Analyzing Industries and Competitors*. New York: The Free Press.

[28] Ramsey, J. G. (2005) The real meaning of value in trading relationships. *International Journal of Operations & Production Management*, 25(2), 549–565.

[29] Sheffi, Y. (2005) *The Resilient Enterprise*. Cambridge, MA: The MIT Press, 269–285.

[30] Stapleton, D., Hanna, J. B., Yagla, S., Johnson, J., & Markussen, D. (2002) Measuring logistics performance using the strategic profit model.

International Journal of Logistics Management, 13(1), 89−107.

[31] Stock, J., & Boyer, S. (2009) Developing a consensus definition of supply chain management: A qualitative study. *International Journal of Physical Distribution & Logistics Management*, 39(8), 690−711.

[32] Sweeney, E. (2011) Towards a unified definition of supply chain management. *International Journal of Applied Logistics*, 2(3), 30−48.

[33] Wisner, P. (2011) Linking supply chain performance to a firm's financial performance. *Supply Chain Management Review*.

02

供应链的结构、流程以及权衡决策

供应链是由各项高效流程构成的企业网络，能够实现产品的无缝流通。如果不具备这些流程，则供应链仅仅是名义上的供应链，其往往是各种临时拼凑而成的业务流程，且很容易出错、中断，并导致供应链彻底失败。因此，供应链管理者必须致力于不断改进每个流程并将其融合在一起，以确保物资、信息和资金在整个供应链网络中的高效流通。

在第 1 章中，我们已经通过对供应链的定义、目标和价值主张等的阐述强调了流程和流通的重要性。流程和流通不仅是一种抽象的概念，而且是供应链战略、能力以及绩效的有形要素体现。为了充分理解流程和流通对供应链的贡献，本章将着重讨论每个流程的影响以及每个流程的基本作用。

我们可以从词典中对流程和流通的定义找出这两个供应链要素的重要性和协同作用。根据《韦氏词典》的定义，流通是指“以连续而平稳的方式向前推进”，而流程则是指“一系列产生或导致特定结果的行动”。美国供应链管理专业协会将流程定义为“一系列基于时间的活动，这些活动合起来完成特定的输出。”

供应链流程的理想结果是实现物资、信息和资金的稳定流动，从而使客户的需求得到满足。要实现这一点，就要使各个流程在供应链中的企业之间及各企业内部实现适当的协调。Hammer 指出，如果能够实现供应链中不同企业间业务流程的融合，则可以得到真正的理想结果。Lambert 指出，供应链管理实质上是从最终用户到原始供应商之间的关键业务流程的集成。因此，了解各个业务流程是供应链管理的基础。

对供应链流程和流通的讨论还需要考虑另外两个方面。一方面，必须考虑供应链的结构以及产品流通的渠道，供应链网络的结构决定了产品将通过哪些渠道从原始供应商流向最终用户。另一方面，还需要对供应链中各个流程和利益相关方的重要程度进行权衡，不同流程之间的协同效应将对产品流通、流程成本以及供应链的竞争力产生影响。

本章将就供应链流通、供应链结构、供应链流程和权衡管理提出一些见解。首先讨论供应链流通，因为供应链流通将推动供应链结构、供应链流程的建立以及供应链权衡决策的进行。接下来对供应链的结构进行介绍。然后详细阐述 5 个主要的供应链流程的目的和内容。最后对供应链各流程内部和流程之间必须进行的权衡取舍进行分析，因为供应链管理者必须了解战略和运营决策对整个供应链的影响。

供应链流通

供应链管理的主要目标是促进各个要素在整个供应链之间平稳、协调地流通。通常，供应链中存在 3 种要素的流通，即产品和相关服务的流通、信息流通以及资金流通。图 2–1 是一个简化的供应链，其中的参与者数量有限，并且 3 个要素的流通既发生在下游也发生在上游。了解这些基本要素的流通对有效管理供应链流程至关重要。

产品和相关服务的流通

从传统上来说，物资运输一直是后勤人员关注的重点，而且现在依然是供应链管理中的重要因素。为满足客户需求，企业应将客户订购的产品及时、可靠且无损坏地交付给客户，而运输和仓储对实现这一目标

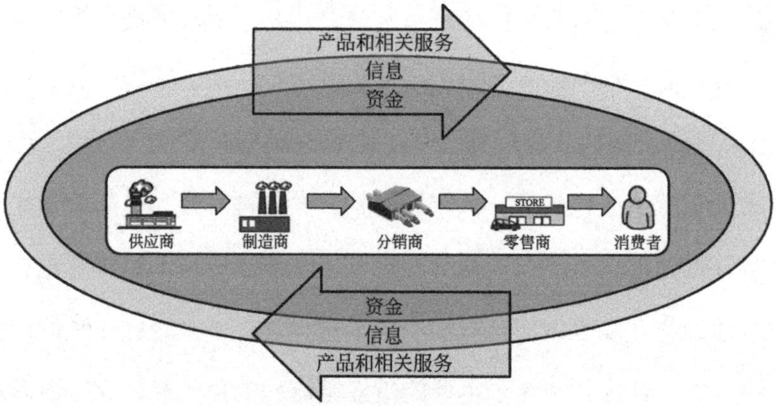

图 2-1　简化的供应链

至关重要。企业还需要清楚的是，由于客户退货、产品未售出、产品维修以及包装的重复利用或者回收等，已经发出去的产品和包装可能会被退回来。实际上，随着电子商务规模的快速增长和可持续性发展计划的强化，逆向物流（负责处理产品逆向流通的物流功能）因其战略和财务重要性而越来越受到各个企业的关注。

信息流通

数据和知识的及时共享是实现有效供应链管理的另一个重要因素。供应链管理的一个关键方面是能够基于准确的信息快速做出战略决策。每个供应链都有一条与产品和相关服务流通配套的信息链。没有在正确的时间将正确的信息传递到正确的地方，就不会有采购订单、运输消息、支付行为以及协调互通的市场营销和销售工作，就会导致供应链失败。因此，在供应链利益相关方之间进行大量的信息交流对维持供应链的有效运作是至关重要的。

在供应链中，正向和逆向信息流都是必要的。供应链中的正向信息流的实现方式多种多样，如提前发货通知、订单状态信息和可用库存信息。而逆向信息流可以将市场需求以及客户偏好等信息从分销商、零售商或消费者手中传递给供应链上游的成员。正向和逆向的信息流对供应链的平稳运行都是必不可少的。

资金流通

资金流通侧重金融交易方面的流通，特别是支付资金的流通。传统上，支付资金的流通被视为向供应链上游的单向流通，即客户为购买的产品、服务买单。然而，随着逆向物流量的增加，供应链管理者也需要重视从制造商或零售商到客户的支付资金流通。在逆向物流盛行的大背景下，及时退款有助于显著提升客户的满意度，因为没有客户希望等待很长时间才能拿回退款。

无论规模大小，企业都会特别关注其资金的流通。企业必须认识到，供应链的资金流通对营运资本有着重大影响。因此，除了订单周期外，企业还应根据现金回流周期衡量供应链的表现。现金回流周期也被称为现金转换周期，是指资本被用于原材料采购之后，现金回流到企业所需的时间。戴尔等一些公司成功地实现了负现金转换周期，即在向供应商付款之前先向客户收款。例如，戴尔公司从成功从客户处收款到向供应商付款之间的时间差可能达 30~45 天，因此在这 30~45 天的时间里，公司向客户收取的资金可用于其他用途，如金融投资或产品开发。

供应链结构

在图 2-1 所示的供应链结构中，参与者的数量非常有限。但是，认为供应链就是指原材料供应商和消费者之间的直接线性关系的想法过分简化了供应链的真实结构。实际上，大多数供应链都是复杂的、动态的、各有特点的网络，涉及许多不同的业务流程。如第 1 章所述，企业的供应链结构受其所在行业、地理活动范围、供应基础、产品种类、实现方法以及需求模式等多种因素的影响。

我们来看看图 2-2 所示的液晶电视机供应链的结构。从电视机制造商的角度来看，可将进行电视机装配作业的公司定位为上游企业，将负责通过供应链渠道将成品电视机交付给消费者的公司定位为下游企业，将直接为电视机制造商提供零部件的供应商称为一级供应商。一级供应商可以在其上游供应商（二级供应商）处进行采购。因此，电视机制造商既是供应链中的下游客户又是上游供应商。其实，供应链中的大多数企业都扮演着客户和供应商的双重角色。

图 2-2 其实仍未完全反映大多数供应链的复杂结构。一些上游企业既是电视机制造商的一级供应商，又是二级供应商。而且，下游消费者可以从多家零售商、批发商甚至制造商那里直接购买电视机。此外，图 2-2 并未清楚地描述其他提供了辅助功能的供应链参与者。例如，可能存在第三方财务服务提供商为企业提供融资服务，它们承担了一些风险并负责提供财务建议；也可能存在第三方物流服务提供商（3PL）为企业运输货物，以促进货物流通；或者可能存在市场调研公司为企业提供有关消费者的信息和分析服务。

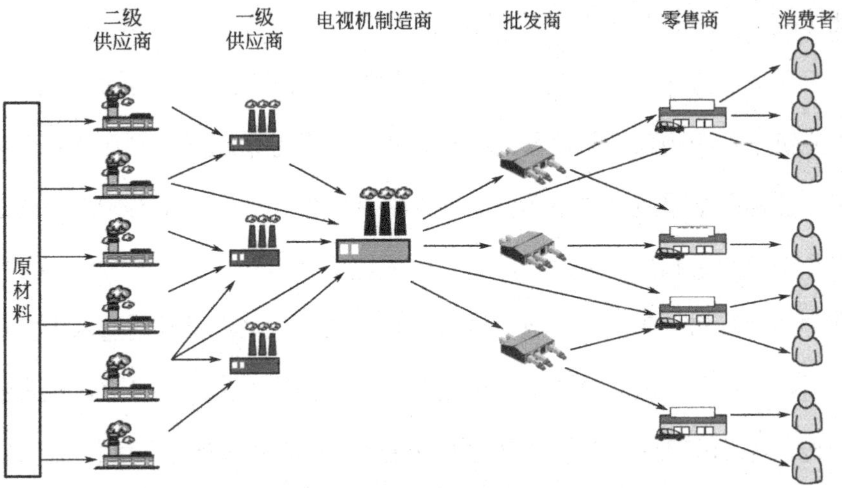

图 2-2　液晶电视机供应链的结构

对于大多数企业和行业而言，网络结构是最适合的供应链结构。“网络”一词意味着一种复杂的结构，在这种结构中，各企业通过产品、信息和资金的双向流通而产生关联。供应链网络结构囊括了跨越企业边界的多个流程，管理者必须将供应链网络结构视为一个系统，因为需要从流程交互的角度来理解供应链网络结构。在供应链网络结构中，没有一个企业是孤立的，因为每个企业的输入和输出都受其他供应链参与者的影响。

与传统的管理哲学相比，供应链结构的另一个显著特征是供应链成员之间的关系。在供应链背景下，企业的业务结构不再是企业间各自为政的、松散的，而是企业间信息互通且协作的，所有企业都致力于提高供应链效率，并增强企业竞争力。与传统的对抗性业务关系相比，供应链管理的基本理念是实现企业间的信息互通与协作，降低风险，并大大提高整个供应链的效率。这种信息互通与协作需要供应链成员彼此信任并互相给出承诺，而这反过来又将促进供应链中的免费的信息共享和互通协作。

总体而言，由于国际贸易、产品种类和电子商务的不断扩张和增长，供应链结构的相互依赖性和挑战性也正在变得越来越强。例如，如今大多企业都在全渠道环境下运营，在这种环境中，客户们都希望能够通过多个渠道购买和接收产品。因此，供应链管理者应该设计一种能够支持客户通过零售商店、电子商务站点、批发商、分销商以及制造商等多种渠道购买产品的供应链结构。供应链管理者须建立灵活的多渠道供应链结构，以确保产品、信息和资金能够通过供应链网络及时、有效地流通。

供应链流程

相对于传统上将供应链活动按功能单元或部门进行划分的做法，供应链流程模型是一种渐进式的替代方案。传统供应链通常将重点放在供应链中不同企业之间或同一企业不同部门之间生产活动的分工上，目光较为短浅。而新的供应链流程则扩大了企业的生产重点，促进了企业间的交流和协作，以求更好地满足客户需求并创造价值。

在供应链内利益相关的企业内部和企业之间实施流程管理，能够促进高效交易，并催生更有效的关系结构。然而，需要注意的是，流程管理可能是一项极为复杂的工作，因为供应链既涉及战略流程，又涉及运营流程。此外，在满足客户需求的整个供应链流程中，既涉及主要流程，又涉及一系列子流程。除非供应链管理者对每个流程都有正确的识别能力、清晰的理解能力以及水平一致的管理能力，否则供应链的成功将转瞬即逝。

本节旨在详细阐述供应链中的 5 个主要流程，并讨论它们之间的关系，这可以通过一个已经被普遍接受的基于供应链运作参考（SCOR）模型的框架来实现。SCOR 模型采用一组通用的定义和度量标准，使得企业能够理解供应链流程并评估绩效。图 2-3 揭示了规划、采购、生产、交付和退货等流程是如何在企业内运作的，以及如何在企业间建立自然的联系。

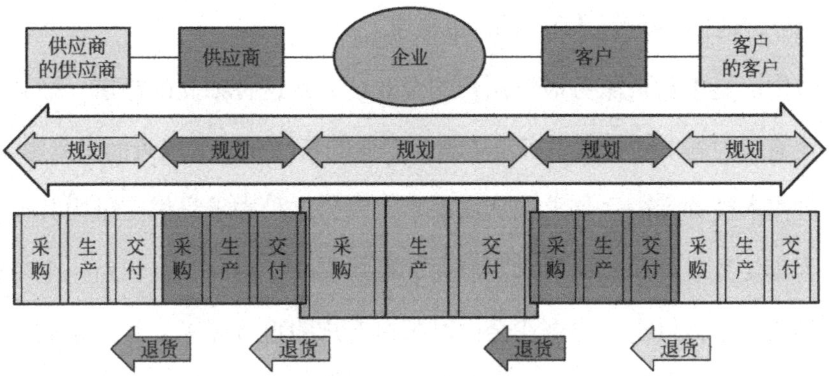

图 2-3 供应链流程

规划：供需一体化

规划指的是制定总体战略以使供应链中的供给与需求同步，具体是指为实现在供应链中以最低的成本为客户提供最好的服务的目标，企业需要提前制订计划来对资源、流程和关系进行管理。根据供应链理事会的定义，规划的过程包括收集客户需求、收集有关可用资源的信息以及平衡需求和资源之间的关系（以确定规划和实际资源之间的缺口），最后一步是确定为弥补规划和实际资源之间的缺口应采取的措施。

需求规划在供应链中的作用

在其他业务流程中做出的决策都是基于需求规划的，因此需求管理的重要性不言而喻。实际上，需求是驱动供应链的重要因素。Mentzer提出，如果从供应链的角度来看，供应链中只有一个独立的需求，即向供应链中的最终用户按照其指定的时间和地点交付指定数量的产品。无论最终用户是零售商店或网上购物的消费者，还是购买产品以进行进一步加工的企业，他们都决定着真正的产品需求。

供应链中负责服务最终用户的企业会遇到这种独立的需求，而其他企业遇到的需求则会因供应链中其他企业的履行和购买政策而受到影响，这种需求被称为衍生需求或从属需求，因为这种需求是供应链中其他企业为满足其最终用户的需求而产生的间接需求。因此，在任何一个特定的供应链中，只有一类企业会面对来自客户的直接需求，其余企业面对的都是由直接需求衍生出的间接需求。因此，企业必须从综合的角度进行供应链规划。在供应链成员之间共享需求规划可以实现从一个流程到下一个流程的无缝衔接。

由于需求是所有供应链活动的触发因素，因此需求规划对其他的供应链流程有着直接影响。采购部门需要准确的需求信息，才能在准确的时间获得准确数量的原材料；生产部门需要准确的需求信息，才能高效地进行生产调度；物流部门需要准确的需求信息，才能维持适当的库存水平，并及时安排交货。

需求管理流程中的关键要素

需求管理是指识别所有产品和服务需求以扩大市场的活动。需求管理主要由以下几个部分组成。

1. 预测需求

客户需求几乎不可能是完全稳定的，因此企业需要提前预测客户需求，以合理分配库存及其他资源。预测是需求规划的一个重要组成部分，因为企业可以基于需求预测来估计未来的产品需求，并以此为基础进行合理的规划和商业决策。基于准确的需求预测，采购部门可以订购正确数量的产品，生产部门可以生产正确数量的产品，物流部门可以交付正确数量的产品。相反，不准确的预测将导致供需失衡，并造成缺货、销售额减少、库存过剩和报废成本高、材料短缺、市场反应能力差和盈利能力差等后果。例如，任天堂游戏公司（Nintendo）首次推出 Wii 游戏机时，其销量大大超出预期，导致该公司一时几乎难以满足大众对该产品出乎意料的大量需求。

由于所有的企业都面临着需求的不确定性和客户的波动性，所以预测需求和实际需求之间将不可避免地存在一些误差，这是企业可以预料到的。因此，需求预测的目标是使预测值与实际值之间的偏差最小化。为了得出准确的预测结果，企业必须考虑影响需求的因素。此外，买卖双方还应互相分享有关供需的信息，以便对方做出准确的决策。

供应链管理者还应认识到，高质量的需求预测不仅有益于核心企业，也有益于供应链成员。具体的益处包括降低库存水平、减少缺货情况的发生、制订更流畅的生产计划、降低成本以及改善客户服务。这些益处是通过减少牛鞭效应来实现的，牛鞭效应是指供应链上的一种需求变异放大的现象，是信息流从最终用户端向原始供应商端传递时，无法有效地实现信息共享，使得信息扭曲且逐级放大，导致需求信息出现越来越大的波动的过程。

有人认为，预测是艺术和科学的结合，因为没有任何技术可以提供100% 的预测精度，但经验往往有助于提高预测精度。一般来说，预测方法分为两大类：定性预测和定量预测。这两种方法都依赖过去的需求数据，随着对未来预测的深入，这些预测方法都将产生不太准确的结果。因此，通常建议采用定性和定量结合的预测方法。

定性预测方法以判断性评价和直觉作为基础，通常在历史数据不可用或数据有限（如新产品信息）时使用。定性预测方法的成本相对较低，但其预测准确率在很大程度上取决于预测人员的经验和技能，以及可用的信息量。定性预测的输入信息可能来自不同的实体，如企业内部和外部的管理人员、销售人员或者客户。

定量预测方法利用基于历史数据的数学模型预测需求，因果变量也包括在内。时间序列预测和因果关系预测是定量预测的两种主要方法。时间序列预测基于以下假设：未来是过去的延续， 因此可以通过历史数据预测未来需求。而因果关系预测则假设一个或多个因素可以影响需求，因此可以用来预测未来需求。

尽管所有的预测方法都试图准确地预测需求，但最终所有的需求预测都是不够准确的。预测成功的关键是将实际需求与预测需求之间的偏差最小化。虽然这听起来很简单，但市场上可能会出现诸多影响需求的不可控因素，导致预测需求与实际需求偏差过大。尽管如此，需求预测还是必不可少的，因为它是市场营销部门和运营部门制定目标和执行策略的依据。这些目标和策略是通过销售和运营计划（S&OP）流程来制定的。

2. 销售和运营计划

有效的需求管理流程有助于企业制订更加可行的营销和销售规划。一般来说，企业会在同一时间段对同一产品进行多个维度的预测。对于制造商来说，进行财务预测、生产预测、营销预测和分销预测是很常见的。在大多数情况下，这些预测并不完全一致，这可能会导致企业内部在沟通和执行方面产生冲突。显然，一个企业必须在内部给出一个所有职能部门都认同并且能够执行的统一规划。

为了达成统一的规划，销售和运营计划流程正在被广泛采用。销售和运营计划流程通常包括以下 5 个步骤，如图 2–4 所示。

（1）在产生预测阶段，使用一种或多种预测方法对未来的销售额进行预测。

（2）在需求规划阶段，销售和营销部门会根据现有产品的促销情况、新产品的推出情况或者产品的淘汰情况进行预测和必要的调整。

（3）在供应规划阶段，运营部门（包括生产部门、仓储部门和运输部门）会对销售额的预测进行分析，以确定企业现有产能是否能够按时、按量地满足预测需求。

（4）召开销售和运营计划预备会议，来自销售、市场、运营和财务部门的人员将参加会议。该会议将对初始预测的结果进行讨论，并对先前出现的超出产能的问题进行回顾和解决。

（5）召开销售和运营计划高管会议，对有关销售预测和产能的问题做出最终决策。在此次高管会议上，各职能部门的负责人将达成统一的需求预测结果，并将其转化为企业的运营计划。此次会议的重要目标之一就是使各职能部门达成共识。关于收入和成本之间的权衡也将在本次会议上确定。一旦最终规划获得批准，每个职能部门就要制定适当的指标，以实现协调生产。

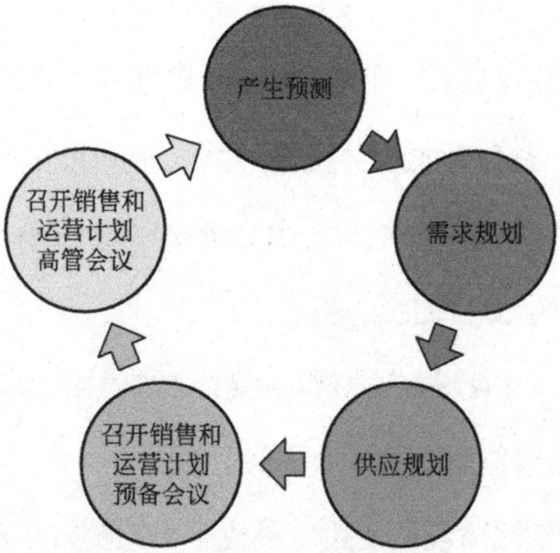

图 2-4　销售和运营计划流程

销售和运营计划流程能够使供应链中的所有相关方的意见达成一致，以促进企业在制订和执行营销与销售计划时能够协调一致，互通有无。基于互通协调而产生的决策和行为将比传统的多计划方法更为有效。

3. 了解客户需求

需求管理的其中一个目标是提升供应链中所有企业在产品和相关服务流通、信息流通和资金流通过程中的协作能力。企业的最终期望应该是为最终用户或消费者创造更大的价值。由于需求管理需要大量的客户信息才能实现，所以企业需要与供应链成员就客户需求信息进行频繁沟通。以下步骤有助于供应链成员集中精力满足客户需求，并为客户解决问题。

（1）收集和分析有关消费者本身、消费者遇到的问题和消费者未被满足的需求的信息。

（2）与其他供应链成员共享与消费者、现有最新技术，以及物流挑战和机遇有关的信息。

（3）确定能够满足客户需求的合作伙伴。

（4）将必要的业务分配给其他能够以最高水平完成该项业务的供应链成员。

（5）开发能够为客户解决问题的产品和服务。

（6）确定并采用最佳的物流、运输和配送方式，以最大化满足客户需求。

4. 市场与生产规划及控制系统之间的关系

制造商虽然远离市场，但他们经常需要对在市场上出售的产品种类、地点、时间和数量等做出关键性的决定。而当其他的供应链参与者因以自身的预测和行动为准则而扭曲了实际的市场需求时，这个需求就被变异放大了。以一个新产品为例，首次推出一个产品时，最终用户的需求已达到顶峰，此时获利的机会也是最大的。但是，制造商通常没有足够的能力满足这些需求，从而造成产品短缺。与此同时，经销商、分销商往往会超额订购产品，导致大量虚拟需求产生。随着产量开始增加，制造商会基于这种虚高的需求发货，并以超出实际价格的溢价价格进行销售。随着渠道库存增长，商家开始打价格战，由于库存过剩，制造商从经销商、分销商处获得的利润也随之锐减。这进一步抑制了各方对产品的需求，制造商也将面临产品供过于求的困扰。

这种情况并不少见，而且很大程度上是由该行业的规划流程和系统中出现的问题导致的，因为该流程和系统是基于前期被夸大了的虚拟需求进行规划的。由于很大一部分产品是在获利空间缩小的时期销售的，所以供应链成员的价值创造机会会受到很大的影响。因此，深入掌握并找到真实的市场需求对企业的成功至关重要，而需求管理是解决制造商和客户需求之间可能脱节的问题的关键。

5. 在需求管理和供应链之间实现连接

销售和运营计划流程可帮助企业准确制定规划流程，以在企业内部达成一致的需求预测，同时有助于供应链成员之间达成一致的需求预测。更重要的是，供应链成员之间互通协作的需求管理流程也可以促进供应链的整合。协作式的计划、预测和补给（CPFR）就是一种能够使来自不同供应链成员的各种预测和计划实现同步的方式。通过这种方法，零售商、分销商和制造商可以利用互联网技术实现供应链的协作式运营。

简单地说，协作式的计划、预测和补给可以使贸易伙伴之间达成统一的需求预测，每个供应链成员再根据该预测制订自己的执行计划。这取代了传统的预测方法，即每个供应链成员都要为同一产品进行不同的需求预测。1995 年，沃尔玛公司和兰伯特制药公司（Warner Lambert）（现在是强生公司的一部分）在其李施德林（Listerine）产品线上首次尝试使用了协作式的计划、预测和补给方法。除促进了特定商品的库存合理化和解决了缺货问题之外，这两家公司还就提高需求预测的准确性进行了合作，以便在适当的时间和适当的地点拥有适当数量的库存。自愿跨行业商业标准委员会（The Voluntary Inter-industry Commerce Standards Committee，VICS）也于 1998 年采用了协作式的计划、预测和补给方法，并且成为该方法的主要倡导者。

图 2-5 为 CPFR 模型，该模型为一系列涉及消费者、零售商和制造商的业务流程。CPFR 模型中主要的流程包括战略和计划、需求和供应管

理、执行以及分析。该模型有两个方面需要注意：第一个方面，该模型包括供应链成员之间的合作和数据交换；第二个方面，该模型是一个连续的闭环过程，最后的反馈（分析）将作为战略和计划部分的输入信息。CPFR 模型主要强调消费者购买数据或销售点数据等信息的共享，以及供应链成员之间预测信息的共享，以改善供应链管理。制造商可以根据这些数据分析自身是否具有满足预测需求的能力。如果制造商无法满足预测需求，零售商将与制造商协作，以达成双方都认同的需求预测结果，并据此制订计划。CPFR 模型的优势在于它能够提供一个统一的需求预测，供应链成员可以根据这个统一的需求预测制定生产策略、补货策略以及销售策略。

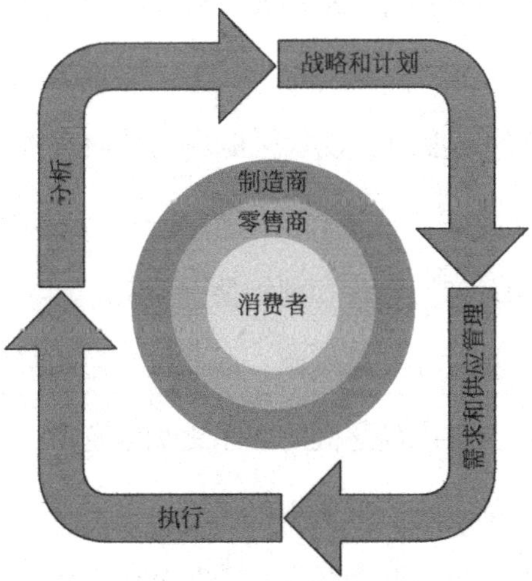

图 2-5　CPFR 模型

采购：购买产品和服务

采购是指与有效的供应链管理相关的购买过程，也称为采办。美国供应链管理专业协会将采购定义为与获取产品或服务相关的活动。采购过程主要包括供应商的选择，交易条款或合同的制定，主要原材料的采购，货物的交付和验收，以及货款的支付和绩效管理。

采购在供应链管理中的作用

从历史上来看，采购曾被视为一种负责接收请购单和下达采购订单的文书工作或者技术含量很低的管理工作。采购的作用是以尽可能低的价格从供应商那里获得所需的资源。但是，在过去的几十年中，这种传统的采购观念已经发生了很大的变化。如今，采购的主要目标是确保以最低的总成本实现原材料和零部件的不间断流通，以提高成品的质量并最大限度地提高客户满意度。要实现企业的战略目标，就必须制定一个全面的采购战略。

当上升到战略的高度时，现代采购就与传统采购大不相同了，主要表现在以下几点。

（1）二者对购买力的整合和利用情况不同。

（2）现代采购更关注产品价值，而非仅考量购买价格。

（3）现代采购与供应商之间的关系更加紧密。

（4）现代采购的采购流程更加优化。

（5）现代采购中供应链成员间的团队合作和协作程度更高。

退一步说，仅就采购量而言，采购活动对大多数企业的重要性也不容忽视。对大多数企业来说，购买产品和服务的成本占据了企业总成本的绝大部分。根据美国人口调查局（United States Census Bureau）对制造业进行的年度调查，1977—2006 年，制造行业的企业在原材料上的支出占销售额的 50% 以上。原材料采购费用实际上超过了制造业的增加值。因此，通过降低采购成本控制企业成本非常必要。

更重要的是，采购在供应链管理中的战略重要性主要体现在其能为企业带来更大的竞争优势。通过降低采购成本、提高采购质量或为内外部客户提供更好的服务，采购能够为企业带来巨大的可持续的竞争优势。与合作商建立牢固、稳定的关系，同时实施能够将采购与其他业务功能进行协调融合的供应链管理流程，对于提高供应链的效率和有效性是至关重要的。

采购流程中的关键要素

现代采购与传统采购在功能上大不相同。现代采购涉及的范围更广，而且往往对企业具有战略性的意义。采购流程的关键要素如下。

1. 制定采购目标和采购流程

企业每次购买的产品和服务并不完全相同，因此对于不同类型的采购项目，需要特别注意的地方和策略也应该有所区别。根据与具体采购项目相关的价值和风险，采购项目可分为以下 4 类。

（1）一般用品，指低风险、低价值的产品和服务。一般用品通常不会被用于生产最终产品，办公用品以及用于维护、维修、运行设备的物料（MRO）等都属于一般用品，此类产品的采购重点是简化采购流程以降低成本。

（2）商业用品，指风险低但价值较高的产品和服务。基本的生产材料、包装材料和运输服务就属于此类产品，其特点是能够提高企业的盈利能力但风险相对较低，因为此类产品在市场上的供给量很大，可以通过多种渠道随时获得。由于此类产品并不具有特殊性，所以不必过于注重品牌差别，此时价格则成为一个重要的考量因素。此外，由于运费和库存是此类产品采购成本的主要影响因素，因此对于此类产品的采购，多采取批量采购以及即时采购的方式来降低采购价格和库存成本。

（3）特殊用品，指高风险、低价值的产品和服务。这类产品包括工程产品，如只能从数量有限的供应商处购买的零部件或交货时间长的产品。此类产品容易影响整个供应链的正常运行，而且采购成本高，因此采购前应制订标准化的采购计划，以消除或降低此类产品的特殊性，从而将此类产品的性质更改为一般用品。

（4）关键产品，指高风险、高价值的产品。关键产品能够左右最终产品在市场上的竞争优势，也决定着客户使用成品的最终成本。关键产品的采购重点是通过使用新技术、简化程序、保持密切的供应商关系以及预备增值备选项等方式来增加其价值。具有创新性的采购可以促进关键产品为成品提供更大的市场价值。鉴于其重要性，供应链管理者应将更多的资源和注意力转向关键产品的采购，而不是一般用品的采购。

购买情况分为 3 类。第一类是资本货物的采购。例如对一个企业的长期投资，该情况可能需要制订大量的财务计划。第二类是重复购买。标准的重复购买是指根据历史购买情况实施相同的购买行为，而调整再购买则涉及某些订单的变化。第三类则是指支持企业持续经营及供应链正常运转所需的用于维护、维修、运行设备的物料的采购。在这 3 类购买情况中，专业采购人员的投入程度（如精力、时间和信息搜索）是不同的。

2. 供应商的选择及商务谈判

虽然不同的企业会根据不同的标准来选择供应商，但专业采购人员也会通过一些通用的因素来评估供应商，这些通用因素包括质量、价格、可靠性、风险、能力和财务状况。

质量通常是最重要的供应商选择标准。质量通常是指客户在某项产品中所需的规格，如技术规格、化学或物理特性，或者某种设计。质量是指购买的产品在特定方面满足客户要求的程度。质量还可能包括其他因素，如产品的使用寿命、维修的便利性、维护要求、易用性以及可靠性。

采购物品的价格直接影响采购企业的成本结构和盈利能力。因此，价格无疑是选择供应商时要考虑的一个重要因素。然而，企业现在不仅关注购买价格，更强调以最低的总成本购买产品。总成本包括产品或服务在整个生命周期内与资产或收购相关的所有直接和间接成本。它不仅包括购买价格，还包括运输、搬运和储存、损坏和损耗、税收、保险和再分配等方面的成本。此外，总成本可能还包括安装成本、更新成本、培训成本、支持成本、服务成本、维护成本、停机成本、退休成本和处置成本。

可靠性是指供应商准时交货并且使产品性能保持一致的能力。始终如一的准时交货对于防止因交货时间超出预期时间而导致的生产中断情况至关重要。采购产品的性能对于最终产品的质量及其市场表现有直接影响。供应商提供的保修和索赔程序通常也被视为提高可靠性的措施。

所有的供应链管理人员都希望减少风险。供应风险以及交货时间和价格的变化都可能对买方企业的运营构成威胁或让买方企业产生额外的成本。因此，风险通常是另一个重要的供应商选择标准。

要在变化莫测的市场环境中进行有效竞争，买方企业通常会高度重视潜在供应商的能力，如其生产设施和产能、技术能力、管理和组织能力以及运营控制能力。这些因素通常能够表明供应商是否有能力按时、按质、按量地提供买方所需的材料。买方企业不仅要评估供应商是否有能力提供其所需的材料，也要评估供应商是否有能力在较长时间内持续为买方企业供应所需材料。

买方企业通常还会评估供应商的财务状况。如果供应商的财务状况不稳定，可能会导致材料供应中断。随着供应商数量趋于固定，一家供应商的财务失衡可能会导致整个供应链出大问题，甚至会导致供应链中断。

除了前面提到的因素之外，买方企业在选择供应商的过程中可能还会使用其他评估标准，如供应商的地理位置、供应商的态度、供应商给人的印象或形象、供应商能否提供培训辅助以及技术支持。这些因素的相对重要性取决于具体的采购情况。

当买方企业想与供应商建立战略联盟或者长期的合作关系时，谈判尤其有效。谈判过程可能会很耗时，但谈判能为买方企业在价格和质量方面带来很多潜在益处。更重要的是，谈判实际上是一种有效的沟通方式，有利于谈判双方更好地了解彼此的需求和要求，这对于发展长期的供应链伙伴关系也是至关重要的。

3. 采购的执行和管控

虽然不同的企业对采购项目的要求各不相同，但以下 4 个步骤是采购中比较常见的过程，企业可以根据自己的特殊需求加以调整。

（1）确定购买类型。购买类型通常会决定整个购买过程的复杂程度。

标准的重复购买是最省心的，而调整再购买和重新购买则需要采购人员花费更多精力。

（2）确定参与购买的人员在采购时需要花费的时间以及需要搜集的内外部信息。一般来说，采购过程越复杂，采购越重要，采购人员也就需要越多的时间和信息以实现有效采购。

（3）执行采购流程。这包括执行有效采购和满足客户需求所需的各种活动。根据购买类型，实际的采购过程可能很复杂。对企业的实际购买投资和企业需求的满足程度进行衡量，对于企业未来的购买评估非常重要。

（4）评估采购流程的有效性。这是一个管控步骤，用以检验客户需求是否得到满足以及这项投资是否必要。如果发现采购过程的效率低于预期，应查明原因并采取纠正措施。

尽管采购的过程很复杂，但只要管理人员制定出一套系统的采购实施方法，就可以对采购过程进行有效管理。实现高效采购的一个关键因素是与供应商建立密切的合作关系。事实上，众多专业的采购经理都认为，在当今的全球市场上，建立和保持企业的竞争优势需要与供应商建立牢固的关系。

4. 供应商评估

采购的重点已经转移到根据供应商的供应能力来协调企业的生产和营销战略，企业应从以下角度评估供应商。

（1）持续供应能力。采购的核心目标是确保企业所需的原材料、零部件等的持续供应，以维持企业的正常运转。原材料和零部件的短缺会导致生产停滞以及供应链中断。这通常与出乎意料的高成本以及无法提供原先承诺给客户的服务有关。

（2）库存投资最低化能力。采购的另一个目标是以最低的库存投资实现原材料的连续供应。为防止由原材料或者零部件的短缺导致的生产停滞，传统的方法是维持高库存水平。但是，现在许多企业已经意识到维持高库存水平的开销非常大，而且需要稀缺资源的投入。因此，理想的解决之道是即时供货，即供应商可以在买方企业需要的时候再运送其所需的原材料或零部件。

（3）质量改进能力。另一个重要的评估因素是供应商是否承诺在采购中持续改进产品质量。如果制造商使用了劣质的原材料或零部件，那么制造商生产出来的产品（或服务）的质量将无法满足客户需求。因此，质量必须始终作为采购的重点。

供应商管理的一大趋势是与主要供应商发展并维持良好的合作关系。传统上，买卖双方之间的关系具有对抗性且以低价作为采购重心，但是企业要知道，与主要供应商建立长期的合作伙伴关系有助于促进信息共享以及相互承诺，从而取得最佳的采购效果。

生产：生产产品及提供服务

运营主要关注供应链中的生产，生产主要指与材料转换或服务内容创建相关的活动。生产和服务运营主要专注于生产满足客户需求的商品和服务。生产流程和相关资源的有效管理是通过计划、组织、控制、指导、激励和协调等活动来实现的。

生产在供应链管理中的作用

运营所实现的生产产品和服务的功能与供应链中的其他功能关系密切。制造商和服务提供商都需要供应商的库存支持，而运营部门则负责完成通过供应链网络分配的生产任务。生产计划必须与交付计划和交通运输情况协调，以确保正常供应。显然，生产操作也是供应链的一个组成部分，并不能孤立运行。采购、生产和交付流程中所涉及的所有活动都需要同步，以确保统一、高效的产品和服务流通。

生产流程中的关键要素

生产流程负责完成通过供应链网络分配的生产任务。因此，了解生产流程中的关键要素有助于提高产品质量和企业的客户响应能力，同时提高运营效率。

1. 产能规划与调度

在计划过程中，运营管理者通常想要实现投入、产能（资源）和产出之间的平衡，以减少浪费。过多的投入和产出都会造成不必要的库存，而过剩的产能将导致不必要的生产成本。 但是，投入不足也会导致生产拖延，并降低产量；而产能不足则会导致机器和劳动力过度工作，从而可能导致成品和服务质量下降。

有两种类型的计划与运营管理尤其相关，即产能计划和物料计划。产能计划是确定企业的生产能力是否能够满足客户需求的过程，而物料计划是指确定生产所需的投入的过程。运营计划按照时间范围分为 3 类，即长期计划、中期计划和短期计划，并且每种计划的侧重点各不相同。

长期计划（一年或一年以上）侧重有关设施位置、产能确定和总体生产计划的重大决策；中期计划（6~18 个月）侧重与人力和库存水平有关的战略决策；短期计划（从几天到几周不等）则侧重处理具体的问题和生产细节，如生产计划和工作分配。

2. 生产流程的执行

企业战略、可用资源以及产品特性等因素都会影响生产的执行方式。就生产策略而言，有几种选择可供考虑。而策略的选择则取决于当前的商业环境、供应链的需求变化、产品的标准化水平和生产的复杂性。

存货式生产（MTS）是一种传统的生产方式，通常企业会在收到客户订单之前就开始生产产品。在这种方法的指导下，企业会根据对未来客户需求的预测进行生产。这种生产方式更具成本效益，生产计划的制订也更容易，同时可缩短交货期，但企业需进行精准的需求预测，并严格控制库存。这种方式最适合生产大批量产品且需求可预测的情况，或者是需要提前生产的季节性产品，如某些需求稳定的消费品，或以产品为基础的最终产品（如化学品、药品和能源产品）。

订货生产（MTO）是一种基于实际客户订单（而不是市场需求预测）的生产方式。对于按订单生产的产品，超过 20%的增值发生在收到订单后，而且企业在收到订单时才会获得所有必要的设计和流程文档。MTO 成品通常是标准组件和客户指定的选件或附件的结合品，这种生产过程通常被称为批量定制。在一般情况下，企业会根据对客户订单的预测来预备组件，但是直到真正收到客户需求后才会将其组装为成品。MTO 适用于重复生产的情况，即大量的最终产品（根据客户对选件和附件的要求）由通用组件组装而成。汽车和计算机是典型的 MTO 产品案例，客户的选择权有限。这种生产方式的主要优点包括响应更快、成本更低、库存水平更低、生产的复杂程度更低，以及订单的录入速度更快和准确性更高。

定制生产（BTO）的方式与 MTO 类似，企业只有在收到确定的产品订单后才会进行组装。但是，不同于 MTO 生产方式的是，BTO 涉及更高的定制水平和更低的生产量。一般认为 BTO 适用于生产需要特殊配置的产品（如飞机）。BTO 方式的主要优点是它能够处理差异化订单，并完全按照客户指定的产品规格来进行生产。与 MTO 一样，BTO 只需要很少的（或者根本不需要）成品库存，这也就意味着运输成本和产品报废率都会很低。不过，BTO 也有一些问题，如产能利用率受需求波动的影响很大，安装成本很高，交货期也相对较长。

专项生产（ETO）也称为项目生产，其生产重点在于为对规格具有独特要求因而需要进行独家工程设计或大量定制的客户生产高度定制化的产品。在这种生产环境下，企业生产的产品各不相同，没有哪两种产品是一样的，每个订单都需要详细的成本估算以及量身定制的价格，并且每个订单都需要使用独特的零部件、物料清单和工艺流程线，而这往往很复杂，从而导致交货期较长。企业也可以提前准备各种组件和原材料，但直到收到客户订单并设计产品后才会组装成成品。ETO 能否成功取决于各供应链成员之间是否能够实现紧密合作。为此，客户必须参与整个产品的设计和生产过程。供应商的高参与度也是专项生产的关键。制造商所需的材料可能会非常独特，也可能很少有人订购此种材料。通过 ETO 方式生产的产品包括资本设备、工业机械，以及航空航天和国防工业中涉及的各种复杂产品。

我们必须认识到，以上生产策略往往可以结合使用。延迟差异化是将 MTS 和 MTO 结合的一种混合策略，其意味着建立一个通用的产品平台来提前准备库存，然后在收到客户订单后根据客户的特定需求来进行差异化生产。

在做出产品生产策略决策后，还应确定具体的生产方法。一般而言，主要有 3 种生产方法，即作业生产、批量生产和流水线生产。

作业生产，也称为一次性生产，这是一种比较古老的生产方法，是指为特定客户进行定制化生产或小批量生产。作业生产涉及的产品几乎没有标准化的部件，通常，具有传统工艺生产能力的小企业会采用作业生产方法，不过有时大企业也会使用作业生产方法（如建造新工厂或者安装机械）。加工车间和机械车间主要负责承担作业生产，因此它们通常也被称为作业车间。

批量生产是指在一系列车间中对产品进行阶段性生产的生产方法。批量生产的过程类似作业生产，但机器和批次之间的流程变化相对较小。批量生产适用于总体上生产同类产品但又需要细微差异化的企业，如面包店或牙膏制造商。

流水线生产又称连续生产，是指产品从一个生产阶段转向下一个生产阶段的连续生产方法。在流水线生产中，工人和机器人（越来越多地）负责执行重复性的任务，以求在不降低质量的情况下，尽快完成生产任务。此方法适用于生产大批量且不具有差异的产品。通常，流水线生产系统的建立需要投入大量资本，而且相关企业需要保持流水线机器的高速运转以及平稳运行。

不同的生产方法适用于不同的企业，但使用它们的目的都是帮助企业有效地满足客户需求。根据所选生产方法的不同，工艺过程布局也是企业需要做出的重要决策，这涉及生产车间或装配车间中机器、库存区域以及其他资源的布局。常见的与工艺过程布局相关的概念如下。

（1）项目布局是指生产产品的固定位置，原材料和劳动力被转移至该生产现场进行生产。

（2）工作中心是一个以过程为中心的布局，将相似的设备或功能组合在一起。物料在不同部门之间流动，以完成具有相似性的活动和任务。

（3）生产单元是另一种以过程为中心的布局，将生产区域按加工要求的相似性划分为各个小生产区，用于生产小范围产品。

（4）装配线是一种以产品为中心的布局，在这种布局中，对机器和工人按照生产产品所需的操作顺序进行安排。

（5）连续工艺设备类似装配线，但其重点在于产品流的连续性而不是离散性。生产高度标准化的产品（如汽油、纸巾和浓缩软饮料等）可采用此布局。

合理选择生产方法及布局可以帮助企业更好地管理需求变化。与需求受竞争产品扩散、生命周期短和需求波动影响的产品相比，具有需求一致性的产品需要采用截然不同的生产方法。企业还必须建立与需求量和产品变化完全匹配的设施布局和生产流程。

3. 服务流程的执行

服务型企业和生产型企业之间存在许许多多的差异，服务和产品之间的一些主要区别如下。

（1）服务无法储存、盘点。服务是无形的，因此服务产生时即被消费。

（2）服务通常是独一无二的。服务的定制程度通常很高。

（3）服务过程中客户和服务提供商的交互比较多。在大多数情况下客户都会参与服务过程，而客户输入的信息也为服务提供商提供了必要的需求信息。

（4）服务具有分散性。由于服务不能存放在库存中，并且服务过程中需要与客户进行频繁的交互，所以服务提供商需要占据多个能够靠近客户的有利位置。

在购买服务时，客户实际上购买了许多与服务相关联的属性，包括显性服务、提供服务所需的辅助设施以及隐性服务（如安全性或设施氛围）。成功的服务提供商在满足客户需求的同时，能够以最有效的方式为客户提供一系列与服务相关联的属性。

企业提供服务时分为两种情况：一种是批量提供服务且与客户联系较少；而另一种是提供高度定制化的服务且与客户联系较多。许多企业将与客户交互性强的前端服务和与客户交互性弱的后端服务进行了区分，对二者采取不同的管理方法，以最大化提升每种服务的效果。

服务运营决策涉及几个重要因素。首先，地理位置对于大多数服务型企业而言极为重要，因为它极大地影响着客户到店量、业务量以及企业的盈利能力。其次，服务型企业的布局策略应着重于缩短距离（包括缩短客户到店距离以及缩短服务提供商在部门之间的穿行时间）以及最大限度地满足客户需求（如收银员的位置应靠近入口）。再次，服务型企业应关注服务容量，即企业在特定时期内可以服务的客户数量。大多数服务型企业倾向于服务比最大服务容量稍少一点的客户，以减少排队和客户等待时间。服务型企业通常会使用排队模型来实现效率最大化。当然，服务型企业还应该考虑一些其他的相关因素，如员工培训和技术应用，因为这二者直接影响企业的客户服务水平。

交付：满足客户需求

交付过程侧重于满足客户对企业产品和服务的需求。具体来说，交付过程是指与生产、维护和履行客户提出的对于企业产品和服务的订单需求相关的活动。企业应开发和执行包括库存管理、配送和运输的关键物流流程，以确保将低成本产品及时交付给客户。此类产品交付活动造就了一个非常庞大的物流行业。根据美国人口调查局的调查，仅运输和仓储业在 2010 年就雇用了大约 410 万名员工。

订单履行是供应链管理中的一个重要的物流环节。无论达到何种预测精度水平或无论产品质量如何，只有在将合适的产品通过合适的方式交付给客户后，供应链的最终目标才算实现。此外，由于物流和订单履行过程涉及与客户的直接交流和互动，此二者将极大地影响客户对于供应链效果的感知。值得注意的是，订单履行在时间维度上直接影响供应链的效果。订单履行交付周期是一个被广泛接受的供应链绩效指标。美国供应链管理专业协会将其定义为从客户订单发起到客户订单完成的平均、持续的交付周期。

订单履行过程的有效管理对于降低成本也有重要的影响。例如，传递和准备订单所需的时间越长，可用于交付订单的时间就越短。在这种情况下，企业可能需要使用价格高昂的快速运输方式。如果企业通过技术手段减少了订单传递和订单准备的时间，就会有更多的时间用于运输产品，企业就可以使用成本较低的运输方式，而且有可能实现订单合并以降低运营成本。企业长期节省下来的运输成本还可以抵消前期用于购买新技术的投资。

物流和订单履行流程涉及3个关键的领域：仓储、运输和订单管理。

仓储在供应链管理中的作用

仓库历来被视为存放或储存货物的地方。而如今，仓库的重点作用已经从被动储存变成了主动的产品战略分类和转移。企业可建立处于战略位置的仓库，以及时提供低成本的库存补充。因此，我们通过术语“配送中心”来阐述传统仓储的动态作用。

在理想的情况下，供需是平衡的，企业对客户期望的产品进行按需组装并直接交付给客户。但是，这一目标对于大多数消费产品来说是不可行的，因为生产和消费并不会完全同步，单个产品的运输成本过高，而且在多个始发地和目的地之间进行运输协调也非常复杂。为了解决这些问题，企业可以在供应链中建立一个包含配送中心、仓库、交叉码头和零售商店的配送系统。

这些库存处理、存储和加工设施有助于供应链实现时间和地点效用。通过将原材料、零部件和产成品投放在面向生产和面向市场的地点，企业就可以拥有在客户需要的时间和地点及时为客户提供产品的能力。如此一来，产品的交付时间将缩短，产品的可用性将提高，交付成本也将降低，从而能够提高分销运营的整体效率。在竞争如此激烈的市场环境下，拥有上述能力的企业将占据有利的竞争地位。例如，亚马逊公司在执行方面花费了近139亿美元，其中包括在2010—2013年增设50个新仓库的费用。这些举措体现了亚马逊在客户订单履行方面一举超越沃尔玛和 Target 等传统零售商的意图。

提升客户服务水平并不是将配送系统纳入供应链的唯一原因。配送系统中的仓储设施还可以帮助企业克服挑战，辅助企业的其他工艺流程的顺利开展，并帮助企业实现规模经济效益。其具体作用如下。

（1）实现供需平衡。无论是进行季节性的生产以满足全年需求，还是进行全年生产以满足季节性的需求，仓储设施都可以用来储备库存以缓解供需不平衡的情况。这两种情况都需要动用库存来维持市场运作。仓储设施实际上为企业提供了一个库存缓冲区，可以使企业在原材料和客户存在限制的情况下实现高效生产。

（2）防范不确定性。每个供应链都面临着各种不确定性，而仓储设施可以帮助企业更好地应对这些挑战。仓储设施可以用来存储库存，以应对错误的需求预测、供应中断以及需求高峰。当企业预测的需求低于实际需求，或者市场需求突然激增时，仓储设施中的库存便可以满足这些意料之外的需求增长并使企业维持客户服务的高水平。此外，仓储设施中的库存可以帮助企业应对由供应问题（如供应商短缺或者产品质量差）而引发的生产中断，并确保生产流程持续进行。如今，多数企业都在埋头追求高效率，在这样的时代背景下，实现企业的持续运营就显得尤其重要且充满挑战。

（3）批量购买以享受折扣。供应商经常采取激励措施以鼓励客户大批量购买产品。为了充分利用这样的打折机会，企业通常会购买数量超出当下需要的原材料和零部件。在这种情况下，企业可以把多余的产品存放在仓储设施里，从而降低产品的单位购买成本。

（4）满足生产要求。如果企业可以通过长时间的生产降低成本，或者如果产品需要进行老化或催熟（如葡萄酒、奶酪和水果），则可以在配送之前将产品入库保存。对于制造商来说，这种战略性的入库保存可以缩短原材料和零部件的保持或停留时间。

（5）支持即时（JIT）供货。位置适宜的仓储设施可以支持生产商的即时生产战略。将零部件集中存放在一个整合的仓储设施可以降低每个生产工厂对库存的需求。通过支持交叉对接、分类、排序和轻装配等功能，仓储设施也可以成为制造业的重要扩展方面。

（6）提升运输经济性。仓储设施也可以帮助企业提高与运输相关的经济效益和效率。仓储设施能够合并入站和出站货物。进行大容量运输时货物通常会占用集装箱的全部容量，其单位运输费用低于没有装满的集装箱的运输费用或少量货物的运输费用。

仓储设施可以根据供应链的具体要求提供多种服务。一般来说，仓储设施拥有 4 个主要功能：货物积累、货物分类、货物分配和货物组装。

货物积累主要是指从多个来源接收货物。此时仓储设施作为来自多个渠道的货物的收集点，将提供企业所需的货物转移、存储或加工等服务。仓储设施的货物积累功能有助于企业在生产货物和履行订单的过程中合并处理订单及进行整体发货。企业有了库存积累，便可以减少送货次数。此外，通过更大规模及更具成本效益的运输交付，企业可显著节省运输成本。

货物分类是指将相似的货物集中起来储存在仓储设施中或转移给客户。在收货的过程中，根据货物的关键属性，如生产批号、库存单位（SKU）编号、包装箱尺寸以及有效期等，对货物进行拆分，为安全存储或交货做好充分的准备。适当的货物分类对库存的有效管理和客户订单的履行至关重要。例如，在一个托盘上将两种有效期不同的新鲜鸡蛋混合在一起可能会导致不当的库存周转以及鸡蛋腐败、变质。

货物分配功能侧重将可用库存与客户订单进行匹配。将订单与库存量进行比较，并根据客户订购的数量从库存中检索可用的数量。这种散堆容量的方式确保企业能够为多个客户提供所需的产品，并避免冗余采购。

货物组装主要是指将仓储设施中的多个库存单位按照客户订单进行组合分发。这样的产品混合交付能力使得客户能够从一家企业通过一个订单订购多种产品，从而避免下多个订单以及从多个地点发货的相关费用。

除上述 4 个关键的功能之外，仓储设施还具有其他一些附加功能，这些功能能够满足不断发展的供应链需求。仓储设施已经不再被简单地视为存储产品的场所，而是具有灵活空间和劳动力的供应链活动中心，可满足从粘贴产品标签到轻工制造等各种客户需求。此类附加功能可帮助企业处理特殊的客户要求，提高供应链效率，并使企业在竞争中获得优势。

仓储流程的执行与管理

仓储设施有助于企业有效地促进产品的流通和存储，加快订单履行及提供其他的附加服务。重要的仓储设施流程分为两部分，即产品处理功能和支持功能。

1. 产品处理功能

与仓储有关的活动主要是指产品的流通和存储。存储功能是仓储设施的一个比较传统和明显的功能，通过仓储设施内的有效短距离流通来保持适当的产品流是仓储的一个关键方面。产品在仓储设施内的有效流通是一项关键的客户服务，能够提高库存周转速度，从而降低仓储成本；降低损失、损坏或过期的风险并有利于控制存储容量。

产品处理主要涉及5个流程：从运输网络处接收产品，并将其转移至仓储设施中；将产品存放到规定的位置；将产品与客户订单进行匹配；将产品从存储位置转移到拣选位置；装载产品，并将其交付给客户。

2. 支持功能

虽然产品处理功能耗费了仓储设施的绝大多数劳动力和成本，但其他许多行政和管理方面的活动也有助于仓储设施的正常运转。这些支持功能能够在关键流程之间和整个供应链中进行协调，维护企业的库存投资，并改善仓储设施内的工作条件。最主要的支持功能涉及以下几个方面：库存控制、安全、维护、卫生、结果分析以及信息技术。

这些支持功能共同促进了产品在仓储和订单履行过程中的流通和存储。如果没有这些功能，企业将很难妥当地应对一系列的挑战，无法对库存进行精确记录，也无法得知仓储流程的实际运转情况。简而言之，如果没有一线管理人员和劳动力背后的专家团队，库存管理将很快陷入混乱。

为了实现有效的仓储管理，管理层必须评估仓储运营的成本和生产力。仓储运营评估的两个主要方面是企业内部评估以及面向客户的评估。企业内部评估侧重于完成客户订单所需的各种资源。仓储运营的关键绩效指标侧重于资产利用率、劳动生产率以及运营的成本效率。面向客户的评估则着眼于服务质量问题以及完美履行订单的最终目标。这些关键绩效指标也有助于企业对配送系统的可靠性、响应能力和灵活性进行评估。内外部关键绩效指标对评估企业配送系统是至关重要的。

运输在供应链管理中的作用

供应链是指因距离和时间而分隔的一系列企业的整合。作为一项关键功能，运输能够促进产品在买卖双方之间的流通，并使得企业能够将供应链的范围扩展到本地供应商及本地市场需求之外。从本质上来说，运输主要是指货物在始发地和目的地之间的物理移动。运输系统能够将位于不同地理位置的合作伙伴和供应链中不同的组成成分（如客户、供应商、渠道成员、工厂、仓库和零售店）整合联结起来，并促进供应链的时间和地点效用的实现。

主要的运输方式包括汽车运输、铁路运输、空运、水运以及管道运输。此外，多式联运结合了两种或两种以上基本运输方式，将货物从始发地运到目的地。每种运输方式的经济和技术结构均不同，因此运输质量也大不相同。

总体而言，2010 年美国运输系统为企业运送了约 125 亿吨商品，其价值近 11.7 万亿美元。在货运费用方面，2010 年美国企业在运输服务上的支出为 7600 亿美元。其中，将近 78% 的支出用于汽车运输，为 5920 亿美元；其次是铁路运输，占比为 7.9%；空运占比为 4.3%；水运占比为 4.3%；货运代理占 4.2%；最后是管道运输，占比为 1.3%。汽车、多式联运和空运主要提供用于运送高价值商品的高价服务；相反，铁路运输、水运以及管道运输主要为低价值商品提供更经济的服务。

现代企业已经普遍意识到，运输绝不仅是指将产品从一个地点运送到另一个地点。由于其在供应链管理中起到的关键作用，运输已经受到了多家企业的战略性关注。

企业是否具有运输服务能力对能否满足供应链的需求至关重要。无论运输服务是用于在企业之间转移货物还是用于将产品交付给最终用户，可靠的装运对满足客户需求都是至关重要的。运输能力不足会阻碍企业满足客户需求，因为产品无法及时到达客户手中。例如，苹果公司目前在全球范围内都有供应商，并且仅依靠几家工厂就可以向全球客户销售产品。高效的运输服务促进了苹果公司的产品在全球销售网络中的平稳流通。同样，全球运输系统也使得沃尔玛可以在全球范围内采购产品并将其出售给美国的客户。

运输效率的提高有助于增强供应链的竞争力。借助强大的运输能力，企业可以构建全球供应链，从而把握住低成本的采购机会，增强在新市场中的竞争能力。在供应链管理方面，具有成本效益的运输方式使得企业能够以更低的价格获得更高质量的材料，并实现规模效应。同样，低成本运输也能够提升企业满足客户需求的能力。通过保持合理的运输费用水平，产品的总抵岸成本（生产成本加上运输成本以及相关的供应链实施成本）将在多个市场上具有很强的竞争力。现如今许多企业都在国外进行采购和营销，在这样的环境中，合理的运输成本尤其重要。

企业的强大的运输服务能力是满足客户需求的关键。是否具有高质量且以客户为中心的运输系统直接影响企业是否能够提供满足“7 个适当”的物流服务，即以适当的成本获得适当的产品，并在适当的位置和时间将适当数量的产品以适当的方式交付给适当的客户。换句话说，企业的运输服务能力必须与客户需求保持一致。另外，企业还可以通过增强运输服务能力提升供应链的灵活性。通过与能够提供各种运输时间和服务选项的承运商合作，企业便可以以更快的速度、更低的成本为客户提供次日达服务。如今，许多企业都在利用现有的运输服务能力为客户提供具有创新性的服务。例如，西尔斯（Sears）和沃尔玛等零售商现在能够提供在线订单的配送服务，利用现有的商店配送服务降低客户的购买成本。

运输成本是影响供应链设计和策略决策的关键要素。运输支出占物流活动总支出的比例超过一半，远远超过了用于仓储、库存管理、订单处理和其他订单履行系统的总支出。因此，企业在制定供应链战略和流程时必须考虑运输成本。此外，是否具有运输服务、运输服务能力和成本等因素会影响企业有关供应链设施的数量和位置的决策。例如，许多企业都不想在佛罗里达州设立配送设施，因为该州的货运量很小。在将货物从外地运往佛罗里达州时，承运商会收取更高的费用，以弥补空车返程时所需的费用。此外，企业的运输服务能力必须符合企业的整体战略。亚马逊公司决定为客户提供当日交付服务并将服务范围扩展到新鲜食品和杂货业务就需要低成本和及时有效的运输系统来配合。

鉴于上述关键作用，对运输流程进行积极、主动的管理对企业供应链的有效、经济运营是至关重要的。企业的领导层在制订企业发展计划时必须考虑运输问题，将运输部分整合到整个供应链流程中，并合理控制供应链的总成本，而不是简单地将运输成本最小化。百思买、亚马逊和 CVS 等企业已经在朝这个方向发展了。这些企业的领导层已经认识到，只有通过有效的运输流程，将货物按客户要求的时间运送到其要求的地点，才能实现供应链的时间效用和地点效用。

为了更好地管理企业的运输流程并将其与其他供应链活动整合，企业一定要认识并克服潜在的障碍，这些障碍包括供应链本身的复杂性、供应链合作伙伴之间相互排斥的目标、不断变化的客户需求以及有限的信息。此外，企业还必须积极应对动态的商业环境和趋势，具体内容如下。

海外业务的增加使企业在运输方面迎来巨大的挑战。随着企业将业务扩展到海外以期降低成本并扩大市场，相关的运输流程必须将相距数千英里（1 英里≈ 1.6 千米）的买卖双方联系起来。更远的运输距离不仅会导致更高的运输成本，而且由于运输时间延长和供应链中断的风险增加，库存水平也更高了。因此，企业在评估全球采购和离岸制造的财务收益时必须要考虑较高的交货和库存成本。

客户对服务的苛刻要求会影响企业的运输能力。过去企业常常以更加经济的卡车和集装箱为单位运输货物，但如今，为了保持竞争力，企业必须以更小的单位进行频繁交付。时间更短的订单周期导致了更高的成本，从而加快交货速度。此外，现在的客户还要求对货运过程进行实时监控，这就需要企业进行大量的技术投资。通常，企业应该与能够以合理的价格提供合理的运输服务、速度和一致性的高质量承运商合作。

运输能力的限制也是一个难题。美国目前的基础设施难以满足不断增长的运输量。在许多地方，港口和高速公路上的拥挤已成为常态。运输劳动力的短缺使承运商难以跟上货运增长的步伐。这些运力问题导致了更高的运费、更长的装运时间以及有限的谈判能力。为了克服这些问题，企业需要采取更加协作、灵活的方式与承运商进行合作。

运费上涨是另一个主要问题。多年来，由于承运商运力过剩，运费一直较低，但现在情况已经发生逆转。由于运输服务需求的增加以及由运输公司的合并、收购和破产带来的行业整合，运力已经开始萎缩。突破重重难关生存下来的承运商现在处于更有利的地位，其可能会提高费率，以支付不断上涨的劳动力费用、保险费用和其他相关费用。现在燃油附加费也由客户来承担了。虽然企业对运费和附加费用的上涨几乎无计可施，但企业的领导层仍然需要在可行的情况下，通过使用较低成本的运输模式来主动控制运输支出，最大限度地利用运输设备，并以更大的单位进行货物运输。

运输流程的执行与管理

当需要跨供应链运送货物时，企业必须仔细地计划和执行运输流程，如确定货物的大小、运输路线和交付方式，准备货运文件，解决运输过程中出现的问题，对运输服务的质量进行监控。以下是运输流程执行过程中的常见步骤。

（1）发货准备。完成运输计划的制订后，企业应开始准备将要移交给承运商的货物。运输管理者必须根据货物大小、服务要求和装运目的地来选择最合适的承运商。运输目的应是在满足服务承诺的同时最大限度地降低运输成本并保持运输的正常进行。为了确保在“货运—承运商”匹配过程中发挥最大的效用，许多企业都会使用运输路线指南作为决策辅助。在最终交货时，应在卸货之前进行准确的货物计数和仔细检查。在装卸货物的过程中，必须妥善堆放货物并使其稳定，以最大限度地减少运输途中的货物损坏。

（2）货运文件准备。进行货物运输时需要随附相关文件，以促进货物流通。具体的文件要求取决于运输的始发地和目的地、运输方式、货物的特性以及货物的承运商。常用文件包括包含运输合同条款和条件的提单、可当作承运商运费发票的货运单、货运索赔单、商业发票、保险单据以及原产地证明书等。

（3）保持运输过程中的可见性。当货物在整个供应链中进行流通时，管控货运过程和关键事件非常重要。在途货运的可见性是加强控制的关键促进因素，因为其能够提供货运的位置和状态信息。实时货运数据可帮助企业对运输过程中出现的问题进行快速响应。如卫星跟踪功能等各种技术极大地增强了运输过程中的可见性。

（4）监控服务质量。运输完成后，运输管理者需要对运输结果进行分析，参照运输合同仔细分析承运商的服务效果。评估承运商服务质量的一种比较流行的方法就是制作标准化的计分卡或评估报告，以改善供应链绩效。

一般而言，运输指标分为两个主要的类别：服务质量和服务效率。服务质量是指根据客户的要求和期望（如一致、准时且无索偿的交付）在第一时间交付货物。服务效率则着重于运输成本的控制。运输效率的关键指标包括每英里或每单位的运输成本、资产利用率和劳动生产率。

订单管理在供应链管理中的作用

有效的订单管理是物流和订单履行流程的关键组成部分，其对提高运营效率和客户满意度至关重要。及时、准确并充分地履行与订单管理相关的活动可促进企业在其他领域的有效协调。企业的物流决策需要借助与单个订单有关的及时、准确的信息。因此，许多企业将订单管理归于物流部分统一管辖。此外，订单管理流程会显著影响订单周期长度，而订单周期也是客户服务需要考量的一个重要方面。因此，企业需要对客户订单周期有更好的了解。

订单管理流程中的关键要素

传统上，订单管理主要涉及下订单和接收订单之间发生的所有活动。不过，许多企业如今都在采用“订单到现金（OTC）”的方式，这包括订单周期中的所有业务活动以及根据发票需要返还企业的资金流。OTC之所以得到普及，是因为其准确地反映了订单管理流程的有效性。在OTC中，订单管理活动会对供应链中的3个主要因素（产品、信息和资金）进行协调。以下内容是OTC的主要活动。

（1）订单准备。客户首先将对产品、价格和库存信息进行查询，以确定是否下订单。企业需提供最新的相关信息，以对潜在客户做出快速、准确的回应。

（2）接收、输入和验证订单。此步骤主要涉及订单的下达和接收。通常，该步骤通过电子数据交换（EDI）系统和互联网完成，或企业直接与客户代表洽谈，然后客户代表将订单输入企业的订单管理系统。

（3）保留库存并确定交货日期。通过订单管理系统检查企业的库存水平，以确定完成订单的最佳时机。在为客户保留库存后，企业需确定交货日期。订单随后被传输到仓库管理系统以进行配货以及财务系统以生成发票。

（4）合并订单。检查订单以确定是否能够进行货运合并和批次仓库拣配。合并订单的目标是提高订单履行的成本效率。

（5）规划荷载量。企业需根据装运尺寸、交货日期和运输方式制订交货计划，并努力在客户交付要求的约束内降低运输成本。

（6）分配路线。将订单分配到特定路线以将产品交付给客户。通常使用运输管理系统来建立有效的路线。

（7）选择承运商并为货运定价。此步骤需考虑装运尺寸、目的地和交货方式，以确定合适的承运商以及货运成本。 企业应制定路线指南以实现决策一致性。

（8）接收产品入库。在配送中心接收产品，查阅订单管理系统以确认是否有需要该产品的订单。如果有，立即将该产品与现有库存一起准备好以供拣选；如果没有，则将其存储在仓库中以备将来使用。

（9）拣选产品。制订订单履行计划并排序，以优化订单拣选效率，同时按照交货计划运转。

（10）准备并运送订单。加载订单，拟定运输文件，并将产品交给承运商以进行交付。此时，企业需向客户开具发票。

（11）客户交付和收货验证。将产品运送到客户所在地后，对产品进行检查，以验证是否交付了正确的产品和数量。完成收货验证后，一个订单周期就结束了。尽早完成订单周期可以加快客户付款的速度。

（12）安装产品。如果产品需要安装，则在客户所在地进行安装。安装成功与否将影响客户满意度以及现金流回企业的速度。

（13）客户付款。客户如果对产品和服务都比较满意，就会向企业发起付款。最终的资金将流向企业。

OTC 周期的长短和可靠性会影响买卖双方。当 OTC 周期的平均时间较长或变数较大时，客户将不得不提前准备额外的安全库存，这会给客户带来成本负担并降低客户满意度，也将导致企业很难在市场上保持竞争优势。

退货：提供售后支持

供应链流程的最后一步是退货以及其他与从客户到供应商的商品反向流动相关的活动。主要的退货流程包括客户要求退货、退货处理决策、退货计划以及退货产品的运输和接收。售后支持和客户关系管理（CRM）也是非常重要的供应链活动，企业可以通过客户服务、更换零件和维修服务的方式为客户提供帮助。客户关系管理以客户为中心，是一种可以增强买卖双方的联系并增强企业盈利能力的艺术和科学。

客户关系管理与客户服务流程

企业如今已经将注意力从被动履行订单转移到了主动影响客户下订单，其基本原理是，并非所有的客户都能为公司带来同样的利润。就产品、数量和时间方面而言，客户订单影响着企业履行订单的成本。企业最青睐的是那些采用能够最优化企业效率的订购模式的客户。通过客户关系管理，企业可以识别并奖励此类客户。

客户关系管理流程中涉及 4 个与供应链管理相关的基本步骤。

（1）按盈利能力划分客户群。企业可以使用成本计算等技术，根据服务客户的具体成本，准确地将费用分配给客户。这包括分析客户如何下订单、所涉及的产品、所需数量和时间安排。企业通常可使用服务成本模型来对每个客户进行评估。

（2）为每个客户群提供特定的产品或服务。企业可以根据客户信息和销售代表的观察确定每个客户群所看重的价值，然后就将提供给每个客户群的增值产品和服务做出相应决策。一种解决方案是为每个客户群提供相同的产品或服务，同时提升产品质量或服务水平。另一个解决方案是为每个客户群提供不同的产品或服务。

（3）制定并实施最佳服务流程。此步骤旨在实现客户期望。企业通常需要重新设计流程以实现提供差异化的产品或服务。

（4）衡量表现并持续改进。只要实施了客户关系管理计划，就必须对结果进行评估，以确定目标是否实现，并应根据评估结果做出必要的调整。

虽然客户关系管理背后的理念很简单，就是通过协调买卖双方的资源和需求来提高客户满意度和供应商的利润，但真正执行起来困难重重。客户关系管理的实施通常需要改变资源配置的方式、改变企业结构以及市场认知。例如，作业成本法与传统的会计方法有很大的不同，作业成本法需要企业进行大量的资源投资、重新设计流程以及改变员工心态。

售后支持

尽管企业的天然使命是按质按量地完成和交付订单，但企业也必须意识到，提供有效的呼叫中心服务、备件服务和维修服务也是推动企业成功的关键因素。这些售后服务能为企业在竞争中脱颖而出打开一扇大门，尤其是在产品未实现差异化的情况下。优质的保修服务、快速完成备件订单以及快速维修能力已经成为 Caterpillar 和 Gulfstream 等公司的核心竞争力。

网络购物的风靡和不断缩短的产品生命周期使得产品的退货量越来越大，其重要性也越来越受重视。例如，Zappos 公司制定了简单易操作的免费退货政策作为其服务亮点。此外，像 GENCO 这样的公司在为其他公司管理电子产品退货和维修方面具有核心竞争力。

售后服务的另一个重要方面是服务补救。无论一家企业计划为客户提供多么优质完美的服务，错误都难免出现。因此企业必须制订应急计划和程序，以便快速恢复服务水平，从而恢复良好的客户口碑。有效的沟通是一个非常重要的部分，可以确保客户迅速了解实情以及正在实施的解决方案。此外，企业应培训员工自行诊断服务故障的能力，并对其进行授权以快速解决问题。

这些售后服务是企业向客户提供的服务的必要组成部分，可以帮助企业维持客户满意度，从而使客户对产品保持忠诚并愿意重复购买。忽视售后服务将使企业处于竞争劣势，并威胁企业未来的增长前景。

权衡管理

对于大多数供应链管理者来说，一个非常具有挑战性的任务就是进行权衡管理。供应链管理者每一天都会做出许多决策，以期在供应链运作的不同方面（如速度、质量、成本等）都取得最佳绩效。不过，这些决策很少依赖单一因素，也很少导致单一结果。各个因素之间会产生相互作用，其结果往往相互冲突。例如，通过大量购买原材料或零部件的方式获得购买折扣将导致更高的库存成本；使用较慢的运输方式可以降低交货成本，但交货时间将延长，安全库存需求也将增长。因此，企业必须在各个因素之间权衡，在整个供应链中每天都需要做出类似的权衡决策。

在理想的情况下，企业将以战略性的眼光在各个环节进行权衡，因为这会影响企业的业绩和利润。供应链管理的跨职能和跨企业性质使得企业在进行战略决策时考虑不同利益相关方的需求变得非常重要。因此，企业必须充分发挥响应能力和灵活性，以取代过去的刚性企业活动。

供应链管理目标之间的权衡

供应链管理者需要与企业内部的各部门和企业外部的合作伙伴进行经常性的协调，因为各个部门和各个企业需要达到的目标通常是不一致的。从企业内部来说，生产部门需要达到质量目标，市场营销部门需要进行有效的客户服务，而财务部门则需要提高财务效率。就企业外部合作伙伴而言，产品和服务供应商需要最大化合同价格，同时满足客户要求。而客户想要的是所有好处：以低成本获得高质量的产品、完美的订单履行以及快速交付。为了实现这些需求之间的平衡，供应链管理者必须根据利益相关方的真实需求及其声称的需求做出决策。这种方法可以帮助供应链管理者进行更有效的流程改进、更有针对性的协作和更合理的权衡。

财务权衡

供应链管理者通常会遵循“非此即彼”的观点，也就是说他们要追求成本控制，就会忽视营收增长；要追求营收增长，就会导致成本上升。在这种情况下，企业可以利用战略利润模型评估不同方案对财务收益的影响。供应链管理者需要抛弃非此即彼的想法，努力采取措施通过流程外包等策略同时提高 2~3 个财务目标。对于一个没有供应链管理核心能力的企业来说，与实力强大的物流服务提供商合作可以降低运营成本，可通过改善服务来增加收入，并使资本投资最小化。

采购权衡

采购支出是主要的供应链成本支出项。但是，如果只关注单位采购价格，而忽视其他优先事项，可能会导致原材料短缺、多缴费用或者产品故障。在充分考虑可供选择的采购方案和折中方案后，企业需要以成本、质量和服务这三者的最优组合进行采购。

（1）自行生产还是从外部购买。企业如果自行生产所需的产品，会对生产进度和产品质量有更大的掌控权，但会增加资本成本。外包则可避免资本成本过高，可提高灵活性，但企业会失去一部分掌控权，交货的成本和时间也会增加。

（2）现货市场采购还是合同采购。现货市场采购更具灵活性，但会增加供应风险和价格波动的风险。企业进行合同采购时供应商会做出供货承诺，价格也相对稳定，但切换成本较高。

（3）与供应商建立战略性的关系还是普通买卖关系。与关键的供应商进行合作、建立长期关系有助于增强买卖双方的信任度和好感度，买卖双方还可以利用彼此的专业知识促进合作，但可能导致企业过度依赖某一家供应商。而根据实际需要与多个供应商进行具有灵活性的合作可增加购买选项，并且可以降低单位成本，但是短期的合作关系可能无法促进双方的持续合作，企业也无法实现持续改进的目标。

订单履行重点的权衡

库存管理、订单处理和货物运输的执行过程必然会产生冲突。如果企业过于关注某一方面的特定效率或响应目标，可能会导致总体效果不理想。例如，如果企业过分关注精益库存，则可能会产生紧急订单，这时企业就需要加快运输速度以避免无法及时供货的情况。如果要又快又好地履行客户订单，则需要比预期计划更高的库存水平和更快的运输速度。为了避免这些情况的发生，供应链管理者必须实现各个方面的平衡，以达到根据企业的客户服务承诺来控制总的订单履行成本的目的。这就需要企业的各个部门就订单履行的重点达成一致，也就是说，企业的管理层要重点关注客户满意度、总的订单履行成本和深思熟虑下的权衡。

网络结构权衡

供应链网络的设计是一项十分繁杂的任务，需要设计者对服务标准、运营成本和能力要求有广泛的了解，还常常涉及长期的资本投资，并将影响企业的运营能力。供应链网络的设计需要考虑两个重要的因素：地理范围和所有权。

就地理范围而言，由于距离客户较近，分散的供应链网络可以提升企业的响应能力，并降低交付成本，但企业需要对设施进行较大的投资，也需要更高的安全库存水平。相比之下，集中的供应链网络所需的设施较少，可扩大客户群并有利于企业实现规模效应，不过订单履行的时间往往更长，成本更高，流程也更复杂。

如果企业选择自建设施，虽然投入的资本数额较大，但企业对设施具有支配权；如果企业选择租赁设施，则可以减少前期投资，位置较为灵活，但企业会失去控制权。供应链管理者需要对这些利弊了如指掌，以确保设计的供应链网络结构达到预期的目标。

如何进行供应链的权衡决策

基于先前讨论的权衡决策的复杂性，供应链管理者需要牢记以下基本原则。

（1）借助多种权衡工具，快速评估供应链战略变革的利弊。

（2）构建有说服力的供应链指标，对供应链的权衡决策对多个利益相关方的影响进行分析比较。

（3）设计具有灵活性的运营结构，支持多种解决方案和多种权衡结果，而不是僵化地设定非此即彼的目标。

要进行有效的权衡决策，企业就需要建立一个可靠的权衡流程，以对不同的供应链流程以及具有不同目标的供应链中的企业的复杂交互进行分析。可以用权衡矩阵来分析多个解决方案和目标。创建矩阵的过程如下。

（1）列出可能的解决办法。

（2）列出关键目标，如服务目标、质量目标和成本要求目标。

（3）权衡每个目标的重要性。

（4）针对每个目标，根据其有效性将解决方案从高到低排序。

（5）用每个等级的得分乘以重要性权重。

（6）在“总效益”一列中逐行添加分数。

企业可以借助这个矩阵完成供应链的权衡决策，选择分数最高的最终解决方案。

技术在供应链的权衡分析和决策中起着重要的作用。企业资源规划（ERP）系统、数据捕获技术以及数据仓库均有助于企业快速积累准确的供应链数据，这对于确定改进目标和做出供应链权衡决策至关重要。在实施供应链流程变革措施之前，企业的管理者可以使用用于供应链网络分析、流程优化和库存优化的规划工具对其进行测试。企业也可以通过建模、仿真和场景管理等技术对权衡方案进行敏感性分析和风险评估。负责生产制造、订单处理和运输管理的执行系统可以帮助企业的管理者制定供应链流程的变革措施和权衡决策。企业的管理者可以借助这些工具和技术收集重要的数据，将收集的数据转换为信息，使用这些信息推动权衡决策，并评估决策是否达到了预期的效果。综合使用上述工具可以促进整个供应链的优化，而不是着眼于供应链中某个功能的优化。

供应链指标也是一个非常重要的影响因素。人们通常会根据评估结果采取相应的行动。供应链是一个复杂的结构，涉及多个利益相关方，其目标往往各不相同。相比广泛使用的强调个体贡献的关键绩效指标，企业可以制定适用于整个供应链的评估指标，模糊供应链中各个环节的边界。这些评估指标是企业做出合理的供应链权衡决策和协调不同供应链成员行动的关键。只要有充足的时间和行政支持，企业便可以通过上述方法实现供应链的协同，并推动供应链转型改善。

成功地进行供应链的权衡决策并不是一项简单的任务，但其是值得的。企业需具备阐明业务权衡决策的能力、使用特定的供应链指标分析决策结果的能力，以及管理决策结果的能力。这样企业才能深入了解权衡决策的正面和负面结果，拿出最大的决心和最有力的行动创建同时具有灵活性、快速响应能力和其他诸多优点的供应链网络结构。

小结

一个完整的供应链涉及多个部门和多个企业，因此有必要设定规范化的业务流程。供应链中不同成员、不同部门以及不同流程之间积极的协调可以促进产品和相关服务、信息、资金在利益相关方之间准确、及时和低成本的双向流通。一个强大而具有协调性的供应链网络结构能为企业的成功奠定基础。

正如本章所强调的，构建一个强大的供应链网络并非易事。供应链中的各个企业都会对供应链进行控制和管理，但不同企业的目标可能并不总是一致的，因此供应链参与者就需要就 5 个关键的供应链流程达成一定程度的共识，这 5 个流程分别是规划、采购、生产、交付和退货。供应链参与者须对每个流程的作用、要素和执行情况形成清晰的共识性理解，并明确哪个企业对哪个流程负有主要责任。

本章还指出，这 5 个流程是相互依存、相互联系、相互影响的。供应链管理者必须就上述流程形成一致的观点和认识，并采取能够促进供应链整体优化的策略，而非只改善某一环节。这就需要供应链管理者进行有效的权衡管理，以确保每个流程的负责人都着眼于供应链整体的优化，而不是只管好自己眼前的一亩三分地。从供应链整体出发看待问题并进行供应链的整体优化的观念是本书第 3 章内容的基础，第 3 章将阐释企业通过优化供应链来扩大竞争优势所需遵循的原则和实施的战略。

尾注

[1] Andel, T. (1997) Information supply chain: Set and get your goals. *Transportation and Distribution*, 38(2), 33.

[2] Bowersox, D. J., Closs, D. J., & Cooper, M. B. (2007) *Supply chain logistics management* (2nd ed). New York: McGraw–Hill.

[3] Bureau of Transportation Statistics. *The Transportation Statistics Annual Report, 2010*. The U.S. Department of Transportation: Washington DC.

[4] Cooper, M. C., Lambert D. M. and Pagh, J. D. (1997) Supply Chain Management: More Than a New Name for Logistics. *International Journal of Logistics Management*, 8(1), 1–14.

[5] Council of Supply Chain Management Professionals. (2010) *Supply chain management terms and glossary*.

[6] Coyle, J. J., Langley, C. J., Novack, R. A., and Gibson, B. J. (2013) *Supply chain management: a logistics perspective,* Mason, OH: South–Western Cengage Learning.

[7] Gibson, B. (2005, November/December) Piecing together the supply chain concept. *Blueprints: The Produce Professionals Journal*.

[8] Hammer, M. (2001) The Super–efficient Company. *Harvard Business Review* 79(8), 82–91.

[9] Harrison, A., & van Hoek, R. (2011) *Logistics management and strategy: Competing through the supply chain* (4th ed). Essex, UK: Pearson Education.

[10] Kucera, D. (2013) Amazon ramps up $13.9 billion warehouse building spree. *Bloomburg. com*.

[11] Lambert, D.M. (2004) *Supply Chain Management: Processes, Partnerships, Performance*. The Supply Chain Management Institute: Ponte Vedra Beach, FL.

[12] Mentzer, J. T. (2001) *Supply chain management*. Thousand Oaks, CA: Sage.

[13] Mentzer, J. T. (2004) *Fundamentals of supply chain management: Twelve drivers of competitive advantages*. Thousand Oaks, CA: Sage.

[14] Merriam-Webster Inc. *Merriam-Webster's Collegiate Dictionary*, Eleventh Edition. M-W Publishing: Springfield MA.

[15] Supply Chain Council. (2010) *Supply chain operations reference model overview*: Version 10.0.

[16] U.S. Census Bureau. (2012) *Statistical abstract of the United States: 2012*.

[17] Wilson, R. (2013) *24th state of logistics report*. Lombard, IL: Council of Supply Chain Management Professionals.

[18] Wisner, J. D., Tan, K.-C., and Leong, G. K. (2011) *Principles of supply chain management: A balanced approach* (3rd ed). Independence, KY: Cengage Learning.

[19] Zuckerman, A. (1998) The human side of information technology. *Supply Chain Management Review* 2(1), 80-86.

03

主要的战略原则

高效的供应链并不会从天而降，而需要供应链中的利益相关方进行大量的详细规划、协调和谈判，以建立一个具有较强逻辑性、产品流通顺畅和高效整合的供应链。要实现这一目标，企业就需要对建立高效供应链的原则加以研究和应用，努力使供应链参与者达成一致的供应链战略，并清晰地认识到潜在的供应链障碍。供应链参与者如果未能在这 3 个要素上达成一致，将导致冲突的产生，供应链也无法发挥应有的作用。

供应链管理者还须认真地确定供应链原则的优先顺序，并采取与企业目标一致的供应链战略。为了确保供应链能够辅助企业提高财务收益，企业必须要对供应链进行协调。通常，企业的经营理念将为其供应链战略能力的发展提供强有力的方向指引。

亚马逊的经营理念是“致力于成为全球最以客户为中心的企业，让客户可以在亚马逊的网站上找到他们想在线购买的任何东西，并努力为客户提供尽可能低的价格”，因此亚马逊必须努力打造一个反应迅速、成本效益高的供应链。于是亚马逊的供应链管理者快速为客户和第三方卖家打造一个具有 100 多个配送中心的全球供应链网络。这个战略性项目提高了该企业订单履行设施的自动化水平，并扩展了其市场范围，使其能够更快、更有效地服务客户。最终的结果是，这样的供应链战略与该企业的经营理念（以客户为中心）实现了完美结合。

本章主要对建立高效可持续的供应链需遵循的原则和采用的战略进行阐述。本章介绍了供应链管理的推动因素，讨论了企业为创造可持续的供应链应采用的供应链战略，讲解了阻碍供应链战略有效实施的障碍和挑战。

通过本章的内容，我们应认识到，没有战略基础的供应链实际上并不是真正的供应链。相反，其只是一系列不连贯的活动，并且非常容易导致供应链效率低下、中断和失败。企业只有制定和执行基于供应链管理基本原则的战略才能建立起强有力的供应链网络。

供应链原则

原则是指作为系统基础的基本真理或主张。原则之所以重要，是因为它会告诉人们事物是如何发展的，以及事物为什么以该种形式发展。这种直指本质的认知是必不可少的工具，就像指南针和地图一样可以为决策者的计划和行动指引正确的方向。尽管原则本质上具有宽泛性，但它能极大地推动符合逻辑的策略和执行流程的制定。

具有指导性的概念、规则和主张在供应链管理等领域中有着大量的应用，为建立高效的供应链提供了重要的理论基础。如勾股定理、距离公式等原理是“两点之间直线最短”这个结论的基础，而该原则也为供应链网络的规划和路线设计奠定了基础，以便企业根据成本、时间和其他约束条件确定最佳的运输路线。供应链原则还有助于供应链参与者就供应链的运转方式及其对企业发展的贡献程度达成一致的理解，从而推动供应链的利益相关方加强协作，达成一致性决策。

本节将介绍 12 条主要的供应链管理原则，并对其定义、重要性和使用方式进行详细阐述。这 12 条基本原则是本书第 1 章讨论的供应链定义和第 2 章讨论的供应链流程的重要支柱。当然，除了这 12 条原则之外，供应链管理者还可能采用其他一些供应链管理原则，但是如果缺少了这

12 条中的任意一条，企业都很难建立起高效的供应链。

需求驱动

需求驱动是指将计划、采购和补货过程与实际消费和客户需求协调的过程。由于零售商直接面向客户进行销售，因此零售商通常掌握着第一手的客户需求信息。这种实时的客户数据也被称为销售点数据，这些数据有助于零售企业更好地了解客户的需求变化趋势，进而做出更为准确的需求预测。不过，通常来说，离客户越远的供应链参与者，其需求预测精度就越低。

远离客户的企业可能无法获得销售点数据。虽然供应链网络中的每个参与者可能都会询问业务伙伴的需求预测，但通常每个企业都会按照自己的独立预测进行生产和销售。而每个供应链参与者的独立预测也会增强预测结果的不确定性，因此，供应链参与者离客户越远，其需求预测的错误率往往越高。随着需求预测准确率的降低，供应链的效果和企业的客户服务水平也会下降。

供应链网络中的合作伙伴应共享销售点数据及需求预测结果。通常零售商会主动与供应链合作伙伴共享有价值的销售点数据，每个供应链参与者都会从中受益，因为每个供应链参与者都可以访问相同的销售点数据。

共享销售点数据对优化供应链管理实践的益处有很多。例如，如今许多企业都在相互合作，利用共享的销售点数据推动 CPFR 流程的发展。该流程由供应链网络中的合作伙伴共同完成。合作伙伴彼此协作，形成一个统一的需求预测，再根据统一的需求预测执行 CPFR 流程。

供应商管理库存（VMI）是共享销售点数据的另一种常见应用。沃尔玛、塔吉特和劳氏等许多零售商都会与供应商共享销售点数据。供应商也有责任监控零售商店的库存水平，并对供应给零售商的每种产品进行管控。

供应商管理库存之所以能够取得成功，部分原因是在采取措施防止零售商缺货时，供应商也能从中受益。防止零售商缺货可以使供应商产品的销售最大化，同时提高供应商和零售商的营收。供应商管理库存的另一个优势是高效率。零售商需要管理数以千计的商品，因此其补货出错的可能性较大，而供应商需要管控的商品相对较少，因此其补货出错的可能性较低。

总成本焦点

总成本焦点是指对于总抵岸成本和总拥有成本有深刻的了解。总成本焦点对于供应链中的许多环节都很重要，但采购过程中的总成本焦点尤为重要。

我们可以想象一个完整的供应链，一端是消费者，另一端可能是某种形式的原材料供应商。而原材料供应商通常与消费者的距离较远。不过，供应商在供应链中起着至关重要的作用，因为关键的输入信息是由供应商提供的，有了关键的输入信息才能实现从原材料到最终产品的转换过程。

采购商品时，除了单位成本之外，还有许多问题需要考虑。有的供应商可能会提供较低的单位成本，并声称可以节省总成本。但是，在考虑了所有的因素后会发现，这样做的总成本可能并不低。

买方必须对采购的总成本进行评估。总成本不仅包括单位成本，还包括其他成本。将某件产品运送到某个企业的总抵岸成本是多少？从供应商处向订购企业的工厂运送商品的物流成本可能会显著增加。在这种情况下，尽管产品的单位成本可能会降低，但总抵岸成本实际上可能会上升。

总成本分析应包括企业对某产品在其整个寿命期内的总拥有成本的分析。总拥有成本包括从产品被生产出来到被使用完的成本，甚至包括未来的处置成本。

除了直接的产品成本外，企业的运作效率也可能会受到影响。例如，假设供应商与企业的制造工厂相距很远，则供应中断的风险往往会随着距离的增加而增加。供应中断可能会导致企业无法实现预定的交付计划，从而导致成本不菲的生产过程中断。这虽然不是直接的采购成本，但这些内容也应作为总体供应链管理决策过程的重要考虑因素。

如果产品不符合质量标准，则产品的总拥有成本会迅速增加。企业如果检测出产品有质量问题，则必须投入资源和时间加以解决，这会降低企业的运营效率，而且可能导致生产延迟以及生产计划的变更。

如果产品有质量问题但没有被检测到，该产品被混入没有质量问题的商品中，则可能对产品的功能和质量产生负面影响，从而对销售收入、保修成本和客户满意度都产生负面影响。在这种情况下，虽然单位成本很低，但总拥有成本很高。企业要想实现较低的总拥有成本，就需要对各种额外的影响因素进行权衡评估。

细分

细分是指有效识别关键客户群的主要需求并开发相应服务包的能力，旨在为每个客户群提供其需要的价值。虽然没有哪两个客户群是完全相同的，但许多客户都有着共同的需求和愿望。因此，企业可以将具有相似的特征、购买习惯或服务要求的客户划分为不同的客户群。

为什么要对客户进行细分？答案其实很简单，从为客户服务的企业的角度来看，并非所有的客户都是一样的。有些客户的购买量很大，企业获得的利润也很高；而有些客户则很少购买商品，购买的也多为低利润的商品，因此企业不能对所有的客户都一视同仁，因为他们对企业利润的贡献程度是不一样的。

供应链规划的重点是如何更好地服务最重要的客户群。为了更好地服务不同的客户群，供应链网络的设计者必须对客户有着透彻的了解。其中就包括深入了解客户的共同特征，以便按照服务需求将其分成不同的客户群。

一种比较常见的细分策略是先按照相似性划分不同的客户群，再区别对待不同的客户群。可以通过 ABC 分析法实现客户群的划分。ABC 分析法主要按照客户对企业的重要性对客户进行分类。划分客户群依据的衡量指标有很多，一些比较常用的衡量指标包括收入、利润、销量和购买频率。

各大航空公司的飞行常客计划就是客户细分的一个示例。通常，航空公司会根据旅客的飞行频率或飞行距离对客户进行细分。获得飞行常客计划最高级别待遇的客户被标记为 A 级客户，A 级客户享有特殊待遇，如免费升舱及优先登机的权利。

企业划分客户群的目的各不相同。餐馆根据消费频率制订优惠计划，而杂货店则会通过发放优惠券奖励购买量较大的客户。上述方式是目前较为流行的奖励方式，但客户细分还有许多其他的用途。

一家电子公司可能会为A级客户提供无限时长的免费技术支持，而为C级客户提供3个小时的免费技术支持。邮购公司可能会向最重要的A级客户提供免费的次日达服务，但B级客户只能享受3天到达的陆路运输服务。

依据此类客户细分信息，供应链网络的设计者也可以设计出能够满足不同客户群需求的供应链网络，为满足特定目标客户群的需求而为其量身定制不同的服务。在某些极端的情况下，企业甚至可以为少量对企业极为重要的客户提供定制化的供应链服务。

定制化

定制化是指为满足关键客户群的主要服务需求而构建特殊的供应链网络的能力。定制建立在客户细分的基础上。不同的客户群具有不同的服务要求。不过，许多企业已经设计出了一个可服务所有客户的供应链网络。最好的情况是，已经建好的供应链网络可以充分满足某些客户或细分市场的服务要求；最坏的情况是，已经建好的供应链网络无法充分地满足任何客户或细分市场的服务要求。

汽车轮胎制造商需要同时为福特和通用汽车等大型汽车制造商、大型轮胎零售商和小型的本地轮胎零售商提供服务。每个客户群的需求模式可能完全不同，因此每个客户群的服务要求也可能会有所不同。在这种情况下，汽车轮胎制造商就需要设计 3 种不同的供应链配送网络。

大型汽车制造商的需求可能是经常性大量运输单个品牌的轮胎，此类货物运输的特点是货物种类有限且运输目的地比较集中。相反，大型轮胎零售商的需求可能是大量运输多个品牌的轮胎，但频率较低，此类货物运输的特点是货物和尺寸的差异比较大，可能需要供应商在灵活的时间范围内将货物送至 8 个不同的地区配送中心。而向本地客户出售轮胎的小型本地轮胎零售商的需求可能是经常性地运输特定品牌和特定规格的轮胎，且数量有限。

不同的客户群有着不同的需求，这对供应链网络的设计者来说确实是个不小的挑战。除了资源有限以及很难同时满足所有客户群的需求之外，供应链的效率也是一个关键的影响因素。标准单一的供应链网络通常效率比较高。但是，要实现供应链网络的标准化，可能就无法充分满足每个客户群的需求。面对这个难题，如今许多公司都选择通过第三方物流服务提供商来提高供应链网络的灵活性和有效性。

外部企业的专业知识通常会为本企业带来其他的发展机会，第三方物流服务提供商不仅可以带来专业知识和崭新的视角，而且可能会带来一些潜在的客户。企业可通过功能整合提高效率，同时增强供应链的灵活性，从而以经济、高效的方式满足不同客户群的多样化需求。

延迟

延迟是指供应链中的活动被延迟，直至实际需求被满足。延迟可能以多种形式出现，上游企业、下游企业和分销过程中都有可能出现延迟的情况。如果设计和实施得当，延迟还可能对整个供应链的多个流程产生积极的影响。

例如，一位顾客去涂料店选择厨房涂料的颜色，店员向顾客提供了数千种颜色供其选择。那么涂料店要怎么做才能存储数千种颜色的涂料？涂料店又该怎样处理那些因变质或老化而必须弃置的涂料？

涂料店可以通过延迟避免这些复杂情况的发生。有顾客进入商店并选择了特定类型和颜色的涂料后，店员才会从库存中取出一罐白色涂料并添加适当量的染料使涂料的颜色变成客户所需的颜色。也就是说，涂料店会通过延迟的方式降低损耗，在实际需求产生时才根据订单配置涂料。

延迟策略可以使涂料店免于提前预测顾客可能会需要什么颜色的涂料。相反，涂料店只需要预测涂料的数量需求，并在明确了顾客的实际颜色需求后再通过按订单配置的策略生产涂料。这种预测要简单得多。此外，通过涂料的定制化生产，延迟策略还能增强涂料店的订单响应能力，同时能减少与库存损坏相关的不必要的浪费。

在供应链流程的早期也可以实施延迟策略。通过使用延迟策略，制造商可以在收到客户订单之后再订购原材料，这大大减少了不必要的库存。此外，由于更好地理解和响应了客户的实际需求，供应商的生产效率也可以得到提高。延迟策略对改进供应链的作用并没有被从业者忽视。

贝纳通（Benetton）和惠普公司（Hewlett-Packard）就是典型的采用了延迟策略的公司。贝纳通采用延迟策略提高其对客户需求的响应能力。通过延迟为服装染色，贝纳通能够更好地满足人们对流行色服装的需求，同时能够减少非流行色服装的库存。同样，惠普公司也将产品的最终组装流程放到了供应链的后期来完成。延迟产品的最终组装，再加上装配地点向客户靠近的策略，使得惠普公司的生产过程更具成本效益，同时也降低了运输和物流成本。

可见性

可见性是指通过技术手段实现对供应链流程的实时监控。知识就是力量，在当今的供应链环境中，信息的获得是获取知识的前提。企业可以利用现代的技术手段生成和收集大量的信息。不过，只有在被转化为知识并用于决策之时，信息才是有用的。

在当今的全球供应链环境中，一个产品通常会在相距数千英里的多个国家或地区中流通，并且由代表供应链网络中不同参与者的众多人员进行加工处理或销售。但这种全球生产模型的缺陷也是很明显的，虽然各方都会尽最大的努力保持产品在整个供应链中的流通速度，但供应链中断还是会出现。在理想的情况下，供应链网络既能准确预测需求又能避免许多潜在的破坏性事件的发生。

但是，如果供应链中断真的发生了，提高整个供应链网络的可见性就变得至关重要了。供应链的高可见性可以为企业的决策过程提供信息，并有助于供应链的快速恢复，以最大限度地减小供应链中断的负面影响。提高整个供应链的可见性可以大大增强针对供应链中断的预警系统的预警能力。

当今全球市场的一个显著特征就是技术先进。随着科学的进步，大量的基于信息技术的解决方案已经产生。不过，对于大多数企业来说，提高供应链的可见性仍然是一个重大挑战。

供应链网络通常由多个企业组成，每个企业都在运行自己的系统并跟踪自己的信息，但供应链网络中各个参与者之间加强沟通的尝试似乎限制了各参与者提高供应链可见性的能力。遍布全球的众多企业的技术、软件系统和计算机功能在许多情况下都限制了供应链可见性的实现。

当供应链范围内的可见性得以实现时，供应链的参与者的收益可能是巨大的，供应链网络的日常运作将得到有力保障。信息共享和供应链决策支持系统的建立有助于增强整个供应链网络的规划和决策能力。若供应链网络的战略分析得到加强，各个参与者之间的互通协调也将成为可能。

实现供应链网络整体可见性的关键在于技术和信息系统的集成。一旦实现了技术和信息系统的集成，供应链网络的连接属性将大大提高供应链的透明度、增强信息共享，并促进整个供应链网络的事件管控能力。可见性可以促进供应链网络内的参与者进行战略调整，以提高供应链效益并为客户创造更大的价值。

评估

评估是指通过指标体系为管理和决策提供有价值的信息。无法量化的东西很难进行管理，因此，统一评估指标是建立有效的评估体系的一个关键方面。

供应链网络的设计者将大量的精力集中在满足客户需求上，但是，企业该如何判定自己是否在真正满足客户的期望呢？如果企业并不了解当前供应链网络的缺陷，又怎能进行调整以提高供应链网络的效益呢？

大多数企业都建立了评估机制以从多方面衡量企业的绩效，包括人事、物流、财务、营销、运营以及其他方面。目前已经有了许多针对供应链的评估指标，一些比较常见的评估指标包括准时率、完美订单百分比、库存周转率和产品缺陷率。然而，虽然这些评估指标已经在企业中得到了广泛的应用，但它们并不能很好地衡量整个供应链的表现。

如果企业已经准备着手建立供应链评估体系，则应该商定采用适用于整个供应链的统一的评估指标或者关键绩效指标。要进行有效的供应链评估，并由此获得有助于决策的有效信息，企业需要对供应链指标进行统一定义，评估方式也应具有一致性。虽然在整个供应链内采用统一的评估指标并不影响各个参与者采用其他的评估指标，但某些核心指标在整个供应链中必须是通用的。

具有统一的评估指标或关键绩效指标的评估系统之所以有用，部分原因在于其有助于监控整个供应链网络的性能。如果关键绩效指标不可读取、不可测量，则意味着供应链网络可能需要调整。因此，许多企业以计分卡或计分板的形式反映关键绩效指标，从而使供应链网络的监管更加可视化。与汽车仪表盘的功能类似，计分板上显示的指标数据能够提供非常有价值的信息，如果测量值超出公差，则可能表示存在问题。

以汽车仪表盘为例。如果发动机温度过高，仪表盘将产生超差读数，警示驾驶员发动机出现了故障。仪表盘并不会明确指出发动机温度过高的原因，它只会提醒驾驶员出现了故障。驾驶员需要进行进一步检查，以找出发动机温度升高的具体原因。

整个供应链网络内的评估指标应保持一致。供应链网络中的某个成员可能会发现某个关键绩效指标值超出了允许范围，原因可能是产品的配送速度不符合配送中心的要求，一旦发现这种情况，必须立即进行调查，查明原因并纠正错误。

敏捷性

敏捷性是指在成本、质量和服务不变的情况下，提高供应链对市场、需求和供应波动的响应能力。在当今的市场环境下，企业有必要建立一个反应敏捷的供应链。客户需求受众多因素的影响，因此往往会出现波动，并且难以被准确预测。但客户需求是推动整个供应链流程运行的关键所在。

在当今的供应链网络的运行环境下，客户期望的是即时服务。但是，企业通常需要很长的交货期来为客户准备产品，因此企业必须具有快速应对需求变化的能力。

面对需求仍在不断变化的市场，已有许多企业通过实施大规模的定制化服务来减少产品种类。例如，一家制造多种耐用家用电器的公司可能会将最终组件的组装延迟到供应链流程的最后一步，即在收到客户订单后，立即执行最终的组装流程。

例如，通过将标准化的设备直接运送到零售商店，惠而浦公司在节省成本方面取得了显著成果。客户发出订购某型号产品的订单后，相应的控制面板立刻就安装好了，惠而浦以此实现了对客户需求的快速响应。保持反应敏捷性对企业大幅降低库存水平和运输成本至关重要。

随时都有数十亿美元的产品通过众多错综复杂的供应链网络流通至全球各地。当今供应链网络的复杂设计也是为了促进库存的流通。库存维护的成本极高，因此许多企业都在开发一种系统方法，以实现整个供应链中库存的流通速度和可用性的最优化。

供应链中断确实会发生，而且可能代价高昂。供应链中断可能会导致缺货率提高、延迟交货、生产计划改变，并产生一系列连锁反应，这些连锁反应会导致工厂停工。企业越早发现导致供应链中断的破坏性事件，就有越多的时间应对，以尽量减少或消除供应链中断的负面影响。

在当今的全球性竞争的环境中，企业拥有一个能够快速应对供应链中断并将其影响降至最低的供应链网络是极其重要的。各个企业已经发现，企业反应的敏捷性的提高往往受到几个因素的积极影响，其中就包括尽可能地简化供应链网络。简化供应链网络的一些比较常见的做法，包括移除不必要的网络参与者、实现自动化的产品流通、通过正确的决策来取代库存。

整合

整合是指供应链网络的成员通过旨在提高供应链绩效的激励措施来达成有效的联盟。随着客户对服务的期望值不断升高以及全球竞争的不断加剧，不管是单个企业还是整个供应链网络都在寻找能够使自己脱颖而出的方法。然而，供应链网络的成员如果没有以一种协同整合的方式进行合作，想要在竞争如此激烈的市场中实现差异化几乎是不可能的。

一个有效地实现差异化的途径是为客户提供具有针对性的供应链服

务。每个客户群都是不同的，其有着独特的服务需求，这些差异可能导致供应链网络的多种变化。企业需要不时对供应链网络进行调整，以满足每个客户群的特殊需求。

为客户提供独特的供应链服务可以实现不同的供应链网络成员的差异化。不过，这可能需要对分销网络进行定制化设计。在每个特定客户细分市场的服务需求都被满足后，分销网络就实现了定制化。通常，这需要供应链内所有成员的参与，但如果供应链网络的成员之间没有实现完全的互通协作，这几乎是不可能实现的。

要实现供应链网络所有成员的整合，供应链网络所有的成员都需要制定统一的目标和激励措施。供应链网络中不同的企业扮演着不同的角色，因此不同的企业可能会专注于实现不同的目标，但供应链网络所有成员都必须充分配合以实现统一的总体目标。

对某个企业而言至关重要的因素可能对供应链网络的其他成员而言并不那么重要。因此，各个企业的激励结构往往不一致，这会导致整体环境不一致。某个企业可能会因为员工达到了某个目标而对其进行奖励，另一家企业则可能会因为员工达到了另一个完全不同的目标而对其进行奖励。这就解释了为什么难以实现整个供应链的整合。

供应链网络整合有助于协调所有供应链网络参与者的利益。如果供应链网络中的企业想要联合起来将供应链网络服务与竞争对手的服务区分开来，整合供应链就至关重要。有效的供应链网络整合将使每个参与企业的目标与整个供应链网络的目标保持一致，其结果将是参与企业的最优效益与整个供应链网络的最优效益一致。

效率

效率是指通过共同努力减少错误、提高生产率和资产利用率来降低供应链流程的成本。在当今竞争激烈的市场中，最大限度地提高供应链流程的效率对企业取得成功是非常重要的。

实际上，许多企业发现，自己的供应链网络必须与其他供应链网络进行竞争才能获得客户。与传统的竞争结构（企业专注于与少数竞争对手进行直接竞争）相比，这使运营环境变得更加复杂。

实现整个供应链网络的精益运营往往有助于提高效率。精益计划可以应用于供应链中的许多环节，从而降低库存水平或者提高运输服务水平。但是，要完全实现精益计划，就必须获取准确而及时的信息。

假如一个零售商期望供应商能在周三进行货物装运，如果货物未能按时到达，零售商就应通知供应商。由于供应链网络的局限性，供应商无法访问运输服务提供商的信息系统，从而无法监控整个供应链中的库存状况。在不知道原始货物装运状态的情况下，供应商会花大量费用来准备第二次装运以满足零售商的次日交付要求。

如果供应商能够访问运输服务提供商的货物运输信息系统，其就会发现原始货物已按承诺交付，只是货物交付的信息未正确输入零售商的库存系统，因此零售商并不知道货物已按时到达。供应商如果能够访问运输服务提供商的货物运输信息系统，就会知道确切的交货时间和地点，并可以告知零售商签收人和签收时间。

上述例子只是提高供应链效率的方法之一，另一个常用的方法是进行优化。承运商可以对运输路线和运输时间进行优化，从而通过提高资产利用率来提高供应链网络的效率。库存管理者可以通过评估和重新定位有价值的库存来提高资产利用率以提高供应链网络的效率。同样，供应链网络设计者也可以通过仿真的方法分析不同的供应链网络设计，并开发出最优的供应链网络。

效率的提高对于供应链网络的成功至关重要，因此供应链管理者应对其予以极大的关注。实际上，许多供应链管理者已经在追求效率方面实施了持续改进的流程。由于供应链战略、市场需求、竞争对手、技术以及客户期望都在不断变化，持续追求高效率是非常重要的。

应变能力

应变能力是指对各种事件和危机进行有效感知和响应的能力。客户期望的是完美而且不会受到任何干扰的交付。但不幸的是，供应链中断确实时有发生。在这样的情况下，供应链管理者必须制订应急计划，以最大限度地减少意外事件对供应链网络的影响。

即使发生了供应链中断，客户仍然希望企业能提供端到端的供应链服务，希望企业能快速响应意外。当发生中断时，客户的期望值仍然很高，所以在当今竞争激烈的市场中，供应链管理者也在努力提高供应链网络的效率以保持竞争力。提高供应链网络效率的一个方法就是建立精益网络。不过，建立一个精益、高效的供应链网络可能会进一步增加设计和实施弹性供应链网络的难度。

以使用即时生产原则来管理零部件库存的精益生产流程为例。为了追求效率，生产运营部门要保留两个小时的安全库存。在正常的运作条件下，这种库存会对供应链效率产生积极的影响。但是，这样的精益运营可能会进一步增加由供应链中断引发的风险，并增加与意外事件相关的恢复成本。

在发生了供应链中断的情况下，缺乏安全库存进一步突出了具有弹性的供应链网络的重要性。如果一个意外事件因正常的产品流通中断对供应链产生了负面影响，一个常见的后果就是交货延迟。这时，在正常情况下有助于提高供应链效率的两小时安全库存则有可能导致工厂关闭。不过，一个有内置保障措施的弹性供应链将有助于最大限度地减少或消除供应链中断带来的负面影响，并有助于防止工厂关闭，减少经济损失。

要设计具有弹性的供应链网络，所有的供应链参与者首先需要不断地识别、衡量和评估其运营环境。进行持续的风险评估是设计弹性供应链的必要步骤之一。弹性供应链的一个特点是利用风险评估结果有效地感知突发事件和危机并对其做出响应。

解决供应链中断的一种比较流行的方案是提前建立应急计划。如果执行得当，应急计划可以使企业或供应链网络更有效地预防和应对供应链中断。应急计划实际上是一种风险管理技术，其中包含许多广泛用于提高企业或供应链网络弹性的要素。

可持续性

可持续性是指通过制定能够减少环境影响、资源浪费和运营成本的战略和运营实践来设计和改进供应链网络。在过去的 10 多年中，可持续发展的重要性大大提升。更重要的是，客户需要企业及其供应链合作伙伴建立一个既高效又环保的供应链网络。

供应链中的所有环节都可以采取措施以增强整个供应链网络的可持续性。包装就是一个供应商和成品制造商正在评估的能增强可持续性的热门领域。虽然包装一直都很重要，但是当产品必须在由多个供应链合作伙伴组成的复杂网络中流通时，包装就显得更加重要了。

包装能够对产品进行保护，并可用于促销商品和向客户传达有价值的信息，其对于保持产品的完整性也是必要的。但是，一旦包装过的产品被使用后，包装通常就没有用处了。因此，企业纷纷开始检查并更新包装流程，以减少浪费，并最大限度地减少包装材料处理对环境造成的负面影响。

随着产品在日益复杂的供应链网络中多次流通，运输已成为供应链系统中的关键部分。在过去的 10 多年里，许多运输公司都在致力于减少碳排放。为提高运输的可持续性并降低成本，承运商采取了多种措施，包括使用交叉运输设施、整合运输、改进路线和调度方式、实施节油战略等。

鉴于客户对环境保护的意识日益提高，企业通过提高可持续性获得竞争优势的方式有利于在客户中建立积极的企业形象。实际上，客户对环境保护的重视程度已经非常高了，因此许多供应链网络的参与者都要求其合作伙伴实施可持续性发展战略。在许多情况下，这些企业都要通过定期的审核来监督供应链合作伙伴的环保合规性。监管机构的严格审查和成本降低也是运输提供商采取可持续性举措的有力理由。

虽然包装和运输是供应链中应采取可持续发展措施的两个常见环节，但其实整个供应链网络中的所有环节都可以采取有力措施来增强可持续性。行政环节可以减少纸张的使用，节省复印碳粉，并降低能耗。仓储环节可以采用旨在提高运营效率、节省设备燃料和提高产品拣选生产率的仓库管理系统。供应商和制造商可以重复使用集装箱、回收托盘和包装材料。总的来说，一个经过精心设计的供应链可持续发展计划将为企业带来巨大的好处。

供应链战略

战略是指旨在实现主要或总体目标的行动计划或政策。在商业领域和供应链中，战略的首要目标是创造可持续的竞争优势。因此，制定战略有助于管理者对企业进行定位、权衡取舍，并在各种活动之间实现均衡发展。

战略对于供应链管理是至关重要的，因为其定义并代表了企业采取一系列特定行动的承诺。供应链战略决定了供应链的结构和材料采购、进出口运输、生产、产品分销以及后续服务的性质。供应链战略还规定了上述流程的设计决策，包括上述流程是在内部执行还是外包给外部企业，以及必须对哪些流程予以高度重视。

最终，供应链战略关注的还是供应链的运作方式，即供应链如何运作、如何管理，以及如何提高供应链绩效。管理者可根据上述内容采取措施，以增强壮大企业所需的相关能力。也就是说，供应链战略需要对图 3-1 中所列的所有要素进行分析，确定要解决的关键问题，明确用于处理这些关键问题的战略，然后制订一套行动计划来增强企业的相关能力。

目前可能仅有 15％的企业制定了成文的供应链战略。鉴于此，供应链战略的制定很可能为企业带来巨大竞争优势。本节将介绍供应链战略的 12 个要素，并对其含义、重要性和应用加以讨论。每个要素的改善都可以提高运营效率，并可以使企业具有比竞争对手更好地执行第 2 章中讨论的供应链流程的强大能力。更重要的是，这些要素的改善可以增强企业以更有利的方式执行供应链流程的能力。这是形成强大的战略定位和可持续优势的基础。

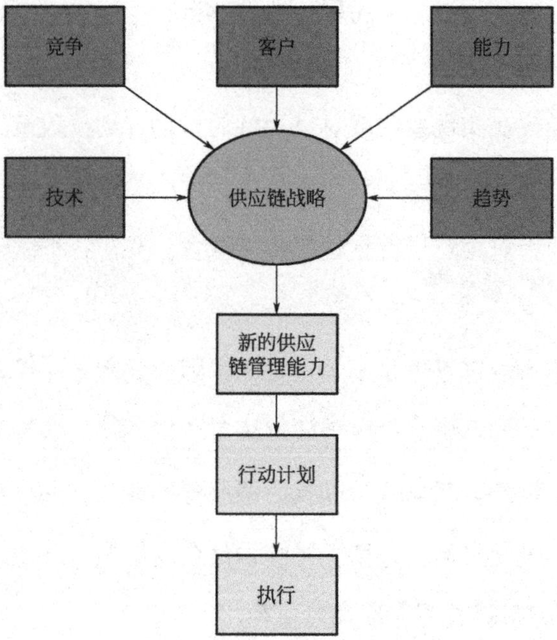

图 3-1　供应链战略要素

需求感知与响应策略

正如古人所言："商业中只有变化才是永恒的。"许多绩效极佳的供应链都注意到了这一点，并具有能够快速调整供应链流程的能力，时刻做好调整战略的准备。需求感知的定义是通过缩短感知真实市场数据的时间了解真实的市场变化。需求感知与响应策略实际上由两个彼此不同但又互补的部分组成。通过需求感知，企业能够检测到最终可能导致需求变化的客户、竞争和技术方面的变化。响应策略能够使企业在发生变化时快速适应变化。需求感知和响应策略也被称为适应性。

需求感知应具有前瞻性，重点关注正在形成的市场趋势以及经济大环境的转变。显然，简单的数据收集是不够的，企业在很大程度上依赖于对微妙趋势和不完整信息的解释。不过，如果因为实施得当，企业识别到了需求可能发生重大变化的早期信号，并找到了低成本运营的潜在机会，那么企业将大大受益。嗅觉灵敏的企业非常善于利用新兴市场的趋势。通常，通过利用这些新市场中已有的第三方供应商的专业知识，企业可以快速地实现这一点。由需求感知提供的预警使得企业能够先人一步，在竞争对手意识到影响需求和供应决策的变化趋势之前做出供应链结构决策。

企业一般通过预测来估计供应链中的需求。但不幸的是，即使是使用最先进的方法、根据最复杂的模型做出的预测也是不够准确的。企业可以通过范围预测或结果计算来提高预测准确率，以更好地支持需求感知。这迫使企业必须考虑多种应急计划，包括灵活承包、多方外包以及风险分担等。如 CPFR 和 S&OP 之类的协同预测方法可以通过加强外部（CPFR）和内部（S&OP）沟通来提高预测准确率。

全球优化策略

近年来，随着供应商、制造商和客户服务的发起点与消费者的销售点之间的距离越来越远，供应链已大大延长。之所以发生这样的变化（生产工厂由欧洲转移到北美洲，后来转移到亚洲），是因为企业都在追求最低的生产成本。在印度迅速发展壮大的客户支持和后台支持等功能进一步扩大了供应链的活动范围。供应链范围扩大的结果是增加了其他成本，尤其是运输和库存成本，导致产品流通至市场的距离更长，为抵消补货准备时间需提前存储的产品的量也更大。

因此，许多业内领先的供应链企业已经开始对扩大了的供应链的可行性提出质疑，并试图将人们的视线转移到优化整个全球供应链而不是优化单个供应链的一部分。全球优化策略要求企业对供应链的各个方面进行权衡分析，以确定如何才能建立绩效最优的供应链网络。

可以采取总抵岸成本（TLC）比较分析的形式对供应链进行优化。TLC 包括与生产和交付产品相关的所有成本。比较分析是指在多个供应链配置选项中比较获取、运输、存储和准备销售产品的总成本。企业必须清楚地知道所有的成本，才能进行准确的分析。TLC 比较分析的一个局限在于，尽管当前供应链的真实成本可能是已知的，但备选方案的成本以及未来的成本是估计出来的，估计误差可能会导致分析错误。与已有方案相比，能够显著节省成本的方案可能更值得关注。

另一个相关的概念是总拥有成本（TCO）。TCO 通常应用于供应链中的供应商－买方关系，主要包括与获取产品相关的所有成本（类似于TLC），而不是只关注价格。企业应加强与供应商的合作伙伴关系，完善和简化流程，确保供应商在为本公司提供服务时能将运营成本降到最低，因为供应商的成本最终会转嫁到买方身上。

ABC 细分分析

过去 10 多年出现的一个主要商业趋势是，客户需求更加细分。“一刀切”的服务已不能满足如今的客户需求。比较前沿的供应链组织已经认识到了这一趋势，并据此发展了自己的细分业务。ABC 细分分析已被许多企业广泛用于重新设计供应链，以适应新的发展趋势。

细分是指对客户进行分组。ABC 细分分析是指通过既定标准对客户进行分类管理的方法。细分的目的是创建具有相似价值主张并且企业可以使用相似流程为其提供服务的客户群。典型的 ABC 细分分析可能会根据二维评估法对客户进行分类，如图 3–2 所示。服务需求（纵轴）包括对一个或多个条件（如价格、销量、订单特征和交货要求）的分析。

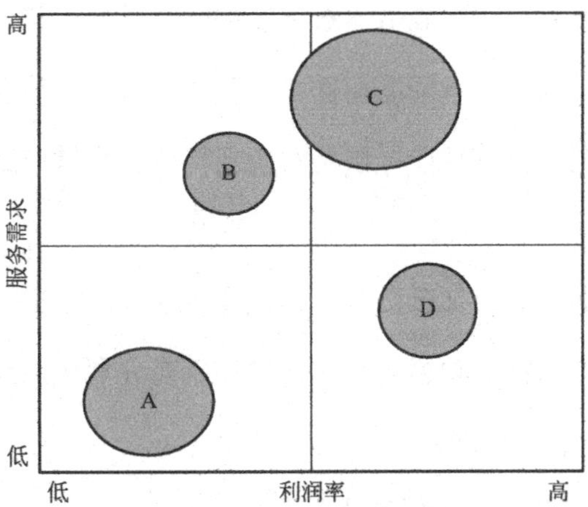

图 3–2　ABC 细分分析矩阵

有效的 ABC 细分分析不是为了创建多个供应链且使每个供应链都有独特的功能。相反，具有战略性的 ABC 细分分析会在充分利用通用结构的基础上构建灵活的可配置元素来满足特定客户群体的独特需求。良好的供应链网络既能满足客户需求，又能提供高质量、低成本的服务。

戴尔公司从战略性的供应链细分中受益颇多。在过去的几年中，戴尔公司已将供应链运营模式从以前的（全球性）直接面向单个客户的模式转变为更全面的多渠道模式，针对不同的单个客户、企业客户、分销商和零售商施行差异化政策和服务。实行该模式的结果是，戴尔公司节省了 15 亿美元的供应链成本。

外包策略

多年来，外包一直是影响供应链战略的一个重要因素。企业实行外包策略的原因主要有两点：一是降低生产成本，如将业务外包给费用较低的其他国家的企业；二是开发新兴市场，以获取快速增长的新客户群。随着市场的不断发展，在油价不断上涨和产品质量不稳定的情况下，许多企业已经不再因为成本问题而选择将业务外包了。尽管如此，供应链外包仍在持续增长，并且在可预见的未来其会成为供应链战略的重要组成部分。

通过将业务外包，拥有供应链的企业可以专注于提升核心竞争力，并对第三方公司的物流和运营专业知识加以充分利用。经过精心设计的外包策略可以为企业带来如下好处。

（1）企业可快速进入新市场。

（2）企业可快速转换服务方式。

（3）企业可降低用于供应链扩展或变革的资本。

（4）企业可降低材料和运营成本。

（5）企业可拥有最新的信息技术和数据分析能力。

从历史上来看，许多业务外包策略都是短期的、战术性的。随着外包策略的流行，一些跨国公司与数十家企业签订了第三方合同。想要采取战略性外包策略的企业需要考虑外包范围以及外包的职能和地理位置。外包范围是指企业是外包单个业务或多个业务给单个外包服务提供商，还是外包多个业务给多个不同的外包服务提供商。外包范围的选择应基于对企业内部的供应链能力和所定战略的准确评估。

苹果公司就是有效利用外包策略来创建世界一流供应链的一个例子。苹果公司自行采购原材料，并在位于亚洲的第三方工厂中生产大部分产品，再通过第三方运输公司将产品运送至零售商和最终用户处。

大规模定制策略

大规模定制策略是指将大规模生产的规模经济与客户的特殊产品需求相结合的一种生产策略。大规模定制策略主要以与传统生产方法的成本接近的成本来生产各种规格不一的产品。大规模定制的定义是为具有一定需求量又需要进行个性化定制的客户生产种类、规格不一的产品，而又无须在成本、交付和质量上进行权衡。

对于希望采用大规模定制策略的公司，有以下几种方法可供采用。单个产品的个性化定制是指对每个产品进行个性化的定制。戴尔公司的笔记本电脑订单就采用了个性化定制的方法。客户可以通过戴尔公司的官方在线订购系统自行“设计”笔记本电脑，选择自己需要的配件进行组装。客户在在线订购系统上对产品进行配置后，订单会下发到戴尔公司旗下的产品组装工厂并由工厂按相似的订单进行批处理。不过，客户也需要接受两个方面的不便：一是产品的生产通常略有延迟，因为工厂会等到收集到足够量的相似订单时才会进行生产；二是在配置设备时客户的选择也是有限的。企业如果放宽任何一个限制条件，都会导致生产成本上涨。

大规模定制的另一个方向是各种标准化产品的生产和销售。在这种情况下，延迟生产比较常见，多数情况下工厂只有收到客户需求订单时才会进行最终的产品配置。在按订单生产和按订单配置的生产情景中，选择进行大规模定制的公司通常会通过减少生产过程中使用的零部件种类来简化上游供应链。

技术整合

基于准确的最新信息快速做出战略决策的能力是供应链管理的关键。信息技术包括用于获取信息、分析信息以及应用信息以提高供应链绩效的工具。信息是供应链的命脉，也是开启每个供应链流程的关键所在。倘若没有技术和信息资源，供应链管理者将无法有效地利用可见性对供应链进行管理。

技术有诸多好处，但其中 3 项至关重要。首先，技术和信息能够促进供应链合作伙伴之间的协作和更加紧密的融合。这是因为信息共享不仅有利于企业实现供应链流程的一致性并简化供应链流程，还有利于提高供应链关系的透明度。基于技术的信息共享使管理人员可以集中精力改善供应链关系。

其次，技术能够加强上游和下游的联系，包括对客户需求、需求预测以及在途库存和供应延迟等方面的信息共享。如果供应链合作伙伴之间没有共享上述信息，则供应链中的每个企业将更容易受到牛鞭效应的影响，从而导致不必要的损失。

最后，技术能够提高处理速度，加大处理数量。条形码、射频识别（RFID）和网络购物等技术手段已大大减少或消除了人工管理数据的麻烦，从而加快了产品处理和流通的速度。

随着技术的不断发展及技术在整个供应链中的应用范围不断扩大，技术的重要性会持续提升。在企业对企业（B2B）合作中使用互联网技术就是一个通过技术增加企业互动的典型示例。我们无法预测下一个将产生巨大影响的技术是什么，但可以确定的是一定会有一个或多个新技术出现，并在未来改变供应链企业的经营方式。

供应链的整体绩效

绩效是指对先前设定目标的完成情况的评估结果。显然，公司制定的目标反过来可以被用作衡量业绩的标尺。从供应链的角度来看，目标的制定和业绩的衡量颇为棘手，因为这些目标需要由供应链合作伙伴共同商定，绩效指标也应适用于整个供应链的所有参与者。要对整个供应链进行绩效评估，就需要创建和监控关键绩效指标。

对整个供应链绩效的评估对某些人来说是一项非常艰巨的任务，不过有一些技术可以辅助供应链绩效的评估，提供相应的评估信息和分析结果。供应链的有效性在于其是否能够提供优质的客户服务，这可以通过完美订单指标来进行评估。完美订单是指企业能够按时、完整且完好地将价格合适的产品送到客户手中。实际上，完美订单指标评估的内容涵盖了整个供应链中的所有流程，因为供应链的最终目的就是满足客户的需求，而该指标衡量的就是供应链能否有效地实现这一最终目的。完美订单指标也可以用于评估下游企业或面向客户的企业的绩效。

此外，企业还需要制定面向上游企业或面向供应商的绩效指标。供应商计分卡可提供逻辑严密、指标一致、全面综合的绩效评估报告，有助于企业对多个供应商的关键绩效指标评估结果进行比较，并且能帮助企业查明供应链的问题所在。如用作解决问题的工具，计分卡评估还可以改善企业与供应商之间的关系。

依据行业数据库对某个企业的供应链绩效进行基准评估有助于真正了解该企业及其供应链与竞争对手的差距。还有比较重要的一点就是，要确定该企业供应链的独特性所在，并将其与供应链结构相似的企业进行基准比较。例行基准评估是识别供应链企业的积极趋势与消极趋势的有效方法。

降低复杂性

供应链的整体环境非常复杂。企业高管需要处理许多复杂情况，其中包括外包业务的增长，供应商和生产地点的距离越来越远而导致的交货时间延长，新产品的开发时间越来越短、频率越来越高、需求细分日益加剧以及燃油价格的剧烈波动。更复杂的是，许多大型企业（尤其是零售商企业）需要同时管理数百个甚至数千个供应链。企业只有对这些日益复杂的情况进行积极管理，才能避免其成为影响供应链效率的

“癌症”。

降低复杂性的策略是供应链管理者可以用来简化供应链环境的必需且实用的工具。目前已有多种供应链简化方案被提出，如设计产品时使用通用组件、减少产品种类以及减小需求预测误差。供应链管理者可用的两个比较强有力的降低供应链复杂性的方法是供应商整合及近岸外包。

通过供应商整合，供应链企业可以减少为采购和流通产品需要接触的企业数量。简化的供应链具有诸多好处，包括可降低交易成本、降低风险、保持产品质量的一致性，以及有利于供应商增强创新能力和响应能力。整合不应仅在原材料和成品的供应商之间展开，还应包含供应链中的所有实体企业，如第三方服务提供商、运输公司以及分销商。

在过去的 10 多年中，原油价格的上涨以及随之而来的运输成本上涨，已经使许多选择将制造业务转移到低成本地区的企业的经济基础发生了变化。由于经济环境变化，近岸外包或将供应和制造地点转移到更靠近服务需求的地方，已成为许多企业的可行选择。将上游业务定位在更接近需求端的位置可以缩短交货时间，减少库存需求并增强供应链的响应能力。

跨链协作

许多比较领先的供应链企业试图通过与关键供应链合作伙伴建立更加紧密的关系来打破长久以来买方和卖方之间的“敌对”关系模式。供应链企业之间的协作已产生了积极的结果，包括库存大幅度减少、响应速度变快，以及服务水平提高。协作是指企业间超越日常业务进行联合行动，目的是在长期内实现重大改善。企业间的有效协作会提高其融合程度和客户服务水平。

跨链协作可以为相关的供应链合作伙伴提供竞争优势。协作既指买卖双方的协作（如供应商和制造商），即垂直协作；也指同一梯队的企业之间的协作（如两个或多个制造商协同工作），即水平协作。要使合作取得成功，协作企业必须克服各种障碍，包括不愿意分享信息、缺乏信任，以及认为合作伙伴不够努力或利益分配不公平等。

经常被忽略的一个影响战略合作的要素是企业应尽力选择能与本企业达成战略一致性的合作伙伴。成功的合作需要合作伙伴建立共同的目标。合作伙伴在齐心协力完成既定目标的过程中，才能发挥合作的潜力。要成功合作，企业首先需要确定具有适当技能的“合适的”合作伙伴。从能力、目标和兴趣等方面考虑，最大的潜在合作伙伴可能不是最合适的合作伙伴。其次，企业需要找到“合适的”合作机会。与消除某一特定问题相比，能够给各方带来真正利益并为未来的共同努力奠定基础的合作方式更具潜力。

精益物流

精益理念旨在通过创建更流畅、更快速、更高效的供应链流程来消除供应链中的浪费，这需要供应链参与者的共同努力。精益物流专注于供应链活动中的产品流通和存储。精益物流是指企业通过更少量、更频繁的货物装运来实现精益制造的核心目标之一——尽量减少库存。

许多精益概念都可以应用于物流运输活动中，以制定精益物流策略并减少整个供应链中的库存，其中相关性最强的概念及其在精益物流中的应用如下。

（1）只生产需要的产品。创建一个拉式系统，有了需求再生产，而不是提前预测需求，并在整个供应链中共享需求信息。

（2）消除浪费。在精益物流的大背景下，库存被视为浪费。缩短周期并最小化存储点可消除浪费。

（3）使工作流程更加顺畅。消除需求高峰以平衡供应链活动。

（4）防止犯错。通过提高自动化水平消除无效流程并加强供应链融合。

（5）持续改进。专注于对流程进行微小的、常规化的改进。

库存通常存放在物流网络中不向最终用户流通的地方，通常是仓库以及配送中心。尽管仓库具有多种功能，但是仓库存在的主要原因在于存储于其中的库存可满足出乎意料的需求。精益物流旨在创建一个由需求驱动的物流环境，并保持库存的流通速度，从而在可能的情况下消除对传统仓库的需求。产品流通设施和交叉运输可用来对产品进行分类和汇总，同时能够促进产品在供应链中的各个节点之间进行快速流通。

风险管理和应急计划

供应链中断事件的发生概率是很高的，并且供应链中断的时间和范围通常是无法预测的，但这并不意味着决策者不能提前采取措施来应对供应链中断所带来的风险。行业内领先的供应链企业会提前制订应急计划，以避免在意外事件发生时手足无措。

实际上，制订了应急计划的供应链企业屈指可数。一项研究发现，只有 11％的被调查公司表示其在积极采取预防措施以应对可能的供应链风险，只有 18％的被调查公司表示其已建立了正式的供应链风险管理系统。

制订应急计划的第一步是了解供应链未来可能面临的中断风险都有哪些。这些风险可以根据可预见程度和企业是否可以阻止供应链中断的发生进行分类，如图 3-3 所示，这种方法叫作白板练习。随着时间的推移，企业通过这种方法能识别出其他一些潜在风险。第二步是要找到供应链的薄弱点，特别是与已知风险有关的薄弱点。每个供应链都有薄弱点，决策者需要实事求是地对这些薄弱点进行评估，以制订相应的解决计划。

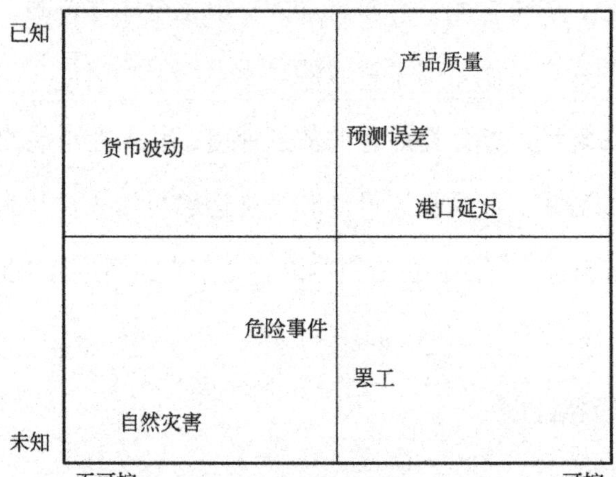

图 3-3　供应链风险评估

正如前面提到的研究结果所指出的一样，实际上很少有公司会制订用于解决已知风险的应急计划。每一个应急计划都应列出在供应链中断时应立即采取的行动，包括说明需要做出什么样的决定以及按照什么顺序做出决定。应急计划制订完毕后由关键决策者进行审查，并对遗漏的细节进行补充。最后，应将最终的应急计划与企业的所有管理者以及将来需要执行该计划的合作伙伴企业进行分享。每隔一两年即对所有的应急计划进行常规的审查和更新。

供应商可持续性审计

多年来，供应商合规性计划在不断发展。最初，大多数合规性计划只是被用作对服务质量低于预期或不完全符合相关规定的供应商的惩罚评估工具。随后，供应商合规性计划将重点从惩罚逐渐转变为强调和鼓励把事情做对，而不再强调供应商犯了哪些错误。目前，随着许多大公司开始强调可持续性的重要性，供应商合规性计划的重点再次发生了改变——服务质量是最重要的，并且供应商审计的重点转变为更广泛的业务战略（如可持续性）的绩效。

从广义上来说，可持续性发展的定义是在不损害子孙后代满足其需求的能力的前提下满足当前需求的发展。企业的可持续性发展策略同样涵盖了较为广泛的领域，并包括了诸多社会管理要素，如环境、社会、健康与安全，以及道德和经济（具有成本效益）。大企业已经成为整个商业世界中可持续性发展的驱动力。沃尔玛在 2005 年宣布了其可持续性发展计划，此后又公布了其期望能够实现的 30 多项具体的可持续性发展目标，而这些可持续性发展目标中的大多数都会影响其 10 多万家供应商和第三方服务提供商的商业行为。可持续性审计可确保广大供应商遵守沃尔玛的可持续性发展计划规则。

成功的障碍

障碍的定义有很多种：边界或局限性；阻碍事情进展的事物；分离或阻碍团结的事物；任何使得事物难以取得进展或实现目标的情况。阻碍成功的因素可以是自然存在的，可以是人为的，也可以是两者的结合。障碍可以发生在企业内部，也可以发生在企业外部。内部障碍主要是由恐惧和保护主义、不畅的信息流、战略和奖励的不匹配、短线思维以及不切实际的财务目标造成的。

无论原因如何，障碍都会使企业很难成功地执行战略并实现预期的效率、响应和增长目标。因此企业必须优先采取措施消除这些障碍，并在实现战略目标方面取得进展。具体而言，企业需要对障碍产生的根本原因、表现形式和影响进行客观分析，然后根据障碍的影响和消除障碍的难度，选择消除障碍的顺序。

有报告指出，消除阻碍供应链成功的障碍对企业十分重要。该报告还指出，与进口关税相比，供应链障碍对贸易的影响要大得多。供应链障碍是由海关和行政程序效率低下、监管程序复杂、基础设施服务差等因素造成的。消除这些障碍可以减少资源浪费，降低成本，并降低产品价格。如果供应链障碍减半，全球 GDP 将增长 4.7%。

本节将分析影响供应链管理成功的 10 个障碍，并重点介绍其定义、原因和后果。企业需要采取措施消除这些障碍，以便能够实施关键的供应链战略，并按照预期执行流程。如果无法消除或者减少这 10 个障碍的影响，企业将极难实现供应链的最大化成功。

供应链网络的复杂性

供应链管理的一个基本挑战就是供应链网络变得日益复杂。正如第1章和第2章所述，供应链涉及众多企业以及多个流程，每个企业都有自身的目标优先级和对实现最佳供应链的独特见解。随着供应商、产品、客户和服务地点的扩展，供应链的范围和规模也在不断扩大，这导致供应链网络的复杂性和风险水平迅速上升。

造成这种供应链障碍的主要原因是全球化、外包和消费需求的动态变化。离岸制造和全球化的市场不仅延长了供应链各环节间的距离和运作时间，也对供应链提出了新的要求。合同制造商和物流服务提供商的加入增强了所有权的分散性，并增加了供应链系统中利益相关方的数量。消费者的购物习惯、对更多产品种类的需求和对产品定制的渴望，都需要企业对其供应链的生产和订单履行能力进行改善。上述3种趋势可能会导致供应链网络的扩展和运营范围的延伸，从而使供应链系统更加复杂。

如果一个供应链网络具有高度复杂性，其运行效果往往是不理想的。首先，供应链设施之间的距离和供应链设施的数量的增加削弱了供应链的可见性，使得企业对供应链网络的管控变得更加困难，也增加了供应链中断的风险。其次，供应链参与者数量的增加也加大了沟通难度。缺乏有效的沟通会使得整个供应链中的流程协调变得更加困难，导致供应链参与者变得更加孤立且仅专注于自身利益，从而损害供应链的整体利益。最后，扩展之后的供应链网络运作成本高昂且难以管理。企业必须保持警惕，精简供应链，避免供应链系统的复杂性障碍及其导致的后果。

外部压力

随着供应链管理在企业内部越来越受到关注，外部的媒体、政府机构以及其他先前对供应链管理几乎没有兴趣的机构也加大了对供应链管理的审查力度。这些外部组织给企业施加了巨大的压力，使企业不得不考虑除企业利润以外的影响。企业若不能及时地做出具有建设性的回应，可能导致负面的新闻报道、政府制裁以及客户流失。

这种外部压力的驱动因素包括国家利益、广泛的可持续性运动以及日益增长的地方主义思想。首先，政府越来越重视对供应链的监管。日益严格的运输安全法规、环保指令、消费者保护法和贸易壁垒会影响企业的采购决策、产品流通、总成本等。通常由非政府组织牵头的新的可持续发展倡议的要求远远超出了正常水平。其次，目前支持本地生产的商品和本地所有的小型企业的呼声越来越高，这迫使企业以更积极的方式对此做出回应。例如，沃尔玛已着手开展一项供应链计划，以将本地种植者的新鲜农产品的供货数量增加一倍。

这些外部压力的主要作用是迫使企业从超脱供应链的核心利益相关方的角度进行思考。供应链管理者不能再仅根据本公司的利益做出决策。供应链管理者在供应链的分析、设计和运营中，应充分考虑合规性、社会影响和声誉等因素。当然，这可能会影响供应链的规划，导致对现有设计的更改，并增加供应链网络的开发和维护成本。但是，如果企业在这些因素之间取得了平衡，成功地消化了外部压力，那么企业的供应链将被认为能够促进关键社会目标的达成，而不是阻碍社会目标的实现。因此，障碍也可能成为企业获得竞争优势的基础。

人才缺口

一般的供应链战略通常倾向于强调流程、产品流通和信息传递的重要性，但成功的关键其实是制定战略决策并执行战略决策的人员。随着供应链对高级管理人员的需求日益增加，缺乏具有多种技能的供应链人才将成为阻碍供应链成功的主要因素。虽然大多数企业的员工都具有供应链运营的基本技能，但具有全局思维、客观分析能力以及大智慧的人却是凤毛麟角，这使得控制全球供应链网络的复杂性、协调供应链流程以及吸引外部利益相关方变得极为困难。此外，合格的供应链管理人才还需具有较强的人际交往能力，以解决阻碍供应链成功的“人为问题”（包括文化、信任、厌恶变革以及合作意愿等）。

出现人才缺口的原因有很多，一个主要的原因就是公司的高层管理人员缺乏对供应链人才的关注。从历史上看，供应链管理者很多都出身于其他专业，接受的正规培训有限。许多企业在供应链技术、信息和评估系统方面的投资优先于人才发展方面的投资，这也加剧了人才缺口问题。出现人才缺口的原因还有高层管理人员误认为人才培养是人力资源和个人应该负责的事情，这导致他们疏忽了建立一个拥有大量的供应链专业人才库的职责。当供应链人才认为企业没有在能力方面对其进行投资时，他们就会选择在其他地方寻找更好的机会，这进一步消耗了供应链人才的内在技能。

人才缺口的直接影响是企业无法发展强大的内部供应链能力。高层管理人员可以对企业的C级高管做出承诺，但是如果没有相应的人才来制订和执行计划，其作用也是有限的。缺乏人才还可能导致企业对供应链中其他参与者的过度依赖。供应链其他参与者的战略和流程将决定供应链的能力，并可能导致企业的总体成本提高。发展计划薄弱的最终结果是供应链人才的流失和更大的人才缺口。人才流失也包括熟练员工的流失，这导致企业损失了未来的供应链领导者候选人才。

供应链流程不连贯

为了获得供应链管理带来的成本和服务收益，企业需要对第 2 章所述的各项流程进行协调，让各项供应链流程实现互联、共享需求信息以及其他数据，以实现战略一致性。相反，如果企业不愿花太多精力将企业内部以及供应链各参与者的供应链流程联系起来，则很难实现战略一致性。如果放任各个部门、各个企业自行展开各项供应链流程，通常会导致目标不一致、时间进度不一致以及供应链运营瓶颈等后果。最重要的是，如果供需之间出现了脱节，将会削弱供应链实现第 1 章所述的基本目标的能力，即高效满足客户需求、为客户创造价值、增强企业的响应能力、增强供应链弹性和获得账务收益的能力。

传统和恐惧是供应链不连贯的两大主要原因。起初，供应链中企业内部的各部门混合发展、独立运作，有时还会出现各部门互相争夺资源的情况。再加上外部参与企业可能不愿意共享信息，不愿意实现系统互联或不愿意开发兼容程序，就会导致供应链无法整合，可能还会出现功能失调的情况。此外，在整个供应链中实现人员、流程和技术等方面的互联既耗时又成本高昂。除非出现一个强大的供应链领导者，能够以强有力的手段促成供应链的流程协调并克服上述困难，否则企业将很难从利益受损方处获得支持并采取相应行动。

供应链中断会给企业带来许多不良影响以及财务损失。当供应链中的各企业未能同步对需求做出响应，各企业的生产经理将基于各自的预测和内部生产计划进行生产。无效的需求预测会导致有限的产能被错误分配、成品库存过多以及需要加急履行的客户订单积压，从而导致供应链成本激增。无法快速响应不断变化的市场状况是供应链中断造成的另一个负面后果。例如，如果企业履行订单的能力和运输能力有缺陷，无法在各区域之间实现库存的快速转移，则会导致企业错过创收机会。在这两种情况下，不兼容、不协调的供应链会对企业的财务收益产生负面影响。

技术缺陷

技术通常被视为必不可少的供应链工具，但其对管理人员而言却是一把双刃剑。一方面，计算能力和供应链软件的有效结合有助于企业实现最佳的供应链网络设计和性能。另一方面，购买和实施可以经济、高效地支持当前供应链并适应未来需求的系统对企业来说是一个巨大的挑战。在当前的环境中，过时的系统无法有效地支持员工使用移动计算工具、全方位满足客户需求或对不断增长的供应链数据进行深入分析。

企业无法利用技术优势通常是内部原因导致的。一些企业过分依赖难以升级的专有供应链系统；另一些企业则还在使用过时的计划和执行软件，这些软件与企业资源规划系统并不兼容。这两个问题都会导致企业难以与供应链中的利益相关方进行沟通和协作。出现供应链技术冲突的另一个原因是企业的信息技术团队对维护和改进这些系统的重视程度较低。除此之外，企业用于升级和购买新系统的支出较少，这也加快了系统失效的速度。

企业的技术能力差对供应链的影响非常大。供应链中的各个参与者无法实现有效联结会影响产品的销售、企业的库存水平以及产品流通的可见性，也会限制企业通过整个供应链中的可用库存来感知并响应客户需求的能力。同样，过时的技术工具也不具备事件管理功能，从而无法快速提醒管理人员供应链出现了哪些问题并告知其怎样才能减小服务中断的影响。另一个潜在的问题是企业无法准确地对导致供应链运作变得困难、缓慢和无效的现有流程建模。另外，不愿或无法采用先进的供应链管理系统将使企业无法充分利用第 4 章将讨论的技术和创新手段。

过度重视交易

跨链协作是供应链管理中一个备受青睐的战略，因为它能够促进供应链流程的融合，提高供应链效率，并促进各企业实现目标一致性。但问题在于，许多企业仍然过度重视交易，在这种模式下，企业与供应商和客户的合作通常是一次性的。这些频繁的交易受价格驱动，企业在交易过程中也很少花费精力进行流程协调，并且非常重视合规性。随着企业将交易作为重点成为一种流行做法，供应商和客户对企业的忠诚度越来越低，这会阻碍供应链的改善。

将交易作为重点通常源自企业对采购和分销商的“敌对”态度。如果企业认为每笔交易非赢即输，而且激励管理者去挤压供应商、运输提供商和客户的利润空间以获得更多的回报，则该企业几乎不可能与关联企业建立良好的合作关系。过度重视交易的另一个原因是买卖双方的合作次数太少。在买方将视线转移至频繁更换交易对象之前，卖方必须率先履行承诺，在买卖双方之间建立一定程度的信任。此外，企业之间可能存在规模差异，导致买方企业只能更换交易对象。例如，特易购这样的大型零售商拥有数千家供应商，其与小供应商建立协作关系并定制供应链流程就是不可行的。相反，特易购只能与对其而言最大且最具影响力的供应商进行战略合作。

过度重视交易的结果是阻碍了买卖双方建立强大的合作关系，也阻碍了双方实现信息和知识共享。如果买卖双方彼此不信任，则不会实现跨链协作，承诺并不是通过契约来实现的，而是双方都要有双赢的概念。如果没有这些底层关系要素，企业也就没有动力进行全链优化或在企业之间建立技术联系。因此，之前讨论过的许多供应链的关键原则，如可见性、敏捷性、整合等，都将无法实现。

目标不一致

一个运动团队想取得成功就要设定一个共同的胜利目标，并推动每个队员努力实现目标。如果每个队员都更加专注于个人成就，其行为将变得自私，并且可能会阻碍团队的总体目标的实现。企业内外部所面临的问题是一样的：在企业内部，不同部门的管理者可能会优先考虑提升各自部门的绩效，而不是供应链的整体绩效；在企业外部，供应链中的每个企业都倾向于实现各自设定目标，并且只关注自己的财务目标能否实现。这使得通过说服高层管理人员投资供应链、更重视供应链的整体发展或短期支出来提高长期效率变得特别困难。

目标不一致的根本原因是激励措施和评估指标的不一致。当个人的绩效评估、奖金和职业利益受到威胁时，将注意力集中在提高个人利益而忽视对供应链的整体贡献实属人之常情。例如，生产经理的奖励来自劳动生产率和最大产量的提高，这促使他们更关注产品的长期生产。但这与库存经理的职责矛盾，库存经理负责以很少的安全库存实现供需的匹配。目标不一致的另一个原因是沟通不畅。除非有一个以供应链为重的人能够清楚地表达出对供应链及对所有利益相关方的共同愿景，否则，企业将很难打破由评估指标和激励措施不一致导致的僵局。此外，对优先级的确定和对成功的理解不一致也可能导致服务质量目标和成本效率目标冲突。

目标不一致会影响整个供应链中的所有利益相关方。在企业内部会出现职能条块分割的情况，即每个部门仅完成各自的目标。不能就总成本、收入增长和盈利能力达成一致的内部目标有碍于供应链绩效的提升。而在企业外部，利益相关方无法达成一致的供应链愿景和目标将使信息同步和产品流通变得困难。每个企业都倾向于维护自身的股东利益，追求实现各自的利润目标，而忽视整个供应链的表现。如此下去，结果将不尽如人意，供应链创新也将受阻。

职能条块分割

在职能条块分割比较严重的企业中，每个部门或流程都倾向于对内交流。沟通、制定战略和决策都在部门内部进行，忽视与相关的其他部门的沟通，会导致各个部门只从自己的角度出发思考问题、冗余、决策欠佳以及亚文化发展。上文讨论的目标不一致的情况也可能会出现。从供应链的角度来看，职能条块分割的后果尤为严重，因为供应链中的整合和效率原则要求计划、购买、制造、履行订单和退货等流程必须保持一致，避免重复劳动。如果企业存在职能条块分割的情况，供应链也就不存在了，企业也很难高效地为客户服务。

职能条块分割是由传统的结构设计和限制性政策引起的企业问题。一个同时具有不同的部门流程、目标和结构的企业将很难实现跨部门协作。此外，将不同的部门设置在不同的设施和地理位置的做法会导致每个部门都产生独立的供应链，加剧部门之间的竞争，而且往往会加剧企业内部的职能条块分割。此外，某些正式政策的出台会助长职能条块分割、阻碍部门合作，因为人们会过度关注礼节和政治。例如，在公司政策不鼓励个别供应链管理者在不经领导同意的情况下让其他部门的人员参与市场营销、销售、制造和相关领域的活动时，就会产生不必要的障碍，导致各部门的独立运营成为长期状态。

职能条块分割引发的破坏性后果是企业无法进行跨部门的合作和创新。缺乏协同合作会导致各部门之间产生内部竞争，从而进一步阻碍跨部门的协作、信息共享和信任，还可能导致各职能部门无法进行信息和数据的共享。如果有关需求、库存、进度、产量和性能的关键信息不能在供应链各部门之间共享，则数据将被雪藏，管理人员也无法使用这些数据，这会导致不必要的猜测和决策失效。最终，职能条块分割可能导致企业的供应链失去敏捷性、生产力和响应能力。

牛鞭效应

牛鞭效应是阻碍供应链成功的主要障碍。当上游供应商对需求的感知和预测不准确时，整个渠道中的需求变化就会被放大，这时就会发生牛鞭效应。消费者需求和零售商订单的微小变化会引发后续一系列订单的变化，最终使得每个上游供应商的订购量都大于其下游客户的需求量。尽管该问题目前已得到广泛关注，但各个企业仍存在扭曲需求信号，离由实际需求驱动的订购模式越来越远的状况，这导致整个供应链的效率低下。

这个问题是由供应链的基础架构、订购经理的决策以及 4 个主要的驱动因素引起的。第一，每个企业都会根据其客户的订单量和安全库存的需求独立预测需求，而这样的预测会放大下游企业的预测误差。第二，批量订单会导致需求的周期性激增，这很难解释并加剧了需求变化。第三，诸如打折之类的价格波动会促使订购量与消费率不匹配，订购量的变化远大于消费率的变化，从而放大了牛鞭效应。第四，当产品供不应求时，客户可能会下达远远超过实际需求的订单，以确保其库存可用性。这些不真实的需求信号会触发上游的生产和采购活动，但这并不是真实的需求。还有一些其他因素会引发牛鞭效应，包括供应链中存在多个参与企业和较长的交货时间等。

当供应链中产生牛鞭效应时，其结果往往代价高昂。需求信息失真和不完整通常会导致企业生产过多的产品作为库存。订单过多会导致供应链网络中的库存过多，并产生较高的库存维护成本。需求下降将导致订单减少甚至是取消订单，进而导致货架上的库存不足。除了库存问题之外，时高时低的订购量会在整个供应链流程中造成严重的效率低下问题：无法准确确定产能需求并满足相应的生产计划，无法确定快速运输需求，以及糟糕的客户服务。最终的影响将是成本增加以及销量降低。

有限的可见性

可见性也是一个重要的供应链管理原则，供应链管理者认为提高可见性对于降低成本和改善供应链的运营至关重要。提高可见性有助于实现供求平衡，有利于产品、信息和资金的流动。虽然提高可见性有诸多益处，也有各种各样的技术来辅助提高可见性，但许多企业仍然没有达到期望的跨链可见性水平，这使得管理者难以监管和控制超出其运营范围的事件。一旦下了订单或向运输公司下达任务后，可见性比较低的供应链中的管理者会遇到很多盲点，他们必须要耐心地等待信息，并且只能寄希望于其他企业能够恰当执行关键流程。

可见性障碍通常是技术和数据问题造成的。虽然可见性工具可能会有所帮助，但某些系统实施起来颇具挑战性，并且其与外部利益相关方的系统融合的成本很高。此外，供应商做出的承诺可能会超出其当下的能力。例如，供应商可能只能提供零散、死板的信息，而企业无法根据这些零散的信息了解整条供应链。还有一些供应商则会夸大其感知和响应需求的能力，但无法提供足够的可见性，而且要靠客户才能做出恰当的响应。当系统运行良好时，信息过载的问题可能会使得没有提前做好每日接收数据准备的企业不堪重负。一线员工必须具有快速整合、修改和分析可见性信息的能力，以快速响应变化。

供应链的可见性差会对试图在竞争激烈的市场中满足客户需求的企业产生负面影响。如果供应链管理者无法有效地跟踪过境货运，则其无法收到有关供应链中断的预警信号，中断发生时只能被迫采取被动响应的模式。随着政府机构不断提高对药品、肉类以及新鲜农产品等高风险产品的可见性要求，可追溯性不足可能会成为合规性问题。可见性差也将阻碍企业提升分析跨链周期和优化计划成本的能力。此外，由于供应链管理者缺乏用于预测和订购的必要数据，需求的可见性有限也会导致牛鞭效应的出现。

小结

供应链管理并不是单独优化供应商、制造商和客户的计划、购买、生产、退货等流程中的某一个。相反，精明的管理者从始至终都会将供应链作为一个整体来看待，并基于为客户创造价值和为供应链中的每个环节实现盈利增长的目的获取有形的成果。这种持久性的理念是本章所讨论的供应链原则和战略的基础。

要建立能为企业带来丰厚利润、创造巨大价值的供应链，企业需要了解一系列被广泛接受的供应链原则。这些基本事实告诉企业如何才能构建、运作并改进高效的供应链。本章重点介绍了从需求驱动到可持续性的 12 项重要供应链原则。这些原则有助于供应链管理者更加专注于能够推动决策和促进供应链长期生存发展的能力和关键要素。

接下来，供应链管理者需要将这些原则转化为符合逻辑的供应链战略，这些战略既与企业的目标一致，又能满足客户需求，也有利于企业应对来自竞争对手的挑战。供应链战略需要为企业提供一条前进的道路、建立一套行动方案来创造企业未来所需的供应链能力。本章讨论了 12 种行之有效的能提高供应链价值的战略，这些战略涵盖了一系列能够推动供应链朝着既定目标前进的规划和执行问题。

在研究供应链的原则和发展战略时，供应链管理者也应意识到阻碍供应链成功的潜在障碍，这些障碍通常源于制约供应链发展的内部的人员、流程、技术和政策方面的缺陷。外部脆弱的一致性和连接性也会限制供应链的发展。本章主要讨论了供应链管理者为了促进供应链的长远发展必须消除的内外部障碍，若不消除这些障碍，供应链问题将长期存在，这些障碍也会妨碍供应链战略的有效执行。

尾注

[1] Amazon.com. (2013) *About Amazon.*

[2] Anderson, D. L., Britt, F. F., and Favre, D. J. (1997) The 7 principles of supply chain management. *Supply Chain Management Review.*

[3] Benavides, L., De Eskinazis, V., and Swan, D. (2012) Six steps to successful supply chain collaboration. *Supply Chain Quarterly,* 6(2).

[4] Boone, C. A., Craighead, C. W., and Hanna, J. B. (2007) Postponement: An evolving supply chain concept. *International Journal of Physical Distribution and Logistics Management*, 37(8), 594−611.

[5] Boone, C. A., Craighead, C. W., Hanna, J. B., and Nair, A. (2013) Implementation of a system approach for enhanced supply chain continuity

and resiliency: A longitudinal study. *Journal of Business Logistics*, 34(3), 222–235.

[6] Burton, T. T. (2013) The 10 hidden costs of outsourcing. *Supply Chain Quarterly*, 7(2), 48–54.

[7] Cecere, L. (2013) A practitioner's guide to demand planning, *Supply Chain Management Review*, 14(2), 40–46.

[8] Choi, T. Y., and Krause, D. R. (2006) The supply base and its complexity: Implications for transaction costs, risks, responsiveness, and innovation, *Journal of Operations Management*, 24(5), 637–659.

[9] Chopra, S., and Meindl, P. (2013) *Supply chain management: Strategy, planning, and operation.* Upper Saddle River, NJ: Pearson Education.

[10] Coyle, J. J., Langley, C. J., Gibson, B. J., and Novack, R. A. (2013) *Supply chain management: A logistics perspective* (9th ed). Stamford, CT, South–Western Cengage Learning.

[11] Cudahy, G. C., George, M. O., Godfrey, G. R., and Rollman, M. J. (2012) Preparing for the unpredictable. *Outlook*, Accenture.

[12] Dapiran, P. (1992) Benetton: Global logistics in action. *International Journal of Physical Distribution & Logistics,* 22(6), 1–5.

[13] Defee, C. C., and Stank, T. P. (2005) Applying the strategy–structure–performance paradigm to the supply chain environment. *International Journal of Logistics Management*, 16(1), 28–50.

[14] Dittmann, J. P. (2012) Developing a supply chain strategy for the years ahead. *Supply Chain Management Review.*

[15] Engel, B. (2011) 10 best practices you should be doing now. *Supply Chain Quarterly, 5*(1).

[16] Fawcett, S. E., Fawcett, A. M., Watson, B. J., and Magnan, G. (2012) Peeking inside the black box: Toward an understanding of supply chain collaboration dynamics. *Journal of Supply Chain Management*, 48, 44–72.

[17] Fawcett, S. E., Magnan, G. M., and McCarter, M. W. (2008) Benefits, barriers, and bridges to effective supply chain management. *Supply Chain Management: An International Journal,* 13(1), 35–48.

[18] Feitzinger, E., and Lee, H. L. (1997) Mass customization at Hewlett Packard: the power of postponement. *Harvard Business Review*, 75(1), 116–121.

[19] Fishman, A. (2007) Working with the enemy. *Fast Company*, 118, 74–81.

[20] Gartner Inc. (2010, November) Case study for supply chain leaders: Transformative journey through supply chain segmentation.

[21] Gibson B., Williams, Z., Goffnett, S., and Cook, R. (2013a) *SCM talent development: The advance process.* Oak Brook, IL: Council of Supply Chain Management Professionals.

[22] Gibson B., Williams, Z., Goffnett, S., and Cook, R. (2013b) *SCM Talent Development: The acquire process.* Oak Brook, IL: Council of Supply Chain Management Professionals.

[23] Gilligan, E. (2004) Lean logistics: Not a fad diet. *Journal of Commerce*, 18–20.

[24] Gilmore, D. (2008) Supply chain complexity crisis. *Supply Chain Digest*.

[25] Hoffman, D. (2007) Supply chain measurement: Turning data into action. *Supply Chain Management Review*, 11(6), 20–26.

[26] Hoffman, D., and Barrett, J. (2010) Benchmarking your supply chain. *Journal of Commerce*, 11(35), 30–33.

[27] Kinaxis, Inc. (2011) *Achieving supply chain visibility: More than meets the eye*.

[28] Kucera, D. (2013) Amazon ramps up $13.9 billion warehouse building spree. *Bloomberg Businessweek*.

[29] Langley, J. (2010) *2010 third party logistics study*.

[30] Langley, J. (2013) *2013 third party logistics study*.

[31] Lee, H. (2004) The triple–a supply chain. *Harvard Business Review*, 82(10), 102–112.

[32] Lee, H., Padmanabhan, V., and Whang, S. (1997) The bullwhip effect in supply chains. *Sloan Management Review,* 38(3), 93–102.

[33] Lieb, R., and Butner, K. (2007) The North American third–party logistics industry in 2006: The provider CEO perspective. *Transportation Journal*, 46(3), 40–52.

[34] McCarthy, I. P. (2004) Special issue editorial: The what, why and how of mass customization. *Production Planning and Control*, 15(4), 347–351.

[35] Mentzer, J. T. (2004) *Fundamentals of supply chain management*. Thousand Oaks, CA: Sage.

[36] Mentzer, J. T., and Konrad, B. P. (1991) An efficiency/effectiveness approach to logistics performance analysis. *Journal of Business Logistics*,

12(1), 33–63.

[37] Miles, S. (2013) Optimize cost and service: What supply chain visibility leaders can teach us. *Supply Chain Digest.*

[38] Muckstadt, J. A., Murray, D. H., Rappold, J. A, and Collins, D. E. (2003) The five principles of supply chain management: An innovative approach to managing uncertainty. Cayuga Partners: Belle Meade, NJ.

[39] Oxford Dictionary (2013a).

[40] Oxford Dictionary (2013b).

[41] Porter, M. (1996, November/December). What is strategy? *Harvard Business Review*, 61–78.

[42] Reuters (2013) Food fight: Wal–Mart vows to guarantee groceries, buy local. *CNBC.*

[43] Rieger, T. (2011) Overcoming barriers to success. *Gallup Business Journal.*

[44] Rosen, E. (2010) Smashing silos. *Bloomberg Businessweek.*

[45] Sheffi, Y. (2005) The resilient enterprise. Cambridge, MA: MIT Press.

[46] Simchi–Levi, D., Peruvankal, J. P., Mulani, N., Read, B., and Ferreira, J. (2012) Is it time to rethink your manufacturing strategy? *MIT Sloan Management Review*, 53(2), 20–22.

[47] Slone, R., Dittmann, J.P. and Mentzer, J.T. (2010), *The New Supply Chain Agenda: Five Steps that Drive Real Value*. Harvard Business Review Press: Boston MA.

[48] Srinivasan, M. (2004) Streamlined: 14 principles for building and managing the lean supply chain. Mason, OH: Texere.

[49] Stank, T. P., Keller, S. B., and Daugherty, P. J. (2001) Supply chain collaboration and logistical service performance. *Journal of Business Logistics,* 22(1), 29–48.

[50] The Free Dictionary. (2013).

[51] Thomas, K. (2012) Supply chain segmentation: 10 steps to greater profits, *Supply Chain Quarterly,* 6 (1).

[52] Van Hoek, R. I. (2001) The rediscovery of postponement: A literature review and directions for research. *Journal of Operations Management*, 19(2), 161–184.

[53] Waller, M. A., Dabholkar, P. A., and Gentry, J. J. (2000) Postponement, product customization, and market-oriented supply chain management. *Journal of Business Logistics,* 21(2), 133–159.

[54] World Commission on Environment and Development. (1987) *Our common future*. New York: Oxford University Press.

[55] World Economic Forum. (2013) *Enabling trade: Valuing growth opportunities.*

04

供应链信息与技术

前面几章讨论的供应链的原则、流程和策略有着共同的联系，即每一项都取决于其能否获得准确且及时的信息，这些信息应该易于获得，并能够在企业内外部实现无缝流通，以确保供应链管理者能够根据所需情报做出适当决策。技术为信息流通提供渠道，因此它也是整合供应链的一个基本要素。

在一个经过精心设计且各部分有序连接的供应链信息系统中，每个企业都有权限访问公共数据池。这样可以提高决策的一致性，而且企业会基于现实情况而不是预测和主观观点采取行动。例如，整合供应链信息系统可以捕获销售点数据并将其分发给零售商、制造商以及组件供应商。这些真实的需求信息有助于企业做出有关商店补给、配送中心重新订购、生产计划以及物料需求的有效决策。由于这种基于真实信息的供应链不受零散预测和相关预测误差的影响，因此牛鞭效应也被最小化了。

捕获实时信息并将其传送给供应链决策者的价值已经得到了充分认可。各大企业正在积极地投资供应链信息系统的建设，以增强客户体验并获得客户支持。一项针对供应链技术用户的研究发现，60% 的受访者计划在未来几年内增加对供应链技术的投资。这些潜在的用户会优先考虑其企业应用程序支持的订单交付解决方案。总体而言，技术大大提高了供应链的透明度，并能帮助企业优化物流和分销业务运营能力。

供应链的不断发展和演变是企业需要进行快速信息传播和技术投资的基本原因。随着供应链变得越来越复杂，定制产品的需求越来越多，全渠道供应链的选项出现以及响应速度越来越快，管理者必须适时调整供应链信息系统。为此，各企业正在寻求使用更复杂的工具，以管理复杂的供应链流程，提升供应链的可见性以及实现供应链流程的同步。

要使供应链信息系统对企业成功的贡献最大化，企业需要制定明确的技术战略，并积极投资能够满足当前和未来需求的工具。本章将对供应链的信息需求、信息的特征和相应的挑战进行介绍，对技术以及供应链信息系统的影响元素进行讨论，对主要的供应链软件、工具以及支持技术进行深入探讨，并将讨论推动供应链信息系统发展的未来问题、新兴能力和创新能力。

到本章结束时，读者能很明显地认识到有效的供应链信息系统和软件对于企业创建响应策略、同步计划并高效地执行流程以满足客户需求是至关重要的。

供应链中的信息需求

供应链中几乎每一个决策和流程都是由信息驱动的，如根据销售点数据做出产品补货的决策，根据客户的交货要求选择运输方式，根据库存水平报告做出采购决策，等等。从本质上讲，信息是将供应链联结起来的“黏合剂”，能够促进整合供应链的规划和执行。如果没有信息作为纽带，管理者将失去对库存、需求、供应商以及客户信息的了解与掌控，导致盲点的产生，并失去协作机会，管理者只能基于猜测和内部信号而不是真实的供应链信息做出决策。

信息需求

供应链具有信息密集性，各级管理者在关键的供应链活动中都需要信息的辅助。根据 Bozarth 和 Handfield 的说法，信息主要用于战略决策、战术规划、例行决策以及事务处理。

战略决策的重点是制订符合企业愿景和经营理念的长期供应链计划，所需的信息通常是非结构化的，并且可能因项目而异。例如，对于一个战略性的网络设计项目，管理者需要从各种来源处获取各种各样有关供应、需求和运营成本的数据。相比之下，新产品的开发决策将需要设计、产能和供应能力方面的信息，这些信息将被用于评估战略备选方案，并使用决策支持工具进行假设分析。

战术规划侧重于对供应链活动的组织和协调。信息应具有易获取性，能够辅助规划流程，并且形式灵活，可以由不同的供应链参与者将其修改至与自身系统兼容的格式。例如，销售和运营计划就需要共享有关需求模式、促销计划、供应能力、库存以及其他相关数据的信息，用于统一运营计划的制订。这有助于每个企业通过分配关键资源（包括人员、材料、产能、资金以及时间资源）来优化计划。

例行决策需要运营信息的辅助，并基于规则进行决策。这对信息的标准化要求较高，以便系统可以轻松使用信息生成标准化解决方案。例如，自动运输路线指南需要企业提供有关货物始发地、目的地、产品特征、重量、尺寸以及服务水平的信息，才能推荐合适的运输方式和承运商。决策者需要在采取行动之前对系统建议的解决方案进行审查，并在需要时进行更改。

事务处理主要使用来自供应链数据库、客户档案、库存记录和相关资源的基本信息履行订单。信息应准确、可及时获取且经过标准化处理，这样才能以高度自动化的方式处理事务。例如，企业应捕获在线客户订单中的信息，并将其与可用的库存水平进行比较，在无须人工干预的情况下快速处理订单，提高执行效率。

信息流

供应链规划和决策的广泛性不仅会影响信息需求，而且会影响信息的需求方以及信息在供应链中的流通方式。内部信息流可以用来辅助跨部门协作并优化整个企业的表现。例如，市场营销、运营、财务和物流专业人员都需要向销售和运营计划流程提供信息并从中获取信息。未能建立内部信息流通机制的企业将产生职能条块分割的情况，从而做出短视决策，导致企业表现欠佳。

企业与供应链合作伙伴之间也应实现信息的无缝流通，以促进同步且一致的决策及流程制定。一致的客户需求信息流通可帮助制造商和供应商进行有效的上游生产和购买决策。共享有关供应商产能、生产进度和库存可用性的信息有助于下游流程的协调和有效执行。

此外，企业还需向物流服务提供商提供有关客户需求、库存水平和交货时间表等上下游信息，这些信息有助于物流服务提供商对所需的人员和设备资源进行合理调配以保证产品的及时流通。此外，金融机构会参与有关付款和交易的信息流通，而政府机构则需要有关贸易数据和监管合规性的信息。图 4-1 展示了供应链参与者之间供应链信息流通的情况。

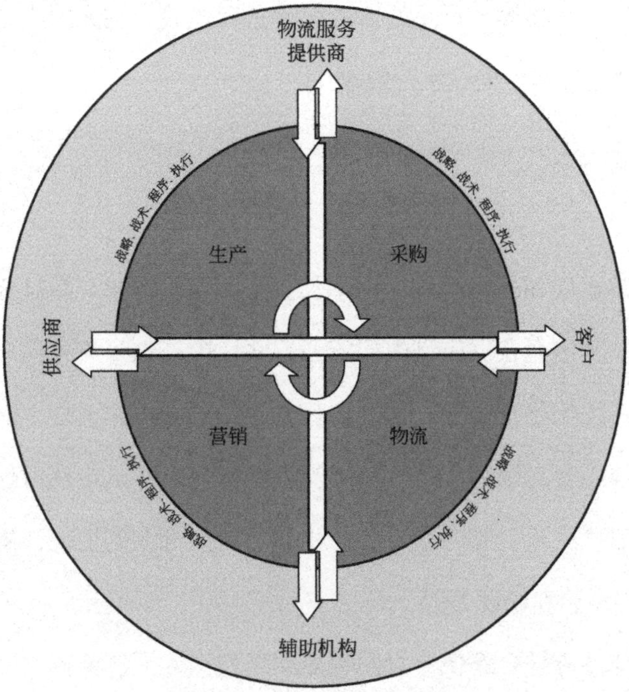

图 4–1　供应链信息流通

信息特征

只有高质量且可用的信息才能为供应链中的参与者创造实际价值。有关信息技术的一个说法是“无用输入无用输出”，这种说法在某种程度上是正确的，因为供应链信息系统不具有筛选劣质信息的功能。劣质信息往往导致错误的决策以及其他意想不到的结果。因此，信息必须是高质量的，这样才能支持有效的分析和决策。

信息质量具有许多重要的特征，包括准确性、可获得性、相关性、及时性以及可传递性。Riley 还强调了信息的可靠性和价值性，而 Chopra 和 Mendl 提出信息也需具有可用性，且各方能就信息达成统一意见。下面将对每种特征进行详细讨论。

1. 准确性

供应链信息必须准确、真实。恰当的数据收集方式是准确无误地反映供应链真实情况的前提，它也有助于企业制定具有逻辑性的供应链决策。信息不准确将妨碍供应链管理者对真实情况做出评估，并可能导致库存短缺、运输延误、客户不满意以及财务处罚。

2. 可获得性

必须将准确的信息及时提供给供应链管理者以供其履行职责。随着企业资源规划系统的普及和云计算的出现，及时提供准确信息听起来很容易实现，但实际上供应链遇到了特殊的挑战。供应链信息可能会由外部企业控制，可能会被传送至多个地点，并包含在不同的系统中。因此企业需要应对相应的技术挑战并解决信任问题，为有合法信息需求的个人提供信息的获取途径。

3. 相关性

供应链管理者必须能够获得相关信息，以便进行与供应链相关的分析和决策。获得的信息应避免阐述不必要和过多的细节，因为不相关的数据会拖延进度，掩盖重要问题，并使决策者压力倍增。信息最好是来自定制信息查询、异常报告和分段分析的简洁而具有针对性的。

4. 及时性

只有在信息具有及时性并且在合理的时间范围内可用时，信息才有意义。高度同步且由需求驱动的供应链在很大程度上依赖实时数据为其提供跨链可见性和响应能力。通过及时的信息流通，管理员可以监控供应链活动，并通过纠正措施快速对异常情况做出响应，有利于防止小问题升级为全面的危机。

5. 可传递性

为了方便及时地获取信息，并依据信息进行合作决策，信息应该易于从一个地点转移到另一个地点。互联网和云计算平台的辅助使得信息传输变得相对容易、便宜且安全，不过企业也要采取预防措施以确保敏感数据的安全。

6. 可靠性

报告和交易数据集包含的信息必须具有可靠和权威的来源，其提供的数据也必须合理、完整、准确且未经修改，以达到预期目的。如果数据集提供的信息不完整或者只是人为预估的数据，则需要对缺失数据和相关的假设进行清晰的解释，以便供应链管理者能够相应地调整其分析及决策。

7. 价值性

生成可靠的信息也是有成本的，用于捕获和管理供应链数据的软硬件技术价格不菲。事实上，根据Peerless研究小组的一项调查，在受访者中，2012年用于许可、整合和培训的有关供应链软件的平均花费为553 400美元。买方企业还需仔细考量这些投资是否真正提高了企业的知识水平并创造了实际的收益。

8. 可用性

信息只有在可以被用来做出更好的决策时才有价值。供应链管理者需要对信息需求进行定义，并捕获适当的数据。不要浪费时间捕获不可用的无关数据。此外，信息只有在可以无缝共享并从一种格式转换为另一种格式而又不会造成数据丢失的情况下，才是可用的。

9. 统一性

供应链管理者及其合作伙伴需就信息的使用和决策的制定达成一致。供应链中不同的企业如果利用各自的信息做出决策，将丧失供应链的一致性，并导致供应链运转效率低下。

总的来说，这9个特征为供应链管理者的高效决策提供了高质量信息。这也解释了为什么企业需要投资建设供应链信息系统，并花费大量的精力实现供应链中各个企业的互联互通。

技术考量

供应链管理者已经认识到了信息技术的潜在价值，他们认为技术在第2章所述供应链流程的有效执行中起着关键作用。供应链管理者同时也意识到，一个有效的供应链信息系统有助于其遵循指导原则和执行第3章中讨论的供应链战略。

这样的想法是有充分根据的。多项研究都已证实，供应链信息技术有助于供应链的成功。Premus和Sanders发现技术对提升企业绩效以及促进内部和外部协作具有直接和积极的影响。埃森哲发现，绩效较高的企业都部署了供应链信息系统，该系统具备很强的分析、保持一致和响应的能力。Holcomb等人指出，依靠技术，企业能够提高供应链的灵活性、效率及差异化能力。总而言之，精心计划和使用的技术系统可以帮助企业及其利益相关方优化绩效并降低风险。

信息技术能力

信息技术能力对于一个企业的存亡至关重要，因为是否拥有一个高效、全天候可用的系统决定了企业能否在市场竞争中脱颖而出。信息技术不仅要支持企业的规划、采购、生产、交付及退货等流程，还必须能够促进企业实施具有战略性的供应链计划。随着新兴战略的出现，供应链信息系统的信息技术能力也不断发展。

为了提高供应链流程的效率和战略有效性，企业需要具备许多信息技术能力。信息系统需要为企业的优化、跨链可见性、产品上市速度、敏捷性、协作性、适应性、差异化以及风险管理提供有效支持。如果没有适当的技术支持，上述目标就只是一些难以实现的想法。

1. 优化

要实现供应链的最佳效用，需要对供应链中各个企业的内外部资源进行合理配置。在对降低成本和改善服务的机会进行分析时，管理者需要考虑许多方案并进行权衡。供应链优化技术能通过数学建模工具快速运行，以找到有利于供应链所有利益相关方的解决方案。企业可以使用这些工具研究供应链网络设计方案、确定合适的库存水平，或者制定例行决策等。优化的目标是在尽可能低的运营成本下最优化服务质量。

2. 跨链可见性

企业的管理者需要及时了解和控制关键的供应链活动。拥有有关供应链的最新数据是管理者就供应链事件做出有效决策的前提。可见性工具可用于捕获有关供应链当前状态的有价值的实时数据，并对其进行过滤，然后将其以可访问的格式提供给利益相关方。利益相关方可以利用这些信息执行计划、同步活动，并快速响应异常。

3. 产品上市速度

供应链中产品的流通速度必须符合客户的要求。速度要求会因具体情况（紧急产品补充、新产品推出与现有产品流通等情况）发生变化，因此企业也需要相应地调整产品流通速度。企业可以通过合适的技术捕获客户需求，对其进行优先级排序，然后确定交付方式，以确保产品的上市速度与客户需求（无论是次日达、次周达还是次月达）始终保持一致。

4. 敏捷性

在十分复杂、不确定且瞬息万变的市场中，供应链管理者必须具有重新调整计划并快速应对供需波动的能力。敏捷且协调的供应链具有在不断变化的条件下以相同或相近的成本为客户提供高质量服务的能力和灵活性。有些技术具有强大的决策支持和分析功能，能够根据具体情景建模以帮助企业了解波动带来的影响，同时感知、转换并响应需求和供应的变化。

5. 协作性

如前所述，信息的可获得性和各方对信息解读的统一性对于提升供应链中的一致性和协调性是必要的。各个企业的管理者只有在能够及时访问相同数据的情况下，才能在策略、流程和异常响应方面进行有效的协作。技术能够使地理位置不同的供应链企业实现信息无缝共享。互联网、外联网、虚拟专用网和云计算能够支持企业的协作化运转。

6. 适应性

管理者必须使供应链的设计和功能能够适应不断变化的市场条件。

企业可以通过改变供应链运营模式来利用人口趋势、新兴经济体以及其他的新兴机会。这就需要一个有强大技术支持的、灵活的、地理位置分散的供应链网络来帮助分析选项，以实现供应链产能的合理分配。通过将供应链技术与销售和营销系统联系起来，企业可以感知和响应实时的市场需求，并在产能有限时做出调整。

7. 差异化

企业需要动态调整对需求和供应的响应能力，以提高各个部门的净利润。企业可以通过细分客户并为其提供差异化服务的方式来增加销售额并降低成本，应尽量避免既忽视了对重要客户的服务又增加了不必要成本的“一刀切”战略。企业可以通过技术手段定义供应商并对客户进行细分，明确各项服务成本，并确定服务的优先级，对重要的客户给予更多的关注。

8. 风险管理

通过降低库存、离岸制造和合理的供应商基础来提高供应链效率的做法可能会导致供应链失去灵活性，使供应链更容易发生风险。再加上宏观经济的波动、产品生命周期缩短以及其他困难，管理者必须采取措施化解供应链风险。化解风险的第一步是区分风险，企业应使用预测和实时风险管理技术，结合情景规划和执行技术，为供应链注入活力。

上述能力并不全面。信息技术还需支持与供应链同步、供应链创新、绩效分析和改进以及盈利能力有关的举措。因此，企业必须定期对信息系统的能力进行重新评估和升级，以满足不断变化的供应链需求。

信息技术挑战

技术对提高供应链绩效和企业的竞争力具有巨大的作用。然而，技术只会促进供应链成功，并不能保证其成功。供应链管理者必须谨慎地评估其技术选择，并对采用新工具或更新工具时存在的潜在挑战和陷阱有所了解。

一个最根本的挑战是管理者存在一个不现实的期望，即认为所有的问题都可以通过技术来解决。管理者必须明白，技术只是辅助工具，而不是灵丹妙药。如果企业缺乏训练有素的人才、流程设计不当或数据不正确，技术也无能为力。这些问题必须在使用技术之前就得到妥善解决。

此外，要使技术发挥最大效用，企业不仅要在外部客户和服务提供商之间，而且要在供应链的内部成员（包括仓储、运输和销售等部门）之间形成明确的、共同的企业愿景和经营理念。此外，只有当供应链管理技术能够支持供应链参与者紧密协作并提升关键业务的可见性时，其才是有效的。

另一个挑战是企业内外部对供应链技术的使用并不一致。根据阿伯丁集团的一项研究，有大型公司报告说其国际供应链的自动化程度仅为国内供应链自动化程度的50%。总体而言，只有6%的公司报告说其拥有高度自动化的端到端和跨功能流程系统。为了充分利用技术的力量，企业应该使用一套统一的供应链软件来创建稳定的企业平台，确保数据可以在管理员之间实现有效流通，以帮助其进行准确的分析并做出明智的决策。

虽然付出了巨大的努力进行改进，系统整合仍然是许多企业发展的绊脚石。物流服务提供商的首席信息官认为，与客户信息技术的整合是其面临的最大挑战。在客户方面也存在一些整合挑战，这限制了技术的有效运用。高德纳的一项研究表明，对客户而言，供应链网络的复杂性和在整个供应链中提升可见性的困难是其面临的最大挑战。

实施状况欠佳是另一个技术陷阱。如果企业不能以分阶段、合乎逻辑的方式采用新技术来制订、变更管理计划，则会增加实施延迟、连接中断和供应链中断的风险。还有一些企业并没有为引入新技术做好人才方面的准备，人员培训不足可能会导致企业不能完全掌握该技术，因为员工并没有完全了解该技术的全部功能。此外，有一些企业没有为新技术的引入和实施提供足够的预算。

如果不加以解决，这些挑战将使企业无法实现其在购买供应链技术时想要实现的投资回报率。在 Peerless 研究小组的一项调查中，被调查对象也指出了其中的一些阻碍。图 4–2 列出了一些可能会降低投资回报率的影响因素。如果这些问题得不到妥善解决，企业在技术上的巨额支出的成效将非常有限。

不过这些挑战并非无法应对。许多企业已经成功地采用和实施了相关的供应链技术，以控制成本并提高可见性和服务水平。关键是要将引进技术视为改进业务的手段，而不是一个单纯的信息技术项目。供应链管理者必须在新技术工具的规划、实施和评估中发挥积极作用，而不是将全部责任和控制权下放给信息技术人员、软件供应商或外部顾问。

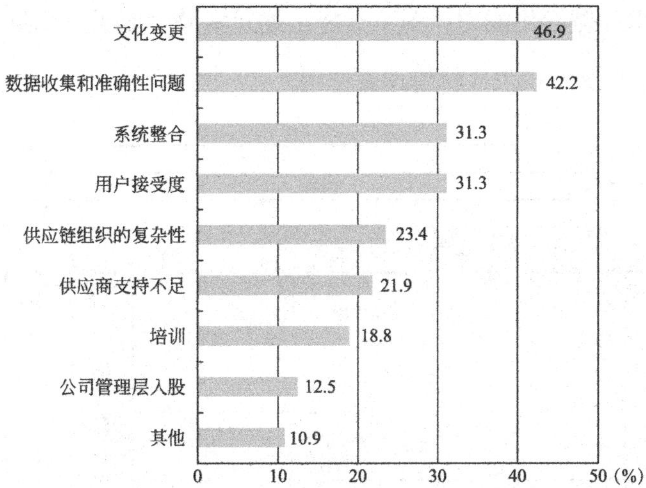

资料来源：Quinn, F. 2013, "Maximizing Your Return on Investment from Supply Chain Technology" and Supply Chain, 247.

图 4-2　降低投资回报的影响因素

信息技术框架

克服技术挑战可以通过有目的地将信息技术纳入整个供应链的管理框架来完成。当有意将技术、人员和流程整合到一起时，企业可以避免许多阻碍供应链活动的监督问题。对员工进行必要的培训，可以使他们掌握使用重要软件的技能，这样企业就可以利用新技术工具来更新流程。整合技术、人员和流程有利于更平稳地引入技术，并为企业带来更大的收益。

卓越供应链模型为搭建信息技术框架提供了良好的基础。除了训练有素的人员、功能强大的流程以及各种技术外，信息技术框架还包含关键技术要求和差异化能力。图 4-3 将上述元素整合成了一个具有逻辑性的信息技术框架，供供应链管理者使用。

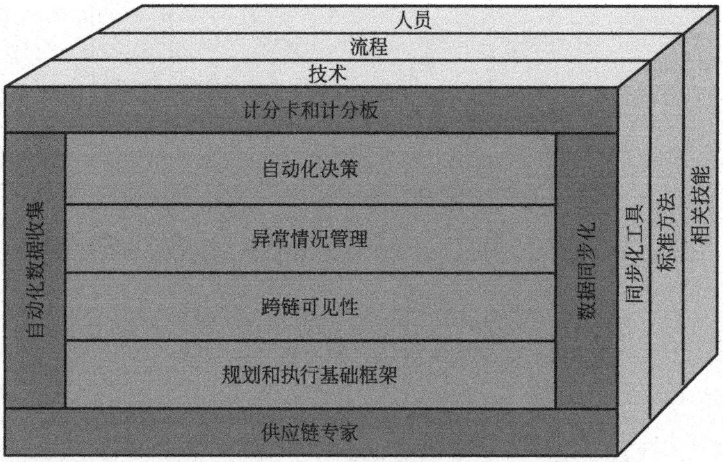

图 4-3 信息技术框架

软件和其他供应链技术组件本身无法为供应链管理者提供可用知识。如有可能，可以使用自动化工具来收集数据，并在整个供应链中进行信息同步。标准化、完整、准确且一致的数据有助于管理者成功地规划和执行基础框架。基于计算机的计分卡、计分板使企业能够实时监控和分析供应链的性能。该技术将提醒管理者注意异常情况，有时它也会对流程改进提出建议。最后，需要供应链专家从供应链技术中收集知识，以支持整个供应链运营（包括规划、采购、生产、交付和退货）的计划和决策。

在奠定了基础并满足关键要求之后，供应链参与者需要整合流程并改善信息系统的联通性，建立差异化能力。由供应链软件工具组成的规划和执行基础框架可提高供应链的响应速度、优化能力和系统联通性。可见性工具有助于重要信息在整个供应链中的及时流通，使供应链管理者的策略从被动应对转变为主动规划、协作和决策。异常情况管理功能可利用可见性快速检测问题，警告受影响的企业并触发纠正措施。自动化决策是差异化能力的巅峰表现，其通过异常情况管理功能和预先建立的规则评估事件、做出响应并推荐解决方案。

信息技术框架的基础要素、关键要求和差异化能力必须以合乎逻辑和顺序的方式发展。整个过程中企业需要有耐心，因为要实现显著的收益，需要提前花费大量时间来整合系统、同步数据以及将跨链协作制度化。对于那些肯将时间和资源投入一个具有凝聚力的信息技术框架中的企业来说，其获得的回报将是巨大的（将当今生成的大量供应链数据转化为可用情报）。

供应链软件

供应链信息技术框架的一个重要的组成部分就是软件工具，供应链管理者可以通过软件对相关数据进行分析，并根据分析结果采取行动。软件市场空间包括供应链技术，这些技术实际上解决了与供需同步相关的几乎每一种战略和运营问题。无论企业是否需要设计供应链网络、进行需求预测、优化全球运输、保持库存可见性或监控多渠道订单履行情况，总是有相关的软件可供其使用。这些软件利用最新技术强大的计算能力和通信能力帮助企业实施计划、执行和控制订单履行活动。

很多企业已经意识到供应链软件带来的潜在好处，并已花费巨资增强其信息技术能力。根据高德纳的统计数据，2011 年全球供应链管理软件的市场总额为 77 亿美元，比 2010 年增长了 12.3%。这是供应链管理软件市场连续第二年实现 10% 以上的增长，因为已经有越来越多的企业开始优先考虑在供应链软件方面的支出。这笔支出的一半左右用于购买 5 家解决方案提供商的服务，规模较小的参与者也在这个高度分散的软件市场中占据了很大一部分份额。表 4-1 列出了主要的供应链解决方案提供商。

表 4-1　全球前十大供应链管理解决方案提供商

排名	公司名称	2012 年收入	规划软件	执行软件
1	SAP（思爱普）公司	17 亿美元	有	有
2	甲骨文公司	15 亿美元	有	有
3	JDA 软件公司	4.26 亿美元	有	有
4	曼哈顿联合软件公司	1.6 亿美元	有	有
5	恩柏科软件公司	1.382 亿美元	有	有
6	IBM 公司	1.12 亿美元	有	
7	恩富软件公司	1.11 亿美元	有	有
8	红色草原公司（1）	1.05 亿美元		有
9	笛卡尔物流系统集团	0.96 亿美元		有
10	Kewill 系统	0.62 亿美元		有
10	Unit4 公司	0.62 亿美元		有

（1）2012 年底与 JDA 软件公司合并

改编自：Trebilcock, B. (2013.) Top 20 SCM software suppliers, 2013. *Modern Materials Handling,* 68(7), 32–36.

这笔支出主要用于购买有利于实现第 1 章讨论的供应链目标的一系列解决方案。图 4-4 对供应链软件进行了分类，并介绍了为整合系统奠定稳定基础的相关系统的情况。下文对每一类软件都进行了详细讨论，并重点探讨了其在供应链中的作用及其对提升供应链性能的贡献。

应该注意的是，企业仅购买单个类别的软件并不能最大限度地提高供应链效率。为了建立一个优质的供应链信息系统，必须从这些软件类别中进行协调性的选择和实施，这样才有助于企业提高供应链效率、为客户创造价值、提高响应能力和弹性，并获得最终的财务收益。

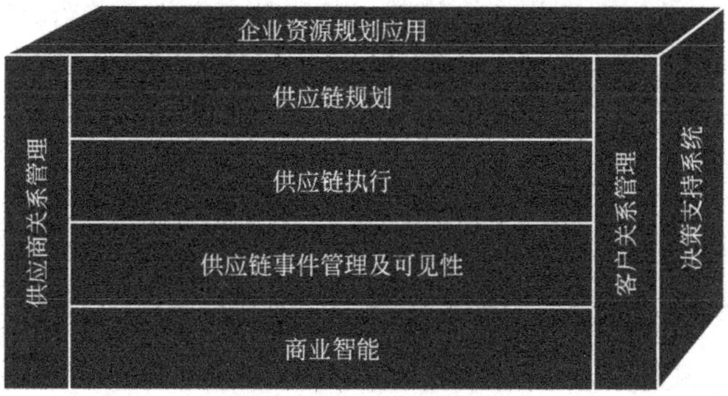

图 4-4　供应链软件

供应链规划

供应链规划软件涉及一套全面的工具，旨在帮助管理者就影响供应链活动计划和发展的问题获得更准确、更详细的信息。解决方案通常利用复杂的算法、优化技术和启发式方法在规定的计划范围内实现供应链目标。

利用供应链规划软件的总体目标是从手动的自主计划流程过渡到通过软件帮助企业利用实时数据并促进各部门以及供应商和客户之间的协作，并实现同步规划。最终，更强大的规划能力将帮助企业做出更明智的运营和战术决策，从而提高供应链流程的执行效率，减少浪费和缺货情况，并增强企业盈利能力。一个强大的规划软件将通过合理分配资源、进行需求预测并建立时间表来增强企业满足客户需求的能力。

合理利用这些软件工具的功能对于促进企业的成功变得越来越重要。原因之一是供应链规划正在变得越来越复杂。企业正面临着新的规划挑战，解决这些挑战需要更强大的计算能力，如了解全渠道需求、按库存单位进行商店需求预测，以及跨细分供应链同时管理多个计划。而且，规划和执行的整合能力也需要提高。在供应链规划软件中创建执行数据的反馈循环将为规划提供更可靠的信息。

根据高德纳的信息技术术语表，与供应链规划相关的术语位于事务系统一栏的最顶部位置，其可在现有约束条件下帮助制订计划、分析假设情景并实现实时需求。典型的供应链计划模块如下。

（1）总规划。

（2）供应链网络设计。

（3）销售和运营计划。

（4）采购计划。

（5）生产计划。

（6）分销计划。

（7）需求计划。

这些模块以整合的方式被纳入网络，如图 4-5 所示，通过这些模块，供应链管理者能够查看、分析、模拟和细分基本的数据。这为决策者提供了一个清晰的备选方案，使他们能够制订最有效的计划。例如，一个软件供应商的供应链规划套件由 20 个不同的应用程序组成，这些应用程序专注于从采购、生产到分销、销售的供应链全局的优化。这使得软件用户能够提高生产力、提高服务水平、降低运营成本，并推动利润增长。下面将对重要的规划工具进行介绍。

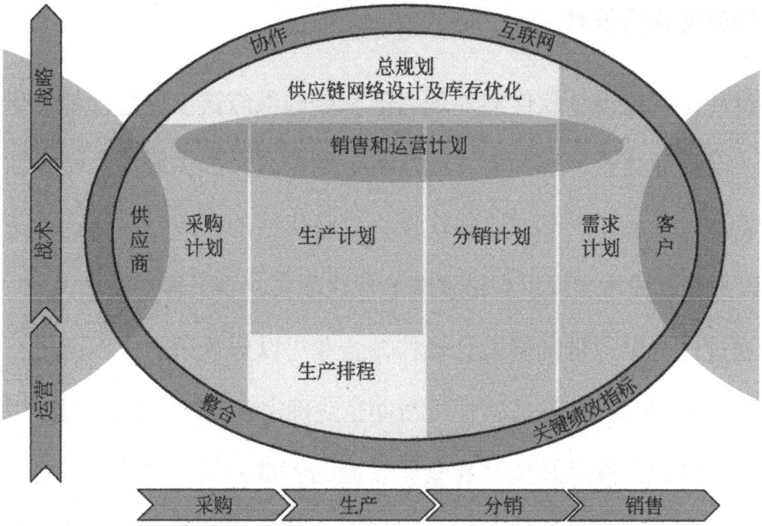

资料来源：*n.SDKEP Supply Chain Solutions Suite*.

图 4-5　供应链规划软件

总规划

总规划侧重于实现采购、生产、分销和销售活动的同步，以及时满足客户需求。总规划主要负责根据已确定的业务优先级有效地分配供应链资源，以最大限度地降低系统范围内的成本或在多个时间段内实现利润最大化。

总规划克服了手动计划系统耗时和延迟的缺陷，手动计划系统无法及时响应供应链中断或客户需求的变化。总规划能够通过可行的采购、生产和补货订单流程，提高供应链潜在问题的可见性，并提出可能的解决方案。此外，总规划降低了为维持稳定的物资流所需的库存水平，并更有效地利用了资本密集型资源，从而提高了供应链的效用。

供应链网络设计

供应链网络设计软件能对现有的和新的供应链设施进行基于事实的分析，以帮助企业了解如何才能最有效地为客户提供服务、合并新资产及开发新市场或新产品。这些软件将对替代性的供应链网络选项进行评估，以最低的成本实现供应链资源的优化配置，满足客户需求。

通过这些供应链网络设计软件，企业可以对复杂的供应链进行建模和仿真。就战略而言，这些软件可帮助企业确定合适的供应链设施的数量、供应链设施的位置以及生产和仓储设施的容量。就战术而言，这些软件可帮助企业确定产品的采购和生产位置，并为客户选择合适的服务点。此外，运营水平分析主要关注的是产品应如何通过供应链网络流通。

销售和运营计划

销售和运营计划是一个不断迭代的管理过程，主要是指根据企业的战略目标确定一个单一的运营计划，以实现供需同步。销售和运营计划建立在企业供应链管理者的共识之上。一个有效的销售和运营计划软件有助于企业降低生产成本，并将需求计划到零部件级别。销售和运营计划软件还涉及财务措施，可促进收入增长和提升整体盈利能力。

销售和运营计划软件主要包括预配置的流程和关键绩效指标，以创建用于平衡供需的框架。为了确保基于实时数据的行动计划的准确，这类软件将从当前的需求计划、销售预测和生产计划中获取关键信息。销售和运营计划软件还会使用计分卡来显示与设备、劳动力、设施、物料和财务相关的数据，从而为利益相关方提供一致的数据。最后，销售和运营计划使管理者可以通过分析假设情景来确定新策略、供应链中断以及其他事件的潜在影响。

采购计划

采购计划是指提前计划要购买的东西、购买时间以及购买渠道的过程。采购计划软件通过帮助企业确定在一段时间内会产生的所有需求并制订采购计划的方式来优化采购流程。制订采购计划的目的是确保企业从最优质的供应商那里获得零部件和原材料，以实施生产计划。

采购计划软件有助于企业统一控制战略采购流程，同时给予部门采购的自主权，加强其运营决策的灵活性。此类软件为优化采购流程提供了各种决策支持工具，包括分析可替代的采购交易、补货建议、最佳安全库存和服务水平，以及进行批量订购以降低运输费用。有效的解决方案将减少管理错综复杂且快速变化的采购流程的时间和成本。

生产计划

生产计划主要负责确保企业能够根据指定的时间表在指定的时间范围内提供足够的原材料、零部件和其他必要物品，以满足客户需求。制订生产计划的目的是通过更有效地利用资源以最大限度地减少生产时间和成本，并根据需求、库存水平、工厂产能和相关的约束条件优化主生产计划。

生产计划软件能够辅助企业对端到端的生产流程进行监控、管理、分析和报告。这类软件可帮助企业对生产计划进行建模，实现自动化的流程规划以及实时的监控。通过详细的产能计划和物料计划，关键部门可以快速评估企业的生产状态，创建物料需求计划并制订主生产计划。先进的规划部门能够支持实时的生产计划调整，允许计划外事件的发生，同时保持最佳生产量。良好的生产计划解决方案可以防止不必要的生产中断，同时提高生产效率、生产质量和利润率。

分销计划

分销计划包括各种各样着重于确保整个供应链的库存可用性的活动。通过这些流程，管理者可以利用相关信息确定补货时间及补货数量，以便维持足够的库存水平来有效地生产和履行订单。分销计划的目标是根据需求进行货物补给，避免缺货，最大限度地减少安全库存和运输支出，并降低产品过时的风险。

分销计划软件能够优化整个供应链中各利益相关方之间的日常库存流通。分销需求计划软件可根据实际的日消费量、剩余库存水平、生产能力和供应链约束条件建立订单，实现整个供应链中库存水平的同步，从而使产品可用性提高，同时将总库存、订购、保管和运输成本降至最低。其他分销计划软件则专注于优化配送流程，可优化配送路线、提高配送效率并降低运输成本。

需求计划

需求计划涉及多个步骤，旨在生成可靠的需求预测。制订需求计划的主要步骤包括：供应链中的利益相关方达成前端共识并给出计划范围；基于历史数据进行销售预测；协作处理异常情况；进行订单预测并建立一致的需求计划。有效的需求计划软件可以帮助企业提高销售和订单预测的准确性，使库存水平与需求的高峰和低谷保持一致，并提高既定渠道或产品的盈利能力。

需求计划软件主要为管理者提供准确、全面的信息，以帮助管理者预测和调整需求。这类软件可以将季节性、促销活动和产品生命周期等变化整合到需求分析和后续预测中。根据阿伯丁集团的一项研究，使用一流的需求计划软件可以提高预测的准确性，有效减少库存。

供应链执行

供应链规划软件生成的建议和决策由供应链执行软件执行。从下订单到交货，供应链执行软件能够促进供应链日常运营任务的执行。这些软件能够指导生产操作、控制订单履行流程，并指导产品的运输流通，以促进供应链的平稳运行并节约成本。

由于供应链执行软件快速的投资回报率及其对供应链的积极影响，企业对供应链执行软件的关注和投资正在逐步增长。供应链执行软件的成功实施为企业提供了更好的成本控制、更优秀的客户服务、更好的库存可视性、更高的数据准确性、更快的吞吐量以及更高的库存周转率。对物流服务提供商首席信息官的一项调查表明，供应链执行软件的上述优势仍然是企业不断在供应链软件上投资的主要原因。

2012 年，全球在供应链执行软件上的支出接近 25 亿美元。供应链执行软件方面约一半的支出用于仓库管理系统，其次是运输管理系统。根据 Peerless 研究小组的一项研究，大多数供应链执行软件的采用率还不到 50%，因此仍有很大的增长空间。未来相关的支出将继续集中在以上两类执行软件上，如图 4-6 所示。

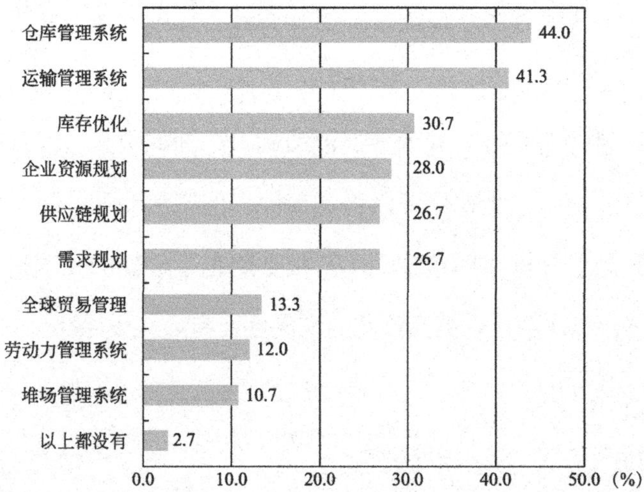

资料来源：McCrea, B. (2013d.). 11th annual software users survey: Caution remains. *Logistics Management* 52(6): 36−40.

图 4-6　未来的软件购买和升级计划

传统上，供应链执行软件是一种独立的应用程序，其专注于企业内部的物流活动，如订单管理、仓库管理、库存管理以及运输管理。随着企业慢慢将注意力转移到供应链执行软件的综合功能上，供应链执行软件的功能范围变得更加广泛，包括国际贸易管理、生产执行以及分布式订单管理。通过利用供应链执行软件的综合功能，企业受益颇多，可以使用通用数据来同步和优化满足客户需求所需的流程。接下来讨论主要供应链执行软件的功能和用途。

仓库管理系统

仓库管理系统广泛用于协调整个订单履行过程中的物流和信息流。仓库管理系统是一种软件控制系统，可通过高效的信息管理和仓库作业改善仓库的运营状况，并具有高度的控制和库存准确性。仓库管理系统的任务包括接收、上架、拣选、包装、运输、存储、工作计划、仓库布局以及分析活动。

仓库管理系统之所以被广泛使用，是因为其能够快速提升劳动效率、生产率、库存准确性以及设施利用率。仓库管理系统可以优化工作路径并提供明确的库存位置指示，使得劳动绩效得到改善。仓库管理系统通过提高有关库存水平、位置和到期日的数据的准确性，可以轻松管控库存。此外，仓库管理系统还可以通过验证技术帮助员工准确完成订单，从而避免在手货物的超量和短缺情况。仓库管理系统还可以通过探索最佳存储模式提升空间利用率。仓库管理系统可通过加速产品流通帮助企业缩短交货时间并释放营运资金。

除了执行优势外，仓库管理系统还具有战术计划和报告功能，帮助企业改善对执行操作的管理和控制。随着业务需求的变化，仓库管理系统还可通过产品生产速度和排期数据重新配置和优化设施中产品的布局。与劳动力管理工具进行整合后，仓库管理系统还可以用于计划和平衡劳动力需求。管理者也可以通过仓库管理系统在需求高峰和促销订单比较多的时候创建跨站台和直通功能。仓库管理系统的评估功能有助于企业对执行操作和流程改进计划进行分析。

虽然许多企业将仓库管理系统用作管理单个执行站点的点解决方案，但具有创新意识的企业已将仓库管理系统与其他计划和执行工具整合在一起，以增强供应链的可见性，加速产品、信息等的流通并控制成本。企业可根据生产计划表确定存储空间需求，根据入库交货信息制作接收计划表，并通过分布式订单管理工具查看仓库管理系统的数据库，根据成本和库存可用性确定订单履行的具体位置。无线技术和自动识别技术的进步正在促进无纸化、物料搬运设备的整合以及其他能够提高供应链性能的趋势的发展。

运输管理系统

供应链中物料的计划和流通由运输管理系统处理。运输管理系统的任务是运输行为的预测、执行和结算，着重优化成本和提高速度。但是，运输管理系统不仅是一种货运管理软件，当前的运输管理系统可提供计划、执行和评估等多种功能，可协助供应链管理者对包括基本的负载配置、复杂的运输网络优化在内的几乎所有运输领域进行管理。

运输管理系统的计划功能可帮助供应链管理者进行装运前的决策，包括供应链网络设计、车队计划、费率分析和签约、运输形式和承运商选择以及路线设计和调度。运输管理系统的优化功能使供应链管理者能够快速评估所有可能的交付选项，而不是手动设定运输所需的时间和天数，况且手动计划的可选项也非常有限。企业还可根据来自仓库管理系统、需求预测和客户订单的最新信息做出更有效的运输决策。

运输管理系统的执行功能可帮助运输经理改进与装运活动有关的决策，如装载招标、运输跟踪、交货预约跟踪、货运审计和付款。运输管理系统应该能够与订单管理系统和仓库管理系统实现无缝对接，根据订单大小、始发地、目的地和服务要求快速识别运输需求。通过提高执行活动的自动化水平，运输管理系统可以帮助企业减少错误和运输延误，提高可视性，并使与标准操作程序的偏离最小化。其结果将是更低的成本以及质量更高的交付过程。运输管理系统的评估功能为企业提供了发货后快速分析与及时性、成本、安全性和客户满意度相关的交付指标的能力。许多企业需要的信息均可由运输管理系统直接捕获，其他数据则来自其他系统及交货文档。一个强大的运输管理系统能够在性能报告和计分卡中合并显示数据，这些数据可用于运营商的基准测试、调整行动计划和未来的购买决策。

随着越来越多的企业试图通过优化运输来提高供应链的效率，运输管理系统的市场正以超过 10% 的年增长率迅速增长。据高德纳咨询公司的数据，2012 年运输管理系统支出比上一年增长了 14%。增长的部分原因在于运输管理系统功能的不断发展，包括私人车队、将承运商信息输入运输管理系统中的软件供应商，以及多种全球交付模式的出现。此外，以云计算为基础的运输管理系统的出现提高了系统的承载能力并缩短了实施时间，这吸引了中小型承运商使用该技术。

生产执行系统

生产执行系统是用于管理工厂车间在产品的控制系统。类似于仓库管理系统，生产执行系统可跟踪生产订单的进度和完成情况，管理产量并收集报告数据。生产执行系统还能以电子方式向工作人员发送订单，根据需求变化更改时间表，并在发生设备故障或质量问题后迅速恢复生产流程。

生产执行系统具有诸多好处，这些好处足以证明投资生产执行系统是合理的。生产执行系统可通过提高设备吞吐量缩短产品的生产周期，通过提高产品质量降低成本，并通过严格遵守合规性和治理规则避免不合规处罚。生产执行系统可帮助管理者评估每个流程的执行情况，以找到新的方法改进流程，从而在制造过程中节省时间、资金和原材料，并进行详细分析以提高生产率。此外，企业还可以将生产执行系统与其他报告系统（如企业资源规划系统和业务流程管理系统）绑定在一起，以对生产能力有更全面的了解。

生产执行系统的以上优势是其被不断采用的原因。生产执行系统的应用市场规模在不断增长。生产执行系统能够与其他供应链计划和执行工具进行整合，以提高供应链可见性并提供其他的新兴功能，这也是该系统被越来越多的企业采用的原因。现在安装生产执行系统所需的自定义编码要少得多，这意味着企业可以以较低的投资额更快地将其投入使用。

国际贸易管理

第5章将介绍订单履行的管理和国际订单的交付，这是一项非常复杂的工作，涉及政府合规性、相关税费、国际贸易术语以及通过提高可见性对供应链进行管理。为了应对这些挑战，企业纷纷将目光转向国际贸易管理。国际贸易管理系统避开了纸质化的人工干预流程，可帮助企业从自由贸易协定中受益，并增强供应链弹性。

这些高度自动化的软件系统以电子方式实现跨境贸易伙伴之间的信息共享，以强化进出口流程管理、全球物流运输管理以及贸易协议管制。企业采用国际贸易管理的好处包括更有效的协作和信息传递、更低的在途库存水平、更少的加急费用、更少的经纪人费用、更少的货物保险费用以及各种融资方面的益处。

分布式订单管理软件

分布式订单管理软件是供具有复杂供应链网络的企业使用的中央订单协调中心。零售商可以通过分布式订单管理软件捕获、管理并优化订单，不管订单是来自计算机、零售商店、报摊还是移动电话。捕获订单后，分布式订单管理软件便开始工作，根据库存可用性、交付成本、订单处理能力、客户需求以及其他因素选择最合适的执行工具或渠道为客户提供服务。如果能够有效利用分布式订单管理软件，零售商将能以最有效的方式满足客户的服务要求。

完善的分布式订单管理软件可为客户和零售商带来诸多好处。客户不再受本地产品供应或库存水平的限制，该软件还可以监控订单和装运的状态，并且可以灵活且方便地将货物退回供应链网络中的任何位置，而无须考虑订单履行位置。零售商可以更好地满足客户需求，而无须增加库存或设施投资，并且可以知晓整个供应链的库存情况并从任意渠道取货。作为绩效数据的一个来源，分布式订单管理软件还有助于跨网络分析及改进。

其他供应链执行软件

核心的供应链执行软件有许多解决方案的支持，这些解决方案能够控制相关资源和辅助活动。开槽软件可根据仓库中的需求速度评估和调整产品位置，以最大限度地提高订单拣选效率。堆场管理系统可以控制货运集装箱进出供应链设施，以减少延误和阻塞。劳动管理系统则根据工作量和工程劳动标准为订单履行人员分配工作。开票系统可以使物流服务提供商的开票流程自动化。

供应链事件管理及可见性

每个供应链规划和执行软件的解决方案都有助于企业高效地满足客户需求。如果一切都按照计划进行，这些软件会运行良好，但是如果发生了供应链中断或其他故障，这些软件可能会崩溃，老旧的软件尤其如此。因此，企业需要另一套名为供应链事件管理软件的工具来克服这一不足。这些辅助工具可满足企业对准确、及时的信息管理的需求，以确保准时交货、降低库存水平并在正确的时间将正确的产品放置在正确的位置。

供应链事件管理的目标是让所有用户（从材料供应商、采购商到仓库经理、产品承运商）对整个供应链中发生的活动有所了解。供应链事件管理软件能提高关键供应链流程的可见性，能及时发现不能按照计划或时间表履行订单的情况，并根据预定义的工作流程规则给出纠正措施和建议。根据这些预定义的工作流程规则，供应链事件管理软件可以提供相关建议，使决策者可以在成本、时间和客户服务要求方面实施最佳替代方案。

例如，供应链事件管理软件可以监控某家电子工厂与零售分销中心之间的液晶电视机的交付情况。如果装着液晶电视机的集装箱在港口或海关被拦下，则利益相关方将收到交货延迟的通知。供应链事件管理软件可以针对此事提出相应建议，如通过其他港口重新运送集装箱、更改最终的交付方式或将货物交给能够提供加急服务的承运商运送。管理者可根据此信息对交付方式进行修改或同意延迟交货。

供应链事件管理软件不仅能够用于运输，还可用于监控库存的保留、产品在仓库中的位置、生产者对订单的承诺以及其他的业务流程。使用供应链事件管理软件之前，企业需要明确供应链流程中的关键事件，确定可能发生的问题的类型和潜在严重性，设置问题阈值级别以警示利益相关方，并确定纠正措施。应用供应链事件管理软件的目标是使管理者能够及时、清晰地发现对质量、成本和客户服务产生负面影响的供应链的中断和异常情况。

软件供应商越来越多地将供应链事件管理及可见性解决方案整合到供应链执行软件（如库存管理系统、运输管理系统以及生产执行系统）中。这将加快企业识别和解决超出原计划允许范围的意外事件的速度。这些工具整合得越好，供应链的绩效就越高。在这样的情况下，管理者将根据事实而不是假设开展管理，并且可减少对超时或经常变更的订单的需求，也可减少对加急运输或安全库存的需求。

商业智能软件

通过关键绩效指标衡量供应链成功与否是一项长期的实践。本章讨论的软件工具通常具有数据提取和报告生成功能，这些功能可协助管理者了解供应链的性能并确定需要改进的地方。商业智能软件通过将分析功能自动化并以更易理解的可视方式显示分析结果，从而满足管理者分析数据和挖掘详细报告的需求。商业智能软件将数据从整个供应链的执行系统提取到数据仓库，并在其中进行快速分析。新信息将被发送给一线员工和高管，以便其做出更有效的计划和决策。

除了数据收集和分析功能外，商业智能软件还支持显示自助服务报告、供应链性能计分卡、预期目标计分表以及其他图像化的报告，同时通过监控供应链活动进展来促进事件管理。这些功能可以使企业在没有信息技术部门支持的情况下能够更好地访问多个平台上的数据，提高决策者对现状的了解，并提高整个供应链的协作水平。商业智能软件还能增强企业的基准测试能力。

商业智能软件不断提高的用户友好性和潜在收益正在推动该软件的广泛应用。如果使用得当，商业智能软件将帮助企业认识到问题的根源，做出更强大的决策并为企业创造竞争优势。商业智能软件的益处包括能提供对复杂的全球运营有价值的见解、能提供更加精细的可见性和支出分类、能改进销售和运营计划和需求预测，以及能解决供应链中与物流相关的难题。

强大的商业智能软件带来了切实的好处。根据阿伯丁集团的一项研究，领先的使用商业智能软件的企业的平均现金转换周期为 39 天，而行业平均为 48 天。这些企业的客户服务水平显著提高了 96%，而行业平均水平为 84%。另一个备受关注的业绩指标是预测准确率，这些企业的管理者的需求预测准确率为 79%，而行业平均水平为 65%。总体而言，强大的商业智能软件能帮助企业更好地管理数据并降低成本。

辅助工具

与以往用于捕获和管理供应链数据的电子表格工具相比，供应链规划、执行、事件管理和商业智能软件等工具取得了巨大的进步。尽管如此，最新的工具仍不可能真正独立运行，还需要依靠其他来源的数据，而且管理人员必须使供应链决策与企业的目标和流程保持一致。上文简要讨论的系统、软件强化了供应链流程、企业以及外部利益相关方之间的联结，各方需要共同努力，对供应链形成准确、全面的了解。

企业资源规划系统

企业资源规划系统是一种多模式应用程序平台，可帮助企业管理重要业务。企业资源规划系统最初主要应用于生产流程，现在则专注于通过通用软件平台和集中式数据库系统在整个企业中对信息和活动进行整合。通过企业资源规划系统实现整合的主要业务流程包括财务、计划、工程、人力资源、采购、生产、库存和物料管理以及订单处理等。集中式的共享数据库系统将整个企业联系在一起，从而允许一次性输入信息并将其提供给所有客户，业务流程也可以实现自动化，以快速、准确地开展业务。

随着时间的流逝，传统的供应链技术与企业资源规划系统逐渐融为一体。主要的企业资源规划系统供应商正在全力开发更具竞争力的供应链软件，如仓库管理系统、运输管理系统和其他管理系统。尽管这些软件可能不如同类单独的、专业的供应链软件那么强大，但其确实能够利用已经存储在企业资源规划系统中的数据和信息，体现作为一站式解决方案的优势，并具有通用结构，能够减少安装时间并降低工作量。

随着企业资源规划系统向供应商关系管理方向发展，采用企业资源规划系统的供应链的价值正在不断提高。供应链参与者可以通过企业资源规划系统访问关键信息和数据，以评估库存可用性、生产进度以及交付信息。这种可访问性的增强可以提高供应链的可见性，使企业更快、更准确地进行交易，并增强决策能力。

供应商关系管理

供应商关系管理是一种综合性方法，主要是指对企业与产品和服务提供商之间的交互进行计划和管理。供应商关系管理创建了一个通用的参考框架，从而使可能具有截然不同的商业实践和理念的企业能够实现有效的沟通。有效的沟通需要供应商关系管理软件的支持，该软件有助于优化设计协作、采购决策、谈判以及采购流程。供应商关系管理软件还可以帮助企业评估整个合同生命周期中供应商的风险、绩效和合规性。

供应商关系管理软件以及相关软件的目标是简化交易流程、简化信息流并改善采购流程。有效地将功能强大的供应商关系管理软件与采购流程结合，将使企业能够持续以最低的价格获取所需的库存。交互将在供应商关系的整个生命周期、跨业务部门和跨职能部门之间以系统、整合的方式进行并得到管理。此外，企业可以利用供应商的资产、专业知识和能力来获得竞争优势。

客户关系管理

客户关系管理是一个信息工业术语，它指的是帮助企业有组织地管理客户关系的方法、软件。企业需要更多地了解客户的需求、行为和需求模式，以便能与客户建立更牢固的关系。客户关系管理有利于更好地销售和营销，供应链管理者主要通过改善所有渠道（网站、实体店、呼叫中心和直销）的库存可用性和客户服务与客户建立牢固的关系并留住客户。

客户关系管理系统会将所有的参与者联系起来，并在协调和标准化客户关系方面发挥关键作用。其操作系统（如销售和库存系统）和分析系统之间的数据流通过事物记录对相关信息和模式进行排序，供应链分析师可以对这些数据进行梳理，以获得对每个客户的宏观了解，并找出需要改善的地方。

自动识别技术

供应链软件本身无法为供应链管理者提供可用信息。技术人员可以使用自动识别技术快速、准确地捕获相关数据，并在计划和执行供应链流程时进行信息同步。自动识别技术可以通过条形码标签、射频识别标签以及相关的硬件和软件来识别对象、捕获有关对象的信息，并将数据直接反馈到供应链系统中，而几乎不需要人工参与。

当产品在供应链中的转移点之间流通时，自动识别技术可促进总资产的可见性提高和产品控制。由于可以连续获取数据，因此该数据比定期收集的数据（如库存对账数据）更新。由于很少有人工参与数据收集的过程，采用自动识别技术读取数据成本更低，并且通常更加准确，误读和记录错误也更少。由此产生的及时、准确的数据可用于辅助进行货运跟踪、产品追溯、供应链事件管理以及补货。

未来技术展望

作为许多领域的辅助功能，供应链技术的前景正在不断变化。新的供应链要求和不断变化的需求推动了技术创新，而技术的不断突破又催生了能更有效地管理供应链信息的新方案。此外，解决方案供应商之间的合并与协作推动了供应链管理软件在功能和整合方面的改进。

行业观察家指出了 3 种技术机遇，其可能会在未来几年内影响供应链管理者捕获和利用数据的方式。下面将对每种方法分别进行讨论。

1. 云计算

云计算正在成为按需访问供应链软件和数据共享的可行选择。美国国家标准与技术研究所将云计算定义为：云计算是一种模型，可以方便地按需访问可配置计算资源（如网络、服务器、存储空间、应用程序和服务）的共享池，这些资源可以在管理工作或服务提供商交互最少的情况下被快速调配和释放。

人们对云计算的兴趣主要在于其经济、架构和战略方面的价值。云计算的经济价值在于按需付费，以及能够避免巨大的前期基础设施投资成本，这使得中小型企业也可以使用供应链软件。架构价值在于软件开发和部署的环境简单且一致。战略价值体现在云平台的存在使得企业可以从战略上仅关注核心竞争力，同时以合适的价格购买第三方技术专家的技术。

云计算可以帮助企业加强供应链的可见性和端到端的供应链同步性。供应链中的所有参与者都可以通过同一个系统看到相关的供应链信息，因此云计算并消除了阻碍事件管理响应的信息时滞，让解决问题成为持续的供需平衡工作的一个常规部分。

2. 移动性解决方案

智能手机、平板电脑和其他移动设备的普及将从消费市场转移到工作场所。移动设备正在朝着更小、更便宜和移动性更强的方向发展，供应链管理者可以在配送中心、工厂和场外随时获取关键决策信息。移动设备增强了员工的可见性、凝聚力和沟通能力。人工纸质流程也被使用手持设备实时捕获、跟踪和报告数据的电子流程取代。

移动性解决方案的未来似乎是无限的。智能手机的摄像头已经可以扫描快速响应代码以查找价格和库存状态，附加设备可以将平板电脑转变为造价极低的分销数据终端，软件供应商也在不断开发可在智能手机和平板电脑上使用的移动端应用程序。在不久的将来，企业与供应商和客户建立联系、共享文档以及与同事和业务伙伴举办讨论论坛的网络社交能力将不断增强。博客和社交媒体中嵌入了大量的客户和产品反馈信息，供应链管理者可以分析和利用这些信息来改进产品的设计、采购、生产和流通流程。

3. 商务分析

使用技术管理供应链的结果就是产生了大量的数据。这既是福音，也是祸根，因为供应链管理者必须像淘金者一样在“大数据”中筛选出有价值的信息。商业智能软件可以通过指标、报告、计分板、计分卡和查询等方式对供应链的历史表现进行分析，其主要负责解决与发生的事件、时间以及程度有关的问题。

企业还需要关注事件发生的原因、事件再次发生的可能性以及事件的影响等问题，商务分析软件可以通过高级定量分析、数据挖掘和预测建模来解决这些问题。商务分析软件还能够快速分析大量数据，以解决与需求、不确定性和风险有关的重要的供应链问题，尤其是对扩展了的供应链而言。管理者需具备将商务分析结果转化为有利于企业、供应链参与者和客户的决策的能力。

小结

有人称信息是企业的生命线，推动企业进行有效的决策和行动。信息对于供应链管理者来说尤为重要，因为他们很少能直接接触外部的供应链流程。掌握准确且及时的信息直接有利于管理者了解关于供应商合规性、生产计划、客户需求、库存水平和运输流程的供应链信息，这些信息对于推动企业成功地进行情景评估和决策至关重要。

为了促进信息互通并提高供应链的可见性，各企业都在争相投资信息技术工具、供应链软件和各种网络功能。本章着重介绍了信息对战略规划、战术决策和流程执行的重要性。企业需要保证高质量的信息能够在企业内部及整个供应链中方便地传递给利益相关方和服务提供商。

信息的利用需要技术的辅助。企业需要选择各种本章所讨论的有利于优化供应链并提高产品上市速度、敏捷性和协作性的工具。供应链管理者还应采取措施避免由技术带来的风险和挑战。最重要的是，管理者需要认识到，技术只是一种辅助性工具，而不是能够解决供应链出现的所有弊病的万能良药。

选择有助于自动化决策、异常管理、跨链可见性、规划及执行基础框架的软件将为企业提供强大的技术基础。本章主要介绍了各种用于规划、执行、管理和评估供应链流程的各种重要的软件解决方案，以及能够帮助企业利用科技改进供应链并为企业带来竞争优势的新兴技术。

技术具有促进供应链成功的潜力。为了将这种潜力变为现实，供应链管理者需要时刻关注有用信息，了解各种供应链软件，明智地选择适合的解决方案，并成功应对关键挑战，帮助企业利用信息技术创造价值。

尾注

[1] Accenture. (2009) *High performance in a volatile world: Seven imperatives for achieving dynamic supply chains.*

[2] ARC Advisory Group. (2012) Supply chain sophistication drives supply chain planning growth. *Supply Chain Planning.*

[3] Banker, S. (2012) To understand a supply chain, you need to model it with supply chain design tools. *Logistics Viewpoints.*

[4] Banker, S. (2013) Distributed order management: A critical application. *Logistics Viewpoints.*

[5] Blanchard, D. (2008) Top 10 demand planning strategies. *Industry Week.*

[6] Bordner, T. (2013) The new world of global trade management. *Supply Chain Brain.*

[7] Bozarth, C. C., and Handfield, R. B. (2013) *Introduction to operations and supply chain management.* Upper Saddle River, NJ: Pearson Education.

[8] Brady, J. (2013) The five main supply chain challenges companies face

today. *The Edge.*

[9] Burger, D. (2011) Aberdeen examines BI in the supply chain. *The Four Hundred,* 20(19).

[10] Cecere, L. (2012) Preparing to run the race: Supply chain 2020. *Supply Chain Shaman.*

[11] Chopra, S., and Meindl, P. (2013) *Supply chain management: Strategy, planning, and operation.* Upper Saddle River, NJ: Pearson Education.

[12] Coyle, J. J., Langley, C. J., Novack, R. A., and Gibson, B. J. (2013) *Supply chain management: A logistics perspective.* Mason, OH: South–Western Cengage Learning.

[13] Cudahy, G. C., George, M. O, Godfrey, G. R., and Rollman, M. J. (2012) Preparing for the unpredictable. *Outlook: The Online Journal of High–Performance Business*.

[14] Enslow, B. (2006) *Global supply chain benchmark report*.

[15] Ernst & Young. (2011) *Operational agility: From supply chain to integrated value chain.*

[16] Gartner. (2012) Gartner says worldwide supply chain management software market grew 12.3 percent to reach $7.7 billion in 2011. *Gartner Newsroom*.

[17] Genpact. (2013) Integrated business intelligence solutions.

[18] Gonzalez, A. (2013) A pulse on social networking for supply chain management. *Talking Logistics.*

[19] Gourdin, K. (2006) *Global logistics management.* Malden, MA: Blackwell Publishing.

[20] Hausman, W. H., Lee, H. L., Napier, G. R. F., and Thompson, A. (2009) *How enterprises and trading partners gain from global trade management.*

[21] Heaney, B. (2013) *Supply chain visibility: A critical strategy to optimize cost and service.*

[22] Hitachi Consulting (2007) *Sales and operations planning: The basics.*

[23] Holcomb, M., Nightengale, T., Ross, T., and Manrodt, K. B. (2011) *20th annual trends and issues in logistic and transportation study: The new normal.*

[24] Hughes, J., and Wadd, J. (2012) Getting the most out of SRM. *Supply Chain Management Review*, 16(1), 22–29.

[25] Klappich, C. D. (2012) A strategic shift. *CSCMP's Supply Chain Quarterly,* 6(Special Issue), 43–44.

[26] Maloney, D. (2006) More than paper savings. *DC Velocity*, 4(1), 62–64.

[27] McCrea, B. (2012) 2012 Supply chain software users survey: Spending stabilizes. *Logistics Management,* 51(5), 38–40.

[28] McCrea, B. (2013a) ERP vs. best-of-breed. *Logistics Management,* 52(7), 44–47.

[29] McCrea, B. (2013b) Software vendors innovation drives growth in the transportation management systems market. *Supply Chain 247.*

[30] McCrea, B. (2013c) Wireless & mobility: 8 trends taking us closer to

visibility. *Logistics Management,* 52(8), 58–60.

[31] McCrea, B. (2013d) 11th annual software users survey: Caution remains. *Logistics Management* 52(6): 36–40.

[32] McFarlane, D., and Sheffi, Y. (2003) *The impact of automatic identification on supply chain operations.*

[33] Moore, P., Manrodt, K., and Holcomb, M. (2005) *Collaboration: enabling synchronized supply chains, year 2005 report on trends and issues in logistics and transportation.*

[34] Napolitano, M. (2012) Maximize your WMS. *Logistics Management.*

[35] National Institute of Standards and Technology. (2011) The NIST definition of cloud computing, *NIST.gov.*

[36] Norek, C., and Gibson, B. (2012, Winter) Distributed order management: How should retailers enable fulfillment across multiple channels? *Logistics Quarterly*, 2011(12), 36.

[37] Norek, C., and Sykes, S. (2004) Supply chain event management: Is it time to implement? *Logistics Quarterly*, 10(3). 3–4.

[38] O'Marah, K. (2013) Get ready for supply chain in the cloud. *SCM World.*

[39] Otto, A. (2003) Supply chain event management: Three perspectives. *International Journal of Logistics Management*, 14(2), 1–13.

[40] Partridge, A. R. (2013) Business intelligence in the supply chain. *Inbound Logistics,* 33(4), 39–46.

[41] Pearson Specter, S. (2013) Trends transforming supply chain infrastructure.

MHI Press Release.

[42] Premus, R., and Sanders, N. (2005) Modeling the relationship between firm IT capability, collaboration, and performance. *Journal of Business Logistics*, 26(1), 1–23.

[43] PwC. (2013) *Global supply chain survey 2013: Next-generation supply chains efficient, fast and tailored.*

[44] Quinn, F. (2013) Maximizing your return on investment from investment in supply chain technology. *Supply Chain 247.*

[45] Reynolds, S., and Khan, T. (2013) *2012–2013 Transport & logistics CIO report*.

[46] Riley, J. (2012) ICT: What is good information?

[47] Rogers, L. K. (2011) Supply chain software basics: Supply chain execution. *Modern Materials Handling,* 66(11), 26–34.

[48] Rouse, M. (2005) Supplier Relationship Management (SRM). *SearchSAP TechTarget.*

[49] Rouse, M. (2006) CRM (Customer Relationship Management). *Search CRM Tech Target.*

[50] Rouse, M. (2010) Business Analytics (BA). *SearchBusinessAnalytics, TechTarget*.

[51] SC Digest Editorial Staff (2013) What is the state of supply chain planning?

[52] Sengupta, S. (2013) 10 trends for the next 10 years. *Supply Chain Management Review,* 17(4), 34–39.

[53] Simchi–Levi, D., Kaminsky, P., and Simchi–Levi, E. (2008) *Designing and managing the supply chain: Concepts, strategies, and case studies.* New York: McGraw–Hill/Irwin.

[54] Stock, J. R. (2013) Supply chain management: A look back, a look ahead. *CSCMP's Supply Chain Quarterly*, 7(2), 22–26.

[55] Trebilcock, B. (2013) Top 20 SCM software suppliers, 2013. *Modern Materials Handling*, 68(7), 32–36.

[56] Wailgum, T. (2010) CRM definitions and solutions. *CIO.*

[57] Weiss, T. R. (2011) Manufacturing Execution System (MES) FAQ. *Manufacturing execution systems strategy update: Trends and tips for 2011.*

[58] Wisner, J., Keong Leong, G., and Tan, K. C. (2011) *Principles of supply chain management: A balanced approach* (3rd ed). Mason, OH: South–Western Cengage Learning.

05

全球供应链管理

全球供应链每年都要促成价值数万亿美元的国际贸易。事实上，在过去的20多年里，随着各国将注意力从占据大头的国内贸易转移到更广泛的国际贸易，国际贸易额暴增。随着国际贸易水平的提高，供应链也变得越来越复杂。

跨国企业成功的一个关键因素就是拥有一个卓越的全球供应链。全球供应链网络的管理必须能够有效地协调供应链网络中各个企业的不同活动。在一个复杂且地理位置分散的全球供应链网络中，协调多个企业的多个职能部门存在许多挑战。然而，如果执行得当，企业就可能创建一个能够实现产品或服务无缝流通的供应链，从而更好地满足客户需求。

响应全球客户的需求

建立供应链网络是为了实现成功满足客户需求的目标。虽然这听起来很简单，但请问问您认识并定期进行互动的朋友，他们喜欢具有相同功能的相同产品吗？他们会驾驶相同的汽车、穿着相同类型的衣服吗？显然不是，但是在许多情况下，这些人就是与您有最多相似点的人。

任何一家大型服装店都会有许许多多不同款式、不同尺寸、不同颜色的衣服。走在杂货店的过道上，看看有多少不同种类的食品和饮料可供购买。为了满足客户需求和创造销售收入，企业都在努力为客户提供大量种类的产品以供客户选择。然而，虽然在当地的服装店或杂货店能看到琳琅满目的商品，但一个商店不可能提供世界上所有的产品。

逛逛其他地方，你就会发现许多当地商店没有的产品，出国旅行时，你会发现许多以前从未见过的产品。客户的口味和喜好差异极大，因此全球范围内的产品种类繁多。然而，虽然能够完全满足客户的个人需求的定制产品很不错，但是为每个客户定制产品既昂贵又不切实际。

对于一家试图有效地为各种各样的客户提供服务的跨国企业而言，其最大的挑战之一就是在满足单个客户的需求与设计一种能够保持高效率的系统之间取得适当的平衡。流程标准化可以提高效率，产品定制有助于吸引并留住新客户。要在这两个看似相互对立的目标之间取得理想的平衡是非常困难的。实际上，企业在平衡的过程中需要不断进行微调，需要使整个全球供应链网络具有敏捷性和灵活性。

大量的供应链规划源于如何为全球客户提供最佳服务的问题。为了能够适当地服务多样化的全球客户，全球供应链规划者需要设计出能够解决这个问题的供应链网络。大多数成功的供应链都曾试图透彻了解其客户。一旦对特定区域的客户有了足够的了解，供应链管理者就可以按照国家或地区准确细分客户。如此一来，全球供应链规划者便可以开始设计专门服务于特定国家或地区的客户的功能。

在理想的情况下，营销经理希望企业能够提供完全适合世界各地每个客户的高度定制化的产品。但是，供应链管理者倾向于采用尽可能标准化的集中化策略进行生产，以便有效地管理全球供应链网络。因此企业需要在二者之间保持平衡。尽管集中化生产策略是提高效率的理想选择，但全球范围内的标准化实践不太可能满足各个国家或地区的多样化需求。

最终，需求是由客户带来的，这就为企业带来了持续不断的挑战，因为客户的口味和偏好并不是一成不变的，再加上随时有新产品上市，这就使客户的购买习惯处于不断变化的状态。因此，现今的全球供应链必须能够适应不断变化的市场环境。为了在这种环境下实现有效运营，供应链管理者需要具有识别供应链趋势并在必要时改变供应链网络的能力。供应链管理者如果能尽最大努力发现和适应最新趋势，并相应地调整供应链网络，就能够实现支持企业满足客户需求的目标。

要始终如一地满足客户需求，适应性便成了关键。从供应链中的最终用户一直到原材料供应商，一个由各个实体企业构成的复杂实体网络必须能有效地实现各种各样的功能，以创建无缝衔接的采购、制造和交付系统。考虑到为实现服务不同客户群的目标需提供多种产品、供应商类型、制造商位置以及多种分销选择，企业管理这类系统的挑战就更大了。供应链的复杂性，尤其是全球供应链的复杂性，对所有的供应链管理者而言都是一个不小的挑战。

当今许多成功的企业建立了复杂的全球合作伙伴网络。其中一些合作伙伴可能有助于有效供应原材料、零部件以及其他物品或服务，另一些合作伙伴可以协助企业实现其生产目标、产品组装目标和分销目标，还有一些合作伙伴可能专注于开发新市场、增加销售量、建立和扩大全球客户群。无论供应链网络合作伙伴的具体角色如何，企业在全球开展业务都会面临重大挑战。

金融和投资因素

在国际上开展业务时，企业可能会面临独特的财务挑战并需要做出复杂的投资决策，这远远超出了在国内开展业务时企业面临的挑战。为了利用新的市场机会，想要进行全球扩张的企业将面临无数问题。如何进入市场？或许可以与国外的商业伙伴合资，但考虑到具体情况，某种类型的许可或特许经营协议可能会更合适。进入新市场有哪些潜在的风险和回报？每种进入新市场的方式都有哪些优点和缺点？虽然没有必要考虑所有可能的全球业务决策，但还是要注意与大多数全球企业有关的一些最常见的问题。

大多数全球企业需要面临的一个问题就是必须使用多种不同的货币进行交易。一家从事国内业务运营的美国公司仅以美元进行交易，这使得定价和付款方式相对容易执行。但是，当这家美国公司与欧洲供应商合作时会发生什么呢？欧洲供应商可能希望以欧洲的标准或首选货币进行此类国际交易。

我们可以想象一下以下情形。这家位于美国的公司与欧洲供应商签订了一份合同，由欧洲供应商提供 10 000 件产品，每件的价格为 10 欧元（1 欧元约合 7.96 元人民币）。这家美国公司计划将产品带到美国，然后以每件 20 美元的价格卖给美国客户。签署协议时，1 美元约合 0.8 欧元。因此，该美国公司预计付给欧洲供应商 100 000 欧元，在协议达成时，这相当于 125 000 美元。

该美国公司还需要支付 25 000 美元的物流和包装费用。这家美国公司预计，一旦将产品全部出售给美国客户，该公司的销售收入将达到 200 000 美元。该美国公司的销售收入为 200 000 美元，预期成本为 150 000 美元（产品成本为 125 000 美元，物流、包装费用为 25 000 美元），因此该美国公司从中获得的利润其实很少。该公司从欧洲供应商处收到的发票上的金额预计为 100 000 欧元。不幸的是，当美国公司去银行付款时，被告知需要支付近 143 000 美元！发生了什么呢？很简单，因为本国货币相对于其他货币的价值会随时变化，付款时 1 美元约合 0.7 欧元。

在协议签署日和付款日之间，美元相对于欧元贬值。虽然在最初签署协议时 1 美元值 0.8 欧元，但不幸的是，美国公司付款时，1 美元只值 0.7 欧元。因此，支付 100 000 欧元所需的美元比预期的多。现在美国公司的利润不是 50 000 美元，而是约 32 000 美元。虽然各个公司也可以采取一些措施来规避汇率波动带来的风险，但这仅是国际交易面临的挑战的其中一个例子。

文化和交流因素

与位于世界各地的企业进行贸易的企业也可能面临许多文化方面的挑战。世界各地的文化各有特色，这可能会给冒险进入陌生领域的人和企业带来一定风险。文化规范影响着许多不同的方面，并能对商业实践产生巨大的潜在影响，包括一些非常简单的事情，如商量交货日期的沟通方式的差异可能会导致整个供应链的大规模混乱。

我们看看下面的例子。一家美国公司选择从一家海外供应商那里为其汽车制造厂采购零部件。美国公司在合同中明确表示，其需要在“02-03-2014”或之前收到零部件。虽然大多数美国人会将此解读为 2014 年 2 月 3 日，但在世界其他地区，“02-03-2014”可能会被解读为 2014 年 3 月 2 日！ 2014 年 3 月 2 日大约比美国公司需要该零部件的时间晚了整整一个月！想想那家美国公司 2014 年 2 月 3 日没有收到零部件时所产生的混乱吧，这仅是因为那家海外供应商认为该零部件在 2014 年 3 月 2 日之前交付即可。这仅是其中一个例子，说明像不同的认知这样简单的事情会在不知不觉中扰乱全球供应链，造成代价高昂的后果。

与世界各地存在的不同的文化规范类似，世界各地都在讲不同的语言，包括各种方言。这种多样性可能导致企业缺乏有效的书面或口头沟通能力。从一种语言到另一种语言的翻译可能会不准确，这会造成混乱，甚至改变原始对话或书面交流（如合同）的含义。虽然也有一些方法能够促进企业与国外商务伙伴的合作，但很明显，开展全球业务通常比开展国内业务更具挑战性和复杂性。这些挑战当然是可以应对的，但企业必须在与国外商务伙伴达成协议之前对其进行预测和规划。

在评估新的市场机会时，理解对方国家的文化规范是非常重要的。如果对潜在新市场的客户缺乏足够的了解，就几乎不可能吸引客户的注意力，也不可能将其转变为忠诚的客户。历史上有很多新产品在被引入陌生的市场时都惨遭失败，虽然这些失败包含各种具体原因，但大多数失败有一个共同点，就是对新市场的了解严重不足。

法律、政治和经济环境因素

虽然法律和政治环境很少是100%确定的，但一家从事国内业务的美国公司通常对其日常运营所遵循的法律规定和所处的政治环境有相对较深的了解。而业务遍及全球许多不同国家、地区的公司则需要面临各种各样的政治环境和陌生的法律环境。政治和法律环境都会对开展全球业务的公司所做的决策产生深远影响，因此在制定全球商业战略时必须仔细考虑政治和法律环境的影响。

虽然有许多重要的问题都可以归到这个类别，但关税、贸易配额以及其他潜在贸易障碍的影响需要引起全球运营商的共同注意。随着各个国家、地区逐步开始意识到招商引资对其经济状况的积极影响，各个国家、地区已经开始采取各种措施来吸引全球运营商落地。一种比较通用的办法就是制定并参与旨在促进国际贸易的各种贸易协议。

贸易协议由两个或多个国家或地区达成，每个贸易协议参与者都同意取消大部分或全部关税、配额、特殊费用以及消除其他贸易障碍，以促进贸易协议参与者之间的贸易活动。此类贸易协议旨在提高国际贸易的快捷性和有效性，从而促进贸易协议参与者之间的业务往来。在理想的情况下，贸易协议应使其所有参与者受益。随着这些贸易协议的日益普及，世界各国之间的国际贸易规模也急剧增长，从而导致了更多全球供应链的出现。

全球业务渠道

全球物流需要支持全球供应链，而有效的物流支持不仅是指简单地将货物从原产地转移到目的地。如果出口商和进口商之间没有形成有效的信息流，货物将无法在全球供应链中平稳流通。此外，付款流程对及时、有效地完成国际贸易也是至关重要的。图 5-1 中描述了 3 个相互影响的关键渠道，我们通常称之为交易、分销渠道以及沟通。如果这 3 个渠道不能协调、有效地运作，则全球供应链网络中的货物流通可能会遇到重大问题并发生延误。

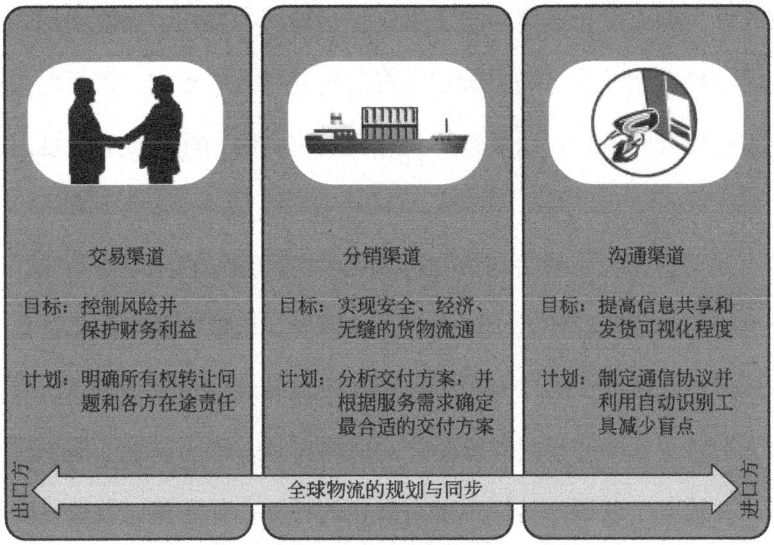

图 5-1　全球业务渠道

交易渠道

买方（进口方）在购买货物、付款和准备运输货物时，必须采取措施尽可能降低风险，保护其经济利益。国际贸易中的买方（进口方）应与卖方（出口方）一同协商除产品质量、价格和数量之外的具体合同细节。在完成交易之前，买卖双方之间的合同需要解决许多关键问题。例如，在国际贸易中，就货物的法定所有权从出口方转移到进口方的地点和时间点达成一致是至关重要的。

就所有权转让的确切地点达成一致，对于了解双方可能面临的潜在损失风险和可能承担的与交易有关的潜在责任是很重要的。一旦确定了交易的具体内容，就更容易就要使用的运输方式、要选择的承运商、所需的保险范围和产品从原产地到目的地的路线做出正确的决策。明确所有权转让问题有助于确定由谁负责支付运输服务费用、保险费用以及进口税等其他费用，也有助于确定谁将负有遵守政府规定、在运输途中对货物进行管理的责任，以及谁将负有在发生货物损坏、损失或延迟交货时的财务责任。

交易渠道还负责解决与货物付款相关的问题。在国际贸易中，出口方和进口方的风险往往大于国内交易的风险。出口方通常担心进口方不按规定付款。因此，出口方可能希望在产品装运前就收到货款。然而，进口方通常更希望在接收和检验产品后再付款，因为这给了他们按时获得产品并检查（以确定其符合所有商定的标准，如质量、数量以及其他规格）的机会。有几种支付选项可用于降低买卖双方在处理此类支付问题时所面临的风险。

分销渠道

如果一个运输网络涉及相当长的距离、相当复杂的情况以及很多参与者，则供应链中断的可能性会提高。再加上运输时可能会经过多个设施和多个国家，并受到众多中间商和承运商的影响，对产品流通的有效管理因此成为许多全球供应链管理者所面临的棘手问题。再者，交通基础设施、法规和服务选择也会因国家而异。因此，与典型的国内货运相比，全球货运面临着更大的风险，即运输时间不稳定和延长、货运中断、可见性问题以及总体失控。

虽然许多全球供应链管理者可能会觉得很困难，但他们还是需要持续监控并积极管理分销渠道。这一过程的一个关键部分是，在处理有关运输模式、承运商以及运输路线等问题时，管理者需要认识到有效运输规划的重要性并采取行动。为了使货物在供应链中实现安全、高效的运输，管理者有必要为货物选择最合适的运输方式。对承运商进行彻底、完整的筛选会提高一个信誉良好的运输服务提供商被选中的概率。合格的运输服务提供商应在所服务的关键市场具有丰富的经验、全面的能力和适当的设备，并能以客户为中心。此外，从多种路线中选择最佳路线可以提供更大的货运保护和更一致的服务水平，从而降低风险。

沟通渠道

显然，为全球供应链提供运输服务的物流网络是十分复杂的，这会带来许多管理方面的挑战。因此，许多企业正在利用技术手段提高整个供应链的可见性，以建立更高效的物流流程。与全球供应链相关的挑战之一是跟踪货物、保持货运可见性以及在货物跨越漫长而动荡的运输旅程时实现对货物的控制。在运输过程中，货物在全球范围内被运送至目的地的过程中，可能会在承运商和中间商之间被多次转移。

在运输的过程中，借助技术手段实现信息的及时共享可以大大提高货运过程的可见性，在某些情况下，还可以在货运过程中重新定向或重新部署。通过技术提高全球货物有关信息的可见性有助于制作正确的货运单据。正确而完整的货运单据有助于确保该次货运遵守政府规定，并保证货物能够顺利通过边境口岸和港口。相反，如果缺乏正确且完整的货运单据，则可能导致货物交付延迟。

鉴于当今的技术十分先进，人们可能会认为文书要求易于遵守。实际上，目前仍然存在许多严重的沟通方面的困难。国际贸易中涉及大量的文件，尤其是与国内交易相比。除文件数量庞大外，文件类型可能也会因出口方、进口方、运输服务提供商、付款银行甚至进出口运营商而异。图 5-2 描述了国际贸易涉及的文件的主要类别。

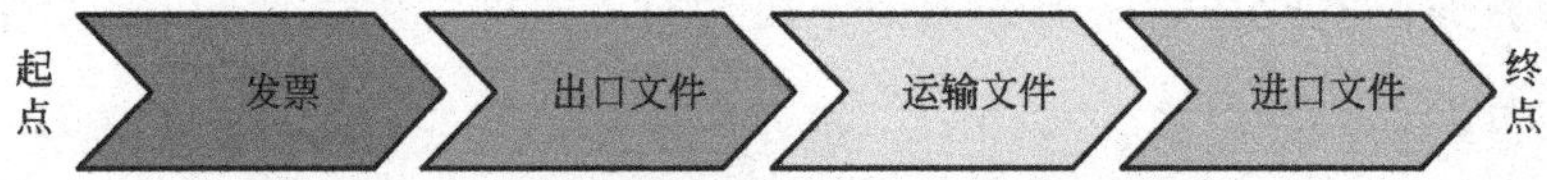

图 5-2 国际贸易涉及的文件的主要类别

许多关键的文件尚未采用电子格式，因此必须将副本分发给交易涉及的各方。为了克服这些困难，一些企业已开始使用国际贸易管理系统。这些系统规避了纸质化的人工干预流程，可帮助企业从自由贸易协定中受益，并可增强供应链弹性。

这些系统是高度自动化的软件系统，可通过电子方式连接跨境贸易伙伴，以提供更强大的进出口流程、全球物流运输服务以及贸易协议控制。国际贸易管理系统的好处包括更有效的协作和消息传递、更低的在途库存水平、更少的加急费用、更少的中介费用、更少的货物保险费用以及各种经济方面的好处。但是，许多国家、地区的基础设施不足以支持有效的电子文档处理，从而妨碍了国际贸易管理系统作用的发挥，再加上完成国际贸易需要多种文件，很显然，全球供应链管理者仍然面临着许许多多沟通方面的困难。

渠道交互

全球供应链管理者必须要解决由更长的运输距离、更长的运输时间以及涉及更广范围的运营商所带来的问题。显然，全球供应链管理者需要仔细考虑前面提出的3个渠道的关键方面。如果更重视交易渠道，全球供应链管理者需要关注各种各样的问题，如所有权的转让、货运的控制以及付款方式的有效执行。如果更看重沟通渠道，管理者则需要了解并遵守文件要求，与多个政府机构进行有效交互，并对有时并不是太熟悉的卖方和运输服务提供商进行管理。全球供应链管理者还要专注于改善运输模式和承运商的选择过程以不断评估分销渠道，并解决重要的路线和调度问题。渠道交互过程中最棘手也最重要的部分也许就在于如何促进3个渠道的有效协调，平稳地实现产品从原产地到目的地的无缝流通。

全球供应链网络功能

随着全球供应链网络的日益普及，越来越明显的是，全球供应链的众多环节需要齐心协力才能支持有效的全球业务运营。较普遍且讨论较多的环节包括供应管理及采购、生产及装配、分销及物流和承运商选择。以下将对每个环节进行详细探讨。

供应管理及采购

假如消费者在供应链的一端，原材料供应商在供应链的另一端，如图5-3所示，企业首先需要获取原材料，然后通过生产过程生产出对消费者有用的产品。该过程中的获取原材料的一步通常被称为采购或供应管理。

图 5-3 供应链流程

供应管理以提高成本效率和运营效率的方式增强了供应的连续性，从而对企业产生了重要作用。如果采购经理想要最大限度地发挥其对企业的贡献，他们通常会寻找全球采购的机会。如果执行得当，全球采购可以为企业创造巨大的机会，这也是越来越多的企业采用全球采购方式的主要原因。虽然采用全球采购具有许多潜在的优势，但是采购经理会发现全球采购经常会带来许多挑战。

以一家美国电子产品制造公司为例，该公司正在推行全球采购战略，以采购电视机的关键电子元件。该公司已在东南亚地区选定了一家高质量的电子元件供应商，该供应商可以显著降低关键电子元件的单位成本。但是，该公司还是需要对利用海外的电子元件供应商实现成本节约与采用这种战略所产生的其他问题进行权衡取舍。

虽然该公司似乎可以通过降低关键电子元件的单位成本来节省资金，但将关键电子元件运输到生产工厂所产生的物流成本可能会显著增加。因此，虽然单位成本可能降低，但总体的“落地”成本可能会增加。除采购成本外，这种全球采购战略还可能对许多其他环节产生影响。

全球采购战略会影响运营效率。在美国电子产品制造公司的例子中，电子元件供应商位于距离该公司半个地球的地方。如果该供应商无法完成预定的交货计划，仅距离就可能大大增加供应链中断的风险。也许产品能够准时到达，但质量问题也可能造成生产中断。质量问题必须解决，否则将延误生产，从而对美国公司的生产进度产生不利影响。

其他因素也可能会影响有关外国供应商选择的决策。例如，如果两个不同的供应商提供的单位成本相似，但一个供应商可以始终如一地生产出远小于平均运输时间的产品，那么二者实际的抵岸成本可能会大不相同。平均运输时间较长的供应商可能需要额外的库存，以防止缺货。这种额外的库存可能成本高昂，从而造成落地成本的显著差异，这取决于选择的供应商。过境时间的变化是另一个潜在的影响因素。如果不能指望供应商在承诺的时间交货，就需要建立安全库存。这种安全库存相当于以额外成本持有额外库存。

具有良好技能并能与各种现有和潜在供应商建立牢固关系的采购经理需要维持许多类似问题的平衡。在这种情况下，供应管理可以为公司创造竞争优势，并节省大量资金。尽管制订有效而可靠的采购计划对于全球业务的成功至关重要，但还是有可能会发生无法预料的事件。如果供应链中断，代价将是巨大的，而且其影响会在整个供应链网络中蔓延。为了避免供应链中断带来的负面影响，全球供应链管理者需要提前制订应急计划，并在必要时及时实施。

我们继续看前面有关美国电子产品制造公司在全球范围内进行采购的案例，如果该公司依赖于全球供应链网络，则应构建一个有足够弹性的供应链，其中包括多个内置冗余。在理想的情况下，弹性供应链将有助于避免供应链中断。不过，如果供应链中断已经发生了，则供应链中内置的冗余有助于快速恢复，并且最大限度地降低中断的影响。

许多企业还想创建精益供应链，这进一步增加了全球采购带来的物流挑战。为了降低成本并保持竞争力，供应链管理者倾向于通过减少现有库存来降低安全库存水平。这进一步增强了具有弹性和敏捷性的供应链网络的重要性。

管理者都希望货物能够被完美地交付给客户，中间不受任何干扰。在出现中断的情况下，他们希望能提供端到端服务的具有可视性和弹性的供应链网络在出现意外问题时能够快速进行响应。建立精益供应链可能会进一步提高与供应链中断相关的风险，并增加相关恢复成本。

在当今的全球供应链环境中，产品通常会在数个国家、地区中流通数千千米，并由代表不同实体的众多人员进行处理。这种模式的一个负面影响是，虽然各方已经尽了最大努力来加快产品在整个供应链中的流通速度，但产品还是会周期性地静止不动。在整个供应链网络中的物料处理过程中，各方需要在适当的时间使产品在运输、存储、加工、海关或制造等环节发生适当的移动。原材料、零部件或其他物品需要在适当的时间出现在适当的生产站、装卸站和运输终端处。适当的产品需要以适当的状态、在适当的时间出现在适当的位置和场所，从而避免供应链中断。

当今全球供应链的设计旨在防止库存停滞。管理库存的成本高昂，虽然库存在资产负债表上显示为资产，但许多供应链从业人员认为库存很快就会成为负债。企业都希望库存在整个供应链中能够快速移动。由于多种原因，供应链中断的代价可能是非常高昂的，造成供应链中断的原因可能包括缺货风险增加、延迟交付、货物丢失和损坏的风险增加以及因整个供应链网络中的延迟和关闭而产生的连锁反应。

当前的趋势表明，高层管理人员将来可能需要对供应管理投入更多精力。毕竟，在许多企业中，总成本中的一大部分都用在供应管理上了。因此，较低的单位成本和重大事故的发生率低已经不足以定义一家企业的成功。如今，在许多情况下，企业有望通过供应管理降低成本并确保高质量供应的连续性，同时通过提高运营效率增强企业的盈利能力。随着全球化的发展，供应管理在许多企业中的作用正在发生变化，并且供应管理对于实现关键企业战略的重要性正在明显提高。

生产及装配

生产及装配过程对于将原材料和零部件转变为对客户有用的产品的过程至关重要。与供应链中的大多数环节一样，生产及装配过程也因目标而异。当今许多全球商业实体面临的一个相对普遍的问题是，是在内部制造或组装产品，还是将业务外包给外部实体。

随着全球化的普及，与外包生产公司合作的例子也越来越多。如今许多企业都倾向于选择一个高质量的合同制造商，并将其产品的制造或组装业务外包给外部企业。虽然这种战略在许多情况下是适当的，但要决定到底是通过外部企业生产产品还是签订合同直接从外部企业购买产品，还需要企业对相关问题进行彻底的审查。

其中最重要的一个问题是对与供应链中断的风险和潜在影响相关的生产成本进行评估。为了全面评估这一问题，首先需要对制造环境有所了解。通常，制造和库存管理模型分为推模型或拉模型。推模型会根据预测提前安排订单生产或产品采购，然后制造商将产品通过供应链运送到最终用户手中。

拉模型根据客户的实际订单生产产品。许多企业都希望使用拉模型来减少整个供应链中的浪费和库存。

拉模型是比较常见的，其应用具体取决于产品的情况。例如，假设某个客户想重新粉刷房间。他进入涂料店后会看到数千种颜色的涂料可供选择，那么涂料店怎样才能存储客户需要的所有颜色的涂料呢？答案很简单，它其实并没有把所有颜色的涂料都准备好，而是等客户选择了其需要的颜色后再开始做准备。涂料店会取一罐白色涂料，并添加适量的染料以产出客户所需的颜色。

拉模型可以极大地减少浪费，并使涂料店能够在知道客户的确切需求后才针对需求生产产品。可以想象，试图预测每种颜色的涂料的需求量将会造成多么大的浪费。拉模型可以使涂料店不必预测市场对特定颜色涂料的需求量，而只需要预测基础颜色涂料的需求量。这样就简单多了。

推模型往往依赖于对客户需求的预测。这种方法可能会很难实施。我们可以想象要准确地预测每件产品的需求有多困难。可惜的是，某些产品并不像前面案例中的涂料店那样适合采用拉模型。在家电城、电子产品商店或汽车经销店中，根据客户需求定制产品并立即交付是非常困难的。在这些情况下，供应链必须使用拉模型中的生产或库存系统。

许多客户都希望能够走进一家商店，买到想要的东西，然后立刻拿着产品走出商店。虽然电子产品企业和汽车制造商也具有根据客户的确切需求定制产品的能力，但是其需要考虑相关的交货时间和费用问题。结果是，许多制造商会提供具有不同功能的多种产品，吸引一定数量的客户。制造商并不会定制产品，而会将客户进行细分，然后提供其认为会吸引特定客户群的有限数量的产品（Keegan，2013）。这使得企业既能提高生产水平，又能满足客户的需求。

在选择合同制造商时，企业必须先对多个方面进行评估，然后再做出决定。运输时间、交付可靠性、产品质量、产品一致性以及损坏率是必须根据所面临的具体情况进行评估的几个方面。在某些情况下，交付延迟可能并不重要，而在另一些情况下，交付延迟的结果可能是灾难性的。

产品制造或组装完成后，当其在供应链中流通时需要有必要的保护。包装一直都很重要，但当产品在全球供应链网络中经历长途运输时，包装尤为重要。包装有多种用途，它不仅可以保护产品，还可以促进产品的销售和向客户传递有价值的信息。如果更注重包装的产品保护功能，则生产部门可能会对包装工作比较积极，因为很可能是生产部门对产品的包装、装运负有最终责任。包装的尺寸、形状和使用的材料都会极大地影响企业保持产品完整性和有效履行包装职责的能力。包装成本虽然不像运输成本那样高，不过它通常也会占物流成本的很大一部分。

包装不仅会影响产品的市场营销和生产，也会影响其他的物流活动。包装的尺寸、形状和类型会影响所需物料搬运设备的类型和数量，并直接影响产品的运输或储存方式。产品处理越容易，通常物流成本就越低。因为要根据不同的产品和不同的情况制定不同的包装要求，所以托运人应该与承运商密切合作，寻找能够满足各方需求的包装方式。

分销及物流

供应商、生产设施、分销中心以及客户通常分散在多个国家或地区，这加大了物流方面的挑战，也使得物流成为全球供应链网络的一个重要组成部分。与国内物流相比，全球范围内的物流活动表现出截然不同的特征，其复杂性也急剧升高。

斯坦福大学的一项研究揭示了国际贸易与物流之间的关系的重要性。

研究人员发现，跨境贸易流程最多可包含106个步骤，其中有许多步骤直接与物流活动相关，如运输、分销、仓库管理、包装、库存管理、物料搬运以及信息流通。文件要求可能会因多种因素而各有不同。一些常见的因素包括原产国、目的地国家、产品的运输路线和运输方式以及要运输的产品类型。

虽然物流企业需要提供高质量的协同物流服务，全方位支持全球供应链的高效运作，不过最重要和最高成本的物流职能通常是运输。如果没有有效的运输，就很难甚至不可能利用经过精心设计的全球供应链网络。运输不仅能将供应链网络中的各部分联结在一起，实际上，有效的交通运输系统还构成了良好经济的支柱，并且在国内外经济增长中都发挥着关键作用。

目前主要有5种运输方式：水运、空运、汽车运输、铁路运输、管道运输。每种运输方式都具有独特性，每种运输方式的优势也各不相同，如表5-1所示，需要根据具体情况来选择最合适的运输方式。

表5-1 不同运输方式的功能

方式	优势	缺陷	主要作用	适用产品的特征
水运	运量大、成本低、承运商选择较多	速度慢、不能送货上门	高效、长距离的集装箱产成品、散装材料和设备的运输	低价值原材料、大宗商品以及集装箱产成品
空运	速度快、货物保护措施好、灵活性强	不能送货上门、成本高、运量小	高价值货物的快速移动和紧急装运	高价值产成品、数量少、对时间要求高
汽车运输	承运商选择较多、快速灵活的客户服务	运量有限、成本高	港口—目的地多式联运集装箱运输、货物在相邻国家之间的跨境流动	高价值产成品、数量少

续表

方式	优势	缺陷	主要作用	适用产品的特征
铁路运输	运量大、成本低	承运商选择较少、服务不一致、损坏率较高	跨国大宗物资、长距离的港口—目的地联运集装箱运输	低价值原材料、数量较大
管道运输	支持在途储存、效率高、成本低	速度慢、国际运输线路较少	对大量的关键燃料产品和化学品进行跨国运输	低价值液态产品、对运输时间要求不高

影响运输方式选择的一些最常见的因素包括可用性、运输时间、运输时间可靠性、安全性、成本、容量，如图 5-4 所示。下面将对每个因素进行简要讨论。

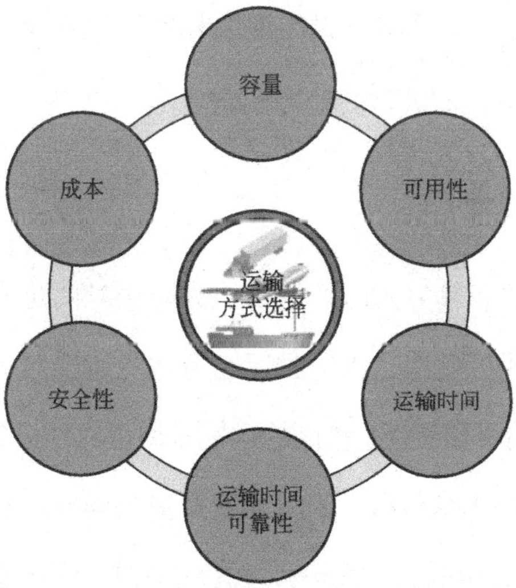

图 5-4　影响运输方式选择的常见因素

可用性

运输经理需要考虑每种运输方式到达始发地和目的地以及在指定路

线上提供运输服务的能力如何。有许多因素会影响运输方式的可用性，包括每种方式的地理限制以及政府监管机构授权的运营范围。每个全球供应链网络可能都有自己的特殊需求，可根据这些需求决定使用哪种运输方式。

运输时间

运输时间是影响运输方式选择的关键因素。运输时间会影响库存可用性、缺货成本以及客户满意度。运输时间是指将货物从始发地运到目的地所花费的总时间。请注意，这里不是指实际的运输时间，而是指从始发地到目的地花费的全部时间，包括取货、终端处理、实际长途运输以及货物交付的时间。运输方式的速度和处理提货及交货责任的能力极大地影响着实际的总运输时间。

运输时间可靠性

在选择适当的运输方式时，通常认为运输时间可靠性比运输速度更加重要。运输时间可靠性是指一种运输方式的运输时间的一致性。运输时间可靠性会影响可预测性，较高的运输时间可靠性会使库存需求预测、计划生产和确定安全库存水平等活动变得更加容易。在国际运输上，运输时间可靠性受到诸多因素的影响，如行进距离、港口拥堵状况、天气、安全要求、海关惯例以及其他可能导致供应链中断的因素。

安全性

货物到达目的地时的状态必须与投标时其在原产地装运时的状态保

持一致。企业应采取适当的预防措施，选择能够让货物避免由于货物装卸技术差、行驶质量差和事故而损坏的运输方式。易碎产品需要较高的行驶质量，散装产品在运输过程中不易损坏。

成本

运输成本几乎始终是影响运输方式选择的一个重要因素。运输成本包括将货物从始发地运输到目的地的费用，以及附加服务的附加费和码头费。产品价值必须要纳入运输成本的分析中来。例如，如果公司在运输上花费太多（相对于产品的价值），就不能以有竞争力的价格出售产品。因此，水运、铁路运输和管道运输通常更适合低价值产品的运输，而汽车运输和空运则更适合运输高价值产品。不过，如今的全球供应链网络异常复杂，并非所有的运输方式都能行得通。因此，在进行运输方式的选择时需要格外小心。

容量

运输产品的数量、重量或形式会影响运输方式的选择。运输经理需要将某种运输方式的运输能力与运输产品的尺寸和性质相匹配。有些运输方式更适合低价值的大量货物运输，而有些方式则更适合对运输速度要求较高的少量货物的运输。

上述因素是最常见的影响因素，还有其他一些因素也会影响运输方式的选择。出于对产品尺寸、产品耐用性和产品价值的考虑，有些运输方式可能会被排除在外，因为该种运输方式可能不具备安全运输货物的物理和法律条件。

例如，如果要运输又重又多的散装材料，水运可能更合适；如果货物要运往海外且时间不是很长，空运可能会更合适。虽然在本例中可能只有一个可行的选择，但在许多情况下，供应链管理者需要认真考虑多个选择，以取得最理想的结果。假设一家全球零售商目前正在通过水运将货物从海外生产地运送到其位于美国的零售分销点。之所以选择水运，是因为与空运方式相比，水运的运输费用更低。虽然水运的费用可能低于空运的费用，但全球供应链管理者必须在考虑对整个供应链的影响的背景下评估应该使用哪种运输方式。

虽然空运的费用一般比较高，但同时其也比水运快得多。选择空运会使企业对库存的需求减少。此外，更短的运输时间可能会提高客户服务水平，这可能会加快企业对客户的响应速度。实际上，尽管采用空运会使运输成本增加，但如果考虑到节省成本对库存等方面的影响，则采用空运时的供应链总成本实际上可能会更低。

装运特性（如货物尺寸、运输路线和速度）都是重要的影响因素。运输方式的运量需要与货物的总重量和尺寸相匹配，而且要与客户服务的要求匹配。综合而言，这些影响因素会将运输方式的选择限制在2~3个，其中之一便可能是多式联运。多式联运使用多种运输方式来完成从始发点到目的地的货物运输，如图5-5所示。多式联运更适合有全球业务的企业。

有关运输方式选择的一般策略应着眼于确定哪种方式或方式组合更能满足全球供应链网络的要求。长期策略需要分析每种方式的能力、产品特性、供应链对运输速度和服务的要求以及运输成本等。除非某一方式在价格、基础设施、服务质量或技术能力方面发生重大变化，否则企业不需要频繁地重新考虑此策略。

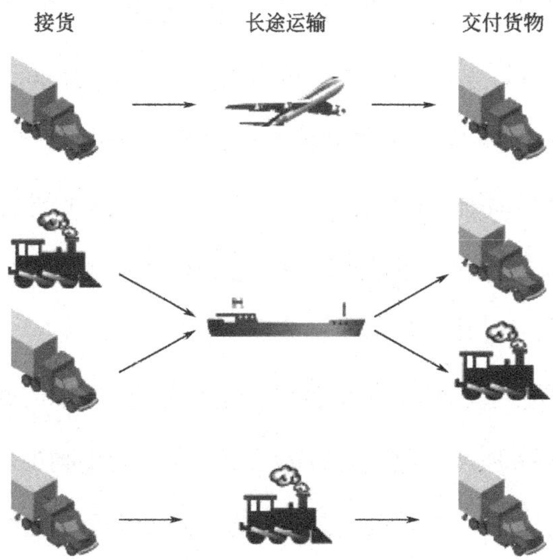

图 5-5　多式联运

承运商选择

选择完运输方式后，下一步是承运商的选择。与运输方式的选择过程类似，承运商的选择也要考虑各种运输标准和承运商的能力，如地理覆盖范围、平均运输时间和可靠性、设备可用性和容量、产品保护以及运费。

运输方式的选择和承运商的选择的一个主要区别就是可选项的数量不同。运输方式的数量有限，但承运商的可选项比较多。通常情况下，有多种承运商可供选择，其中许多都可以提供国际运输服务。服务区域不同，服务于跨境贸易运输的主要铁路也不同。通常都会有多个海洋和航空承运商可以为每条主要的洲际贸易路线提供运输服务。但是，实际可选的承运商的数量可能会因许多关键因素不同而产生很大差异，如按时交货和提货的能力、技术能力、承运商对违规行为的反应、信息共享能力、货运损坏率、财务稳定性、可靠性以及总运输时间等因素。

虽然企业一旦确定了某种运输方式就很少再更改，但承运商的选择往往需要企业更加积极和频繁地给予关注。承运商可能会被定期更换。不过，企业的多数注意力还是应集中在监控现有承运商的绩效水平之上，并通过与其合作以维持或加强这种关系。

通常，选择合适的承运商的重点是与数量有限的承运商签约，承运商选择流程如图 5-6 所示。该策略有助于企业充分利用购买资金，并成为所选承运商的重要客户。这种强关系式的方法可使承运商更好地了解货运量和需求，并有助于企业有效监管承运商的绩效水平。即便已经与几个主要的承运商结成了强大的联盟，全球供应链的运输经理也必须时刻保持警惕，对承运商的绩效水平、费率和财务稳定性进行监督。运输经理还需制订一个备用计划，在承运商服务中断的情况下维持产品的流通。

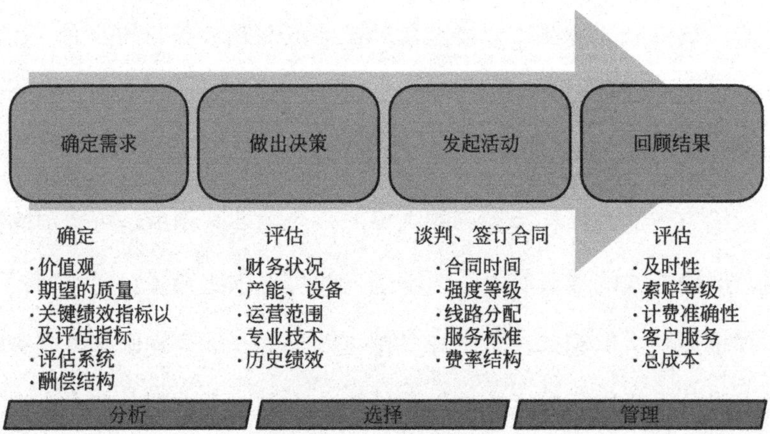

图 5-6　承运商选择流程

当运输经理能适当、合理地处理此类问题时，交货时间和运营成本将得到有效控制。但是，如果无法在全球供应链中有效地管理物流活动，则跨境贸易中的物流差错可能会导致许多不必要的后果，如成本增加、导致罚款、交付延误、客户不满意以及收入损失。出于上述原因，我们有必要了解一些常见的国际贸易术语。

国际贸易术语

国际商会建立了一套经过多方协商同意的国际贸易术语，旨在降低国际贸易运输的复杂性和潜在混乱发生的可能性。国际贸易术语是指国际货物买卖合同中常用的一套标准贸易术语。这些国际贸易术语为常见的商业术语提供了国际公认的定义和解释规则。2010 年修订的国际贸易术语解释通则于 2011 年 1 月 1 日生效，提出了供进出口商使用的 11 个具体的国际贸易术语。

国际贸易术语旨在在合同中明确卖方向买方交付货物的过程中所涉及的有关义务、成本和风险的定义。尽管国际贸易术语自有其用处，但其并不构成商品买卖双方之间的合同，也不能取代合同管理法律、所有权转移的地点或应付价格、用于交易的货币类型或指定信贷条款。上述条款必须在销售合同条款和适用法律中进行明确规定。

国际贸易术语分为两类。大部分术语（11 个中的 7 个）适用于所有运输方式，而其余 4 个术语只适用于海运。国际贸易术语通常表示为 3 个字母的缩写词，并带有具体位置信息。现在通常使用国际通用的版本，以免混淆。

适用于所有运输方式的术语

通常会使用缩写词来描述运输方式以及其他具体情况，其中最常见的是以下几种。

（1）EXW——工厂交货（指定交货地点）。卖方（出口方）的唯一责任是在卖方场所提供货物。由买方（进口方）承担将货物从卖方所在地运至目的地的全部费用和风险。

（2）FCA——货交承运人（指定交货地点）。卖方将结关出口的货物交给买方选定的承运人。如果承运人在卖方的场所提货，则卖方负责装货，之后由买方承担将货物运至目的地的费用和风险。

（3）CPT——运费付至（指定目的地）。卖方支付将货物运到目的地的费用。从货物转交给第一承运人时起，由买方承担货物丢失或损坏的风险。

（4）CIP——运费和保险费付至（指定目的地）。卖方支付将货物运到目的地的费用。从货物转交给第一承运人时起，由买方承担货物丢失或损坏的风险。不过，由卖方负责购买货物保险。

（5）DAT——运输终端交货（指定港口或目的地码头）。当货物从运输工具上卸下后，在指定的港口或目的地的指定码头由买方处置货物时，卖方即完成货物交付。“交付终端”可以是任何地方，露天或不露天都可以，如码头、仓库、集装箱堆场，或公路、铁路、空运码头。由卖方承担将货物运至指定港口或目的地码头卸货的一切风险。

（6）DAP——目的地交货（指定目的地）。当货物在指定目的地将要从运输工具上被卸下交由买方处理时，卖方即完成货物交付。由卖方承担将货物运到指定地点的一切风险。

（7）DDP——完税后交货（指定地点）。卖方在目的地将已结关进口的货物交给买方。卖方承担将货物运至目的地的一切费用和风险，包括支付关税。

海运术语

常见的海运术语如下。

（1）FAS——船边交货（指定装运港）。由卖方安排将货物运至始发港。从到港起，由买方承担一切费用以及由损失或损害带来的风险。

（2）FOB——离岸价或船上交货（指定装运港）。卖方将货物装船并清关出口，然后由买方承担一切费用以及由损失或损害带来的风险。

（3）CFR——成本加运费价（指定目的港）。卖方负责出口清关以及将货物运到目的地的费用。由买方承担由损失或损害带来的风险。

（4）CIF——抵岸价（指定目的港）。卖方负责出口清关以及将货物运到目的地港口的费用。卖方为出口清关，并支付将货物运至目的港的费用。由买方承担由损失或损害带来的风险。不过卖方要负责购买货物保险。

为每笔跨国交易选择适当的国际贸易术语可以有效平衡出口方和进口方之间的国际运输责任。虽然影响国际贸易术语选择的因素有很多，但关键的影响因素通常包括跨国贸易参与者的相关专业知识、跨国贸易参与者履行各自职责的意愿、出售的产品类型、运输方式以及跨国贸易参与者之间的信任程度。

除了国际贸易术语外，以下是完成跨国贸易所需的一些常见的文件。本书篇幅有限，不能在此列出全部文件类型，仅列出一些常见和关键的文件。

出口文件

出口货物时有以下 3 种类型的文件可用于验证装运。

（1）出口许可证。该文件是授权将特定数量的物资出口到特定目的地的政府文件，该文件有助于政府保持对某些商品的控制权。

（2）发货人出口申报单。该文件用于控制出口并作为官方出口统计的源文件。在美国，发货人出口申报单由出口方为超过票面价值的所有货物编制，并由运输服务提供商提交给美国海关和边境保护局。

（3）最终用途证明。最终用途证明，旨在向出口方当局保证产品将用于合法目的，通常由进口方政府机构提供。

运输文件

以下文件可用于跟踪和核实地面货运状况。

（1）货运清单。货运清单是指列出货物的确切组成、货物的所有权、始发地和目的地、装卸说明以及其他关键信息的内部承运人文件。保持货运清单的准确是遵守安全法规的关键。

（2）提货单。用于国际运输的提货单类型多种多样，如海运提货单、空运提货单、直达提货单和联运提货单。一般来说，提货单是运输公司与货物所有人之间的运输合同，货物所有人是出口方还是进口方取决于所采用的国际贸易术语。作为合同的一种，提货单对运输货物的价格和操作方式做出了说明。提货单在进口方收到货物后即作为收据使用。运输公司在提货单上签字时，就代表其承认已收到状态良好、数量正确的货物。

（3）装箱单。装箱单详细列出了装运货物的清单，包括每个单独包装中的材料，并指明了包装类型，如盒子、板条箱、滚筒或纸箱。装箱单还说明了每个包装的净重、合法重量、皮重和毛重以及尺寸。

（4）托运人托运声明书。该声明书用于说明对于在途货物的处理要求。在运输危险货物时可能还需要额外的文件。

进口文件

如果要从某国进口货物，则还需要以下两份文件。

（1）原产地证书。该证书是一种广泛使用且必要的进口单证，用于声明某货物是从出口方所在国装运的。出口方的相关证书必须由出口方所在国的商务代表签署。进口方通常根据此类文件确定关税以及其他可能的费用。

（2）检验合格证书。检验合格证书的类型有很多种，旨在证明货物的真实性、准确性、质量和安全性。每种检验合格证书通常都会涉及某种类型的检验，以确保货物符合商业发票上的描述。

路线规划和交付计划

路线规划和交付计划的重要性也是不容忽视的，两者经常涉及大笔资金的使用，会极大地影响客户满意度，如果处理不当，可能会产生重大隐患。路线规划和交付计划的概念并不难理解，但在操作时却极具挑战性。由于全球运输的运输距离较长、路线选择较多，解决路线规划和交付计划的任务相当艰巨。

许多供应链管理者为了省事，可能会简单地将路线规划和交付计划的任务交给承运商解决。虽然这是可以接受的，但若供应链管理者不积极干涉运输过程，就不能取得满意的结果。事实上，供应链管理者应该积极参与相关的决策过程，因为运输路线可能影响客户满意度、供应链绩效以及企业的成功。运输时间和准时性在很大程度上取决于正确的调度和站点排序。有效的路线规划也有助于承运商避开设备简陋的港口以及拥挤的过境点，这些因素可能会严重影响货物的流通。

考虑到在跨国运输上花费的巨额资金，运输效率也是一个值得关注的问题。全球运输服务的成本每年轻而易举地就超过了 1 万亿美元。由于成本问题，承运商及其客户必须设计出高效的运输路线，从而最大限度地提高设备的利用率。承运商及其客户的有效协作有助于优化运输路线和运输时间，最大限度地提高效率，从而以更低的成本提高供应链网络的客户服务水平。

多式联运是一种很流行的运输策略。例如，同时使用多种运输方式可以开辟新的路线，而不用被迫全程使用水运方式。多式联运可以采用多种不同的运输方式，这有助于产生具有创新性的解决方案，如大陆桥、小路桥运输或微陆桥运输。

大陆桥运输是指同时使用水运和铁路运输将货物从一个港口运送至另一个港口的运输方案。这种运输方案之所以有效，部分原因在于货物一直都在同一个集装箱内，而且整个联运过程只需要一份提货单。与此相关的另一种方案是小路桥运输，该方案将水运和铁路运输结合起来，并将港口作为装运的起始地或目的地。微陆桥运输类似小路桥运输，主要的区别在于装运的起始地或目的地不同，微陆桥运输的装运起点或终点是内陆港口而不是远洋港口。

多式联运市场亟待解决的一个问题是拥堵。尽管水运公司正在增加运力以满足日益增长的需求，但中转站很快就又被堵塞。在需求的高峰期，美国太平洋沿岸的海港设施难以保证货物的及时流通。铁路行业的多式联运能力问题也逐渐浮现。设备短缺、转运站点拥挤以及劳动力问题将造成交货延误和供应链中断。因此，在多式联运路线决策过程中，企业需要对上述问题进行评估。

在设计运输路线时还要考虑产品安全问题，特别是在全球运输的情况下。众所周知，一些地面运输地区经常发生劫持事件，产品被盗率也很高，货物还可能由于基础设施简陋而严重损坏。不仅地面运输面临着诸多困难，其他运输方式也各有各的问题，如远洋运输可能会遇到风暴或搁浅问题。显然，密切关注货物的运输路线和时间安排有助于降低这些问题对全球运输货物安全造成的负面影响。

物流服务提供商

当然，运输公司并不是唯一的全球物流服务提供商。物流服务提供商在进出口方之间的货物流通中起着关键作用。物流服务提供商是指满足客户全部或部分物流需求的外部供应商。在全球物流范围内，物流服务提供商的业务范围包含从出口包装到清关等多个步骤。一些物流服务提供商的专业化程度很高，但仅在本地或一定区域内开展相关的物流业务；有一些物流服务提供商可以为客户提供所有的相关服务。图 5-7 总结了现代物流服务提供商应具备的一些能力。

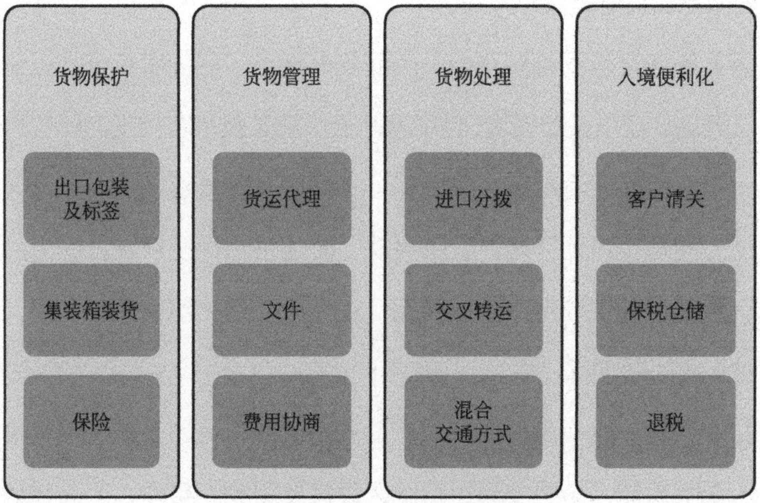

图 5-7　现代物流服务提供商应具备的能力

全球采购和分销规模的不断增长推动了物流服务提供商对综合能力和全球影响力的追求。客户在全球采购和分销领域日益活跃的商业活动促使物流服务提供商不断通过新设内部部门、收购较小的物流服务提供商或与其他物流服务提供商发展合作伙伴关系的方式来增强自己的国际影响力。这些物流服务提供商加紧学习物流专业知识并建立发达的全球运输网络，以满足世界主要地区不断增长的运输需求。

某些物流服务提供商正在积极投资地理位置优越的运输和配送设施，以满足客户的全球运输需求。这些设施可以帮助物流服务提供商建立关键的运输中心、简化流程，并有助于满足客户需求。事实上，一些物流服务提供商在亚洲、欧洲和拉丁美洲都建立了分支机构，从而为该地区的客户提供服务。

选择有能力促进供应链发展的物流服务提供商的策略和过程与承运商的选择类似。一定要对潜在的物流服务提供商进行仔细评估，以选择那些在能力、可靠性和价格方面都比较符合要求的物流服务提供商。对物流服务提供商团队的满意度是另一个需要考虑的关键因素。这个评估过程可能非常耗时，但将大大增加双方实现互惠互利的目标和建立有效合作关系的可能性。

小结

有效的供应链管理几乎是所有成功企业的重要组成部分。在审视当今成功的企业时，有效的供应链管理实践的重要性被进一步放大。如果实施得当，全球化可以为企业提供降低成本和增加收入的宝贵机会。因此，许多企业都试图抓住这些机会。不过，创建一个成功的全球企业，并完成全球供应链网络的设计和应用是相当具有挑战性的。

本章讨论了与全球企业相关的一些关键因素、挑战和机遇。每家企业的具体情况都各有不同，可能需要进行进一步的分析才能成功实现预期的目标。本章简要讨论了企业开展国际业务所面临的几个关键的渠道问题。本章讨论的每一个重要的问题可能都需要全球供应链管理者进行大量的研究和评估，然后全球供应链管理者才能够建立一个供应链网络来达到预期目的。

尾注

[1] Bordner, T. (2013)The new world of global trade management. *Supply Chain Brain*.

[2] Chopra, S., and Meindl, P. (2013) *Supply chain management: Strategy, planning, and operation*. Upper Saddle River, NJ: Pearson Education.

[3] Coyle, J. J., Langley, C. J., Novack, R. A., and Gibson, B. J. (2013) *Supply chain management: A logistics perspective*. Mason, OH: South–Western Cengage Learning.

[4] Diederichs, R., Leopoldseder, M. (2008) It's still a big world.

[5] Dornier, P., Ernst, R., Fender, M., and Kouvelis, P. (1998) *Global operations and logistics: Text and cases* (1st ed) New York: John Wiley and Sons.

[6] Hausman, W. H., Lee, H. L., Napier, G. R. F., and Thompson, A. (2009) *How enterprises and trading partners gain from global trade management.*

[7] Keegan, W. J. (2013) *Global marketing management* (7th ed). Upper Saddle River, NJ: Pearson Education.

[8] Lee, H. L. (2004, October) The triple–a supply chain. *Harvard Business Review*, 1–11.

[9] Novack, R. A., Gibson, B. J., and Bardi, E. J. (2011) *Transportation: A supply chain perspective* (7th ed). Mason, OH: South–Western Cengage Learning.

[10] Simchi-Levi, D., Kaminsky, P., and Simchi-Levi, E. (2008) *Designing and managing the supply chain: Concepts, strategies, and case studies.* New York: McGraw-Hill/Irwin.

[11] Wood, D. F., Barone, A., Murphy, P., and Wardlow, D. (2002) *International logistics* (2nd ed). New York: AMACOM.

06

绩效评估

世界一流的供应链的成本效益很高，每天为客户采购、生产和交付数千种产品，同时又能实现高标准的可靠性和客户服务水平。供应链存在于复杂且正在经历高速发展的商业环境中。复杂是因为几乎所有的供应链都是由多个企业共同组成的，这些企业为实现共同的目标而努力。绩效评估的主要作用就是确定供应链中的企业在实现既定目标方面的效率如何。

本章主要对供应链绩效评估的必要性进行阐述，并对企业在创建其供应链绩效指标时使用的基本原理进行分析。本章由5节组成。第一节主要介绍绩效评估在供应链中的作用，并对定性指标和定量指标加以区分。第二节描述了在高效、有效和可适应性的供应链能力间进行选择时需要权衡的因素。第三节讨论了供应链中的评估指标类型，以及良好的评估指标的特点。本章的最后两节介绍了3种主流的绩效评估方法及评估框架以及一种基于战略利润模型的财务分析方法。

绩效评估的作用

绩效评估是指对先前制定的目标的实现情况的评估。企业可以通过绩效评估找出需要予以关注的供应链问题。因此，绩效评估有助于指导员工纠正错误，并确定需要改进的流程问题。绩效评估强调企业所取得的突出成果，鼓励并认可供应链参与者的功劳。总而言之，企业可以通过绩效评估来促使各方做出正确举动，并提高企业对获取成就的渴望。

绩效评估通常非常困难，因为必须要从多个维度评估供应链的绩效，并且要对多个企业的绩效进行评估，而这些企业的目标经常是相互冲突的。即使是在供应链中紧密结盟的关联企业也可能会回避绩效信息的共享，这迫使管理者使用企业内部的、特定的绩效指标替代供应链绩效指标。

事实上，目前正在使用的大多数供应链绩效指标都只关注单个企业的绩效或者二元合作的结果。使用企业内部的绩效指标代替供应链绩效指标并不奇怪，因为供应链管理者获得的报酬取决于其实现本企业目标的能力，而不取决于其实现供应链目标的能力。

绩效指标类型

绩效指标有两大类：定性指标和定量指标。这两种指标各有价值，但其中定量指标更适用于评估供应链绩效。

定性指标有时被称为“软”指标，因为其会被用于对多个类别的结果进行分类。定性指标提供的反馈（如好、中和差）非常模糊、不具体。因为定性指标并不精确，所以定性指标的反馈对管理者的帮助也很有限，管理者并不能用其解决实际问题。定性指标通常用于反映客户的满意度。用于定性评估的数据是通过调查手段获得的。

例如，客户可能会被问：“您如何评价您最近在我们公司的购买体验？”客户可在一个满分为 5 分的计量表上回答，1 分代表非常差，3 分代表可以接受，5 分代表十分优秀。这些定性回答在某种程度上可以被量化，赋予每个回答 1~5 中的任意一个值，并把所有的值相加，再除以答案的数量以得到平均分，如图 6–1 所示。虽然这种方法有一定的作用，可以让供应链管理者知道客户对服务的评分约为 4.1 分，但它并不能告诉管理者今后具体要从哪些方面着手改进服务并提高客户评价。

请根据您最近在我公司的购买体验填写下列表格

非常不满意		还行		非常满意
□	□	□	□	□

计算分数

	非常不满意		还行		非常满意	总计
响应值	1	2	3	4	5	
计数	4	8	35	68	83	198
得分	4	16	105	272	415	812

平均得分　　812/198=4.1（精确到小数点后一位）

图 6-1　定性分析

定量指标是指“硬性的”财务数据或运营数据，即通过多种形式产生的数字化的结果，包括固定数字（如上周有10批货物在运输途中受损）、百分比（如99.5%的订单被精确拣选）或比率（本季度的资产周转率为2.2）。每一个数字都包含有关绩效和服务质量的重要信息。如果需要与过去的绩效结果或既定绩效标准进行比较，定量指标也能直接突出需要立即予以关注和改进的领域。

可使用定量指标对供应链流程进行评估。大多数供应链流程的评估结果都可以归类为好或坏。下面是几个例子。

（1）生产：生产产品数量；因缺陷而被拒绝接收的产品百分比。

（2）分销：每工时选择次数；退货数量；收到订单当天发货的百分比。

（3）运输：本月行驶里程数；损坏（在途）退货百分比。

另一种评估供应链绩效的方法是从财务角度出发。在全国范围内储存一托盘的产品或运送一个纸箱要花多少钱？企业在新材料处理设备上的投资有什么回报？易于理解和可操作性强决定了定量指标才是评估供应链绩效的首选指标。

权衡分析

供应链管理者面临的一大挑战是需要实现并定期调整各种目标。真正的困难在于，许多目标就其性质而言是相互冲突的：一项指标表现良好，可能就会导致另一项指标的表现有所下降。以下是供应链管理者通常会面临的冲突决策示例。

（1）改善客户服务，降低每件产品的运输成本。

（2）提高准时交货率，降低运输费用。

（3）减少包装费用，减少客户收到的损坏产品数量。

其实还有更多类似的例子。关键在于，供应链管理者需要经常性地对整个供应链的运营流程进行改进。持续改进的压力并非供应链所独有，企业的所有领域都面临着持续改进的压力。从供应链的角度来看，它们的不同之处在于，供应链存在问题将直接影响客户，影响企业的生存。

因此，对供应链中的各项活动进行权衡是供应链的固有特性导致的，但为了改善一个领域的表现而损害另一个领域的表现通常被认为是不可接受的。本节将探讨大多数供应链应具有的能力以及平衡供应链性能的重要性。

供应链的性能

企业会通过战略指导具体的决策，并确保自身在进行市场竞争时能够有据可依。运营供应链的目的是获得与企业发展方向一致的财务收益和客户服务成果。在对供应链运营进行微调时，对三大领域中的一个或多个领域的性能进行优化，就能确保战略一致性的达成。这包括关注供应链流程，以改善供应链在效率、有效性和适应性方面的表现，如图 6-2 所示。

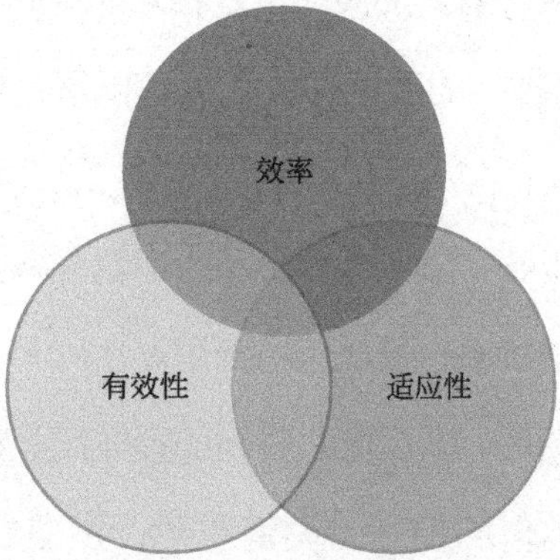

图 6-2 绩效评估

供应链效率

效率是用来衡量资源使用情况的指标，供应链效率是指供应链以最低成本提供客户所需服务水平的能力。以效率为导向的供应链致力于实现低成本运营。有人认为，多数供应链都将重点放在了降低成本上，这也许会对企业的长期发展产生不利影响。

如果要从效率出发对供应链的运营进行优化，则要将重点放在以最低的成本提供最好的服务上。在成本不断攀升的时代，强调效率的供应链可能会通过降低服务水平来维持低成本。无论供应链更重视什么，我们都应假定所有的供应链都想实现高效率运作。

供应链有效性

有效性评估是指衡量客户对绩效的期望与客户对实际服务质量的感知之间的差距。以有效性为导向的供应链致力于为客户提供高水平的服务。评估有效性的一个难点在于，仅观察客户反应是不够的，因为评估客户服务水平的真正标准不是由企业决定的，而是以客户满意度的形式由客户决定的。

定性指标其实比较适合评估供应链的有效性。许多供应链还创建了内部的有效性评估指标，以取代外部的、从客户处获得反馈的评估指标（因为获得客户反馈的方法既代价高昂又难以实现）。准时发货率这一评估指标就是一个例子。对企业来说，准时发货率很容易评估，因为其所需的信息可以从企业内部获取。

准时发货率 = 在截止日期前向承运商发出的订单数 / 总订单数

通过计算准时发货率，企业可以了解其在及时履行客户订单方面的表现如何（至少是企业可掌控的及时性方面）。准时发货率很难成为评估客户满意度的可行替代指标，因为它无法反映发货后供应链中发生的运输延误、运输途中货物的损坏、客服代表所起的作用，或者客户在确定其对企业服务的满意程度时会考量的其他因素。

从有效性的角度优化供应链的重点在于用给定的成本为客户提供最好的服务。由于实现高水平的服务会导致成本迅速上升，所以很少有企业只关注有效性。

供应链适应性

供应链所处的商业环境可能会发生意想不到的变化，这些变化包括客户想享受更好的服务、新的竞争对手不断出现、停工减缓了原材料的流通速度、大量供应链中断情况的发生（近年来，各种人为因素、自然因素都对供应链产生了重大影响）。能够快速适应不断变化的环境的企业才可以获得长期的竞争优势。

从适应性的角度优化供应链主要是指发展除供应链核心能力之外的能力，这些能力并不是注重效率或有效性的企业所看重的能力。适应性强的企业具有比一般的企业更强的市场感知能力，能够更早地识别市场的变化。提高适应性通常需要利用第三方的专业知识，可能还需要创建多个供应链。以适应性为导向的企业可能不会致力于提高效率或有效性，因为这种类型的企业可能更期望多次对其供应链进行分解和重建以更好地适应市场变化。

了解权衡

所有的供应链都需要设定目标和相应的评估指标来解决有关效率、有效性和适应性方面的问题。每种模式的需求都是独特的，并不存在一个最佳的平衡点。每个企业都要确定自己更看重哪些绩效要素以及自己应该忽略哪些要素。

强调效率的企业可能会发现，其供应链已经很好地适应了现状，以致很难适应不断变化的市场。在极端情况下，缺乏市场适应能力的企业可能会发现其成本正在迅速上升，因为难以适应市场变化将导致客户加速流向更善于满足客户需求的竞争对手，客户对原企业的产品和服务的需求也会下降。过分强调某些领域而忽略了另一些领域的发展的企业也面临着类似的风险。

大多数企业建立的供应链绩效指标与效率、有效性和适应性都有一定的相关性。企业需要根据其所采取的战略重点来制定绩效指标，突出其最看重的运营特征。在阅读本章的“评估指标类型”一节的内容时，请思考哪些指标对分别专注于效率、有效性和适应性的企业比较有效。

评估指标类型

功能强大的计算机系统和大量数据的定期收集减轻了供应链企业的绩效评估负担。不过，正确的评估方法也可以将表现更好的供应链企业与其他企业区分开来。本节概述了良好的评估指标的特点，对 5 类供应链绩效指标进行了概述，并论述了每个性能（效率、有效性和适应性）的多种具体评估指标。

良好的评估指标的特点

如今，大量数据的存在使得企业可以很容易地制定评估指标来衡量几乎任何方面的性能。而供应链中的企业必须防范的一个问题是可能会产生超出合理监控范围的评估指标。因此，少量的精选指标要比大量的指标更加可取。那么该如何确定什么是良好的评估指标呢？表 6–1 总结了良好的评估指标的 9 个特点。

表 6-1 良好的评估指标的特点

良好的评估指标的特点	具体描述
是可量化的	指标可以用一个客观的值来表示
易于理解	一眼便能看出该指标的衡量内容的核心
鼓励合适的行为	指标是公平的，奖励良好行为，不鼓励游戏态度
是可见的	指标评估效果是可见的
是确定的、被广泛接受的	所有重要的参与者都参与了指标制定流程，并达成一致意见
既包含输出信息又包含输入信息	指标会综合考虑各个方面的因素
侧重于评估重要方面	指标侧重于评估对管理流程具有实际价值的关键性能
是多维的	指标在利用率、生产率和性能之间进行了适当的平衡，并显示了权衡过程
符合经济性原则	指标评估的收益大于相应的花费

供应链活动由一系列流程组成，每一个流程的产出都可以用定量的方法客观地评估。定量指标可以表示为一个客观的值，这使得绩效评估相对容易实现。例如，评估拣选流程的指标可以是完全拣选订单的百分比；当然，其他的评估指标也很重要（如精确拣选订单的百分比和及时拣选与装运订单的百分比）。例如，如果在 1000 个订单中有 952 个订单被判断为完全拣选，则完全拣选订单的百分比为 95.2%。

易于理解的评估指标至少具有两个特征。首先，评估指标可以清楚地传达被评估的内容以及计算方法。在完全拣选订单百分比的例子中，读者几乎不会对 95.2% 这个结果产生疑义。其次，评估指标之所以容易理解，是因为其是由被评估者一起商定的。如果参与了评估指标的创建，他们往往能更好地理解评估指标。

评估指标将影响被评估者的行为。因此，适当的评估指标会鼓励适当的行为。或者反过来说，定义不当或不一致的评估指标将导致被评估者的不当行为。在这里，适当和不当是指是否有利于企业实现供应链目标。例如，如果供应链的目标是实现 100% 的订单拣选精确率，则审核发货百分比之类的评估指标就有助于该目标的实现。但是，如果评估指标侧重于订单当天的发货百分比，则可能会导致被评估者更注重拣选的速度而不是精确率。

企业应该定期向员工披露绩效指标。优秀的供应链企业会将绩效指标告知员工。将关键指标张贴在员工打卡的地方附近就是一个例子。将关键指标张贴在员工很少去的地方，或者根本不进行张贴就属于不符合可见性要求的情况，这会显著降低绩效评估的作用。

有效的评估指标涉及被评估流程的输出和输入两个方面的信息，这样才能对因果关系进行评估。例如，准时交货率下降可能是提货晚、未按时发货、交货地址输入不准确甚至是生产停滞等原因造成的。虽然 98% 的准时交货率这个结果符合定量和易理解的标准，但却无助于判断为什么会有 2% 的货物未被按时交付。在这种情况下，反映延迟交货原因的补充指标可能会有所帮助。

不能确定评估重点的企业最终可能会落入评估范围太过宽泛的陷阱。值得注意的是，供应链企业通常只会评估每个流程各自的成功要点。对所有能想象到的方面进行评估通常会导致被评估者没有一个统一的目标，因为被评估者几乎不可能同时密切关注多个关键绩效指标。在某些情况下，数据太容易获得也会导致评估指标无法帮助企业实现其主要目标。一个经常出现的问题是企业无法彻底去除已经失去作用的旧的评估指标。

在一般情况下，创建评估指标是为了解决特定的问题。但很多时候，即便问题已经得到解决，部分评估指标却仍然在生效。数月或数年过去，这可能会导致许多无意义的评估指标的累积。

供应链绩效是一个相当复杂的概念，它跨越多个维度，包括财务、运营和客户服务等。单个维度绩效的优秀表现（如成本低）作用并不大，因为其他维度（如客户服务）可能会因此受到负面影响。单个指标不能覆盖多个维度，但所有的指标应该能够覆盖所有应该评估的维度。可以使用平衡计分卡来捕获多个维度的绩效信息。

要使其产生实质作用，供应链指标就应该相对容易制定。收集用于计算的数据需要花费大量的时间和精力。如果收集数据付出的精力与从评估结果中获得的收益不匹配，或者了解了评估结果后并未采取积极的行动解决问题，那么评估就是没有价值的，应立即停止。

良好的评估指标应该有助于加强被评估者之间的信任。被评估者也应相信评估结果的准确性，跨企业且涉及多个供应链合作伙伴的评估尤其如此。协作程度是影响大多数供应链成功与否的一个关键因素，而在绩效评估的过程中信任感能为加强协作提供坚实的基础。

供应链绩效指标的其他考虑因素

（1）避免陷入平庸绩效陷阱。绩效指标是高度重复的，如每天、每周和每月都会有评估报告。许多评估报告显示的都是平庸的绩效或者预期内的标准绩效。这样的结果虽有其作用，但可能会使被评估者产生一种错误的安全感。例如，一份评估报告可能显示有 95% 的货物都能准时离开工厂，超出了现有标准。通常，评估报告中“可接受”的结果并不会像“糟糕”的结果那样被严格地评估。有几个问题应该引起管理者的重视。只有95%的货物能准时离开工厂，那剩余的5%是怎么回事？这是一个周期性的问题吗？这表明本企业有5%的时间都在对客户产生负面影响吗？这些隐藏在表面之下的小问题，如果任其继续恶化，可能会随着时间的推移而发展成大问题。

（2）随着时间的推移逐渐提高绩效标准。客户的期望值会随着时间的推移而上升，竞争对手也在逐步提高竞争优势。去年还是行业领先的业绩今年可能就显得平平无奇了，企业不应对此坐视不理。持续改进是当今供应链管理的核心原则，必须反映在由关键指标确定的绩效标准中。

（3）评估指标必须随着时间的推移而变化。为了适应不断变化的客户需求并实现持续改进的目标，供应链流程也会随着时间的推移而变化。不幸的是，许多企业的评估指标并没有随着供应链流程的变化而变化。简单地说，评估指标必须随着供应链目标和流程的变化而变化，以应对不断变化的市场情况。此外，企业需要定期去除没有什么价值的评估指标。

（4）客户的想法才是最重要的。这是制定供应链绩效指标时最容易被忽视的一个方面。大多数企业都会创建其可以控制的供应链绩效指标，如订单完全拣选并准时发货的百分比、库存可用性、库存周转率等。当然，此类供应链绩效指标对于供应链的高效和有效运转至关重要，但是如果客户对交易结果不满意，则供应链的最终运营绩效也就不重要了。

（5）越来越多的企业开始制定关键绩效指标以反映客户对供应链绩效的满意程度。尽管大多数供应链企业衡量的是可控制的结果，如订单准时发货的百分比，但客户只关心产品是否能以完整无损的状态准时送到，以及单据和账单是否准确。有关客户的数据比较难以获取，通常需要以某种形式进行客户调查。供应链的关键问题实际上是“客户真的对供应链提供的服务感到满意吗？”

供应链绩效指标的分类

每家企业使用的供应链绩效指标各不相同，而且并不存在通用的供应链绩效指标。因此，我们无法列出所有正在被使用的供应链绩效指标，但是可以对其进行大致分类，列出许多企业都在使用的主要指标类型。此外，本小节还介绍了每种类型的指标示例。

图 6–3 给出了供应链绩效指标分类框架。纵列主要是根据财务数据计算的指标。成本、生产率、质量、资产管理和客户服务这 5 个类别在前文中已经出现过。图 6–3 对这 5 类指标进行了进一步的描述，按照面向企业内部（针对特定企业的）、面向客户、面向供应商以及面向整体的标准对其进行区分。以下是对不同指标类型的具体介绍。

成本

成本反映了企业对每个领域投入的总资金的数额。传统上，财务系统会按照部门统计成本，并对部门总成本进行汇总，得到供应链中各个环节的总成本，包括仓储成本、运输成本（入站、出站和合并成本）、订单处理成本、库存管理成本（原材料、产成品等）以及其他因企业而异的特定成本。对具体活动（如拣货）和主要流程（如订单履行）的成本分别进行汇总的情况越来越普遍了。

也可以将成本数据与反映业务规模的数据联合起来报告，如成本占销售额的百分比或每单位产品的处理成本（如每箱、每托盘或者每次装运的成本等），以提供新的解读视角。报告时，可将成本占销售额的百分比与行业（在某些情况下甚至可以与竞争对手）公布的数据进行比较。

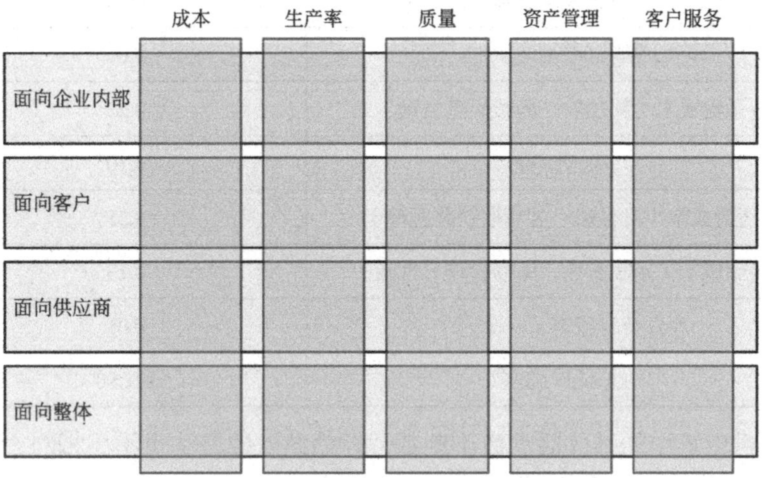

图 6-3 供应链绩效指标分类框架

报告与增加订单量有关的成本能够为供应链参与者提供新的视角，并能帮助其了解在整个供应链中进行每项活动的实际成本。例如，运输成本可以表示为每次交货成本、每英里运输成本或每磅（1 磅≈ 0.45 千克）运输成本。仓储成本通常以加工量表示，如单位成本、每箱成本、每托盘成本以及每批成本。这种成本细目更适合与历史业绩（上月与本月、去年与今年）或业绩标准进行比较。无论哪种情况，此类成本报告提供的信息都有助于企业确定需要采取纠正措施的领域。

成本报告并不完全侧重于将成本降至最低水平。总抵岸成本几乎是所有供应链的关键绩效指标，其是指与装运货物相关的所有成本之和，包括采购成本、运输成本、仓储成本、保险费用以及与采购产品并将产品从原产地运至目的地相关的其他成本。表 6–2 显示了从企业角度来看的总抵岸成本示例。

表 6-2　总抵岸成本示例

成本因素	金额（美元）
单位采购成本	100.00
采购订单相关成本	1.00
运输成本（新加坡—洛杉矶港海运）	0.25
集卡运费	0.10
运输成本（洛杉矶—孟菲斯铁路运输）	0.35
仓储成本（接收货物、库存管理、拣货）	0.15
库存持有成本（一个月）	0.05
总抵岸成本	101.90

供应链中的具体活动数不胜数，评估绩效的方法也不尽相同，因此与成本相关的绩效指标可能会有很多。以下是部分成本指标示例。

（1）总抵岸成本。

（2）成本占销售额的百分比。

（3）成本细目（包括按功能和具体活动进行分类的成本）。

① 与预算比较。

② 与标准比较。

③ 与历史业绩比较。

④ 周、月度趋势分析。

（4）单位成本、每箱成本、每批成本。

生产率

生产率指标表示投入与产出之间的关系。具体地说，生产率指标的评估依据是生产或完成产出所需投入的资源的数量。具体的产出因其在供应链中所起的作用不同而不同。表 6–3 提供了几个例子。

表 6-3　典型的供应链生产率指标

供应链成员	生产率指标
原材料供应商	生产的原材料吨数 客户发货量
制造商	生产产品数量 客户发货量
分销商	已完成订单数量 发货箱数
第三方承运商	交付订单数量 行驶里程

在某些情况下，一个潜在的困难是无法将特定的输入成本与输出成本进行匹配。例如，一家企业每天都会捕获输出数据（如已发货的订单），但每周才报告一次员工的工作时间。对于该企业来说，很容易每周生成一次“员工每小时发货量”指标，因为他们可以简单地将任何给定周期的每日发货量相加，然后用其除以总的工作小时数。该指标很难或根本不可能按月生成，因为输入部分没有以一个月为时间尺度来捕获（至少不需要耗费大量的人工来将每周工作时间分解为几天）。与几年前相比，现代化的系统在一定程度上缓解了这个问题，但对许多企业来说，这仍然是个棘手的问题，因为用于生成生产率指标的数据是通过多个系统捕获的。在本例中，发货的订单的数据可能来自订单处理或仓库管理系统，

而员工工作时间的数据通常来自工资单系统。

在大多数供应链企业中，劳动生产率是生产率指标的主要关注点。劳动生产率可以通过多种方式进行评估，包括从宏观角度（工资总额或工作时间）或微观角度（一组员工或单个员工的生产率）评估。设备生产率是另一种常见的生产率指标。典型的生产率指标示例如下。

（1）装运的单位、订单（或制造、采购、交付以及提货等）。

① 每位员工。

② 每个工时。

③ 每份工资。

（2）设备使用率、设备停机次数。

质量

与产品和服务可靠性相关的绩效反映了企业在运营供应链时生产的产品的质量水平。服务可靠性通常是针对每个活动或环节的关键输出进行测量的。供应链活动的准确性是一个常规的质量指标，其计算方法是用一个活动被正确执行的次数除以该活动被执行的次数。仓储方面有关准确性的质量指标示例如下。

（1）接收准确度——接收的产品数量和识别出的正确库存单位的数量。

（2）存放准确度——存放在正确仓位的库存单位百分比。

（3）拣货准确度——拣货正确，正确拾取的单位数量。

存储在计算机系统中的信息的准确性是另一个需要进行监控的质量指标，因为不准确的数据会造成供应链运营的不准确。想想库存单位位置记录错误对仓库运营造成的影响，这会导致订单信息填写不正确（或未填写）以及库存保管不准确。或者假设在输入订单时出现客户地址错误，这会导致将货物重新运回配送中心的不必要的运输成本。数据质量差会导致客户对服务产生失望的情绪以及处理退货的额外成本。

某些质量指标可以帮助企业确定总体的质量绩效水平。损坏率就是一个例子。损坏率的计算方法是用损坏的单元数除以当前库存中的单元总数（或在一定时间内通过设施的单元总数）。供应链流程中的每个步骤都可以测量损坏率：卸载/接收损坏率、存储损坏率、加工（拣配和运输）损坏率以及运输损坏率。但是，通常直到客户收到订单并确定产品已损坏后才能确定损坏已发生。这使得退货流程成为确定供应链流程质量的重要评估标准。

质量指标示例如下。

（1）准确性。

① 订单输入准确性。

② 订单接收准确性。

③ 库存管理（库存的位置和数量）准确性。

④ 拣货准确性。

⑤ 信息准确性。

⑥ 计费准确性。

（2）损坏率。

① 通过具体情况评估。

② 通过退货率评估。

资产管理

供应链的运营需要投入大量的资本。对预期寿命很长的主要资产（如拖车、建筑大楼以及输送机系统）的投资被视为固定资产投资。维持业务运营所需的短期投资被归为营运资金。营运资金的短期性质并不意味着此类投资是次要的。公司大量的营运资金都与库存相关，如对于批发商而言，库存可能占其总资本的 80%。资产管理指标可以反映供应链运营中资本的利用效率。

许多公司的主要资本就是设施网络投资。制造工厂、配送中心、退货处理中心等的资本利用效率都可以用产能利用率进行测量。每个设施都会有一个预期的产出或吞吐量，产能利用率则会显示有多少产能正在被使用。例如，一个仓库的预期产能是每天运送 25000 箱货物，因此如果每天运送 15000 箱货物，则其产能利用率就是 60%。

产能利用率也可以通过时间来反映。假设某台机器每天运行不超过 20 个小时，剩下的 4 个小时用于机器维护，因此其产能利用率可能超过了 100%，但对管理者来说这是一个危险的信号，因为过度使用以及维护时间不足可能导致机器发生故障。在此例中，如果产能利用率大大低于 100%，则表示可能出现了停机现象。

库存周转率是评估库存效率常用的指标。库存周转率表示库存销售和更换的频率。库存周转率的计算方法如下。

库存周转率 = 销货成本 / 按成本计算的平均库存价值

该计算方法反映的是指定时间段（如月度、季度或年度）内库存的周转率。也有公司会将销售收入作为分子来计算库存周转率。同样，将库存价值作为分母的情况也并不罕见。库存周转率的计算方法因行业不同而有细微差异。在比较两个（或多个）公司之间的库存周转率时，应注意在计算时使用相同的公式。

替代库存指标主要考虑相对于预测销量的现有库存量。每天售出 10 个单位的库存，库存量为 400 个单位，这表示库存的供货期为 40 天。知晓库存供应天数对补货采购的提前期分析很有用。该指标对销售变化很大的项目可能没有用。

资产回报率用于衡量公司运营资产的盈利能力。资产回报率的计算方法如下。

资产回报率 = 净利润率 / 资产周转率

其中资产周转率是用销售额（来自利润表）除以总资产（来自资产负债表）表示的。资产周转率是用来衡量公司资产利用效率的指标。资产回报率的每个组成部分的计算都可以在本章稍后介绍的战略利润模型中找到。

资产管理指标示例如下。

（1）固定资产。

① 资产回报率。

② 资产周转率。

③ 产能利用率。

（2）营运资金。

① 库存周转率。

② 库存供应天数。

客户服务

客户服务指标主要包括可用性、运营继续和服务可靠性。可用性是指当客户需要产品时企业刚好有库存。可用性可以通过满足率来反映，满足率主要包括以下 3 个方面。

供品率 = 发货项目数 / 订购项目总数

产品线完成率 = 已发货的产品线订单总数 / 产品线订单总数

订单满足率 = 已发货订单数 / 客户订单总数

订单满足率显然是最严格的满足率指标，订单满足率通常低于产品线完成率或供品率，除非每个订单都能完全被满足，在这种情况下，此处显示的 3 个满足率都为 100%。企业通常会定期报告延期订单数量和缺货数量，以作为可用性的补充指标来阐明可用性问题的严重性。

订单周期是衡量供应链运营绩效的一个很好的指标。不同的企业对订单周期的定义各不相同，但通常订单周期是指从收到客户订单到将订单交付给客户的平均时间长度。订单周期变化是一个重要的补充指标，可用来描述绩效可能与平均值不一致的情况。客户可能更喜欢 6 天的订单周期时间，加上 1 天的浮动时间；而不是 5 天的订单周期时间，加上 3 天的浮动时间。因为浮动天数越少，表明企业提供的服务越可靠，客户也能更有效地进行规划。

客户服务指标示例如下。

（1）满足率。

（2）缺货数量。

（3）及时交付订单数量。

（4）订单周期。

（5）订单周期变化。

供应链绩效指标的范围

供应链绩效指标还可以根据各个指标的范围进行分类。供应链绩效指标分类框架以水平条表示，如图 6-3 所示。

现在使用的绝大多数供应链绩效指标都集中在单个重点公司的绩效上。尽管这些公司内部的绩效指标能够促进该公司更加有效地对其供应链流程和资源进行管理，但这种做法忽略了很重要的一点：公司的成功需要所有供应链参与者的协作。

进行真正的供应链绩效评估之前，需要向诸多供应链参与者收集绩效数据。但在一般情况下，这很难做到，因为各个公司可能会将此类数据视作公司专有的战略数据，从而不愿共享数据。即使是与合作伙伴共享与绩效相关的数据，其也担心可能暴露自己的弱点和漏洞。

两家合作公司（无论是面向供应商的上游公司还是面向客户的下游公司）之间的二元指标有利于促进公司之间的关系，并有利于改善各自的供应链绩效的各个方面。据 Fabbe Costes 和 Jahre 的研究，约有 15% 的研究对通过二元指标或公司间协作指标来评估特定领域（如协作、关系承诺、服务质量以及库存可见性）的评估方法进行了阐述。

全面的供应链绩效评估是获得供应链理想绩效的必要条件。尽管如此，能够对整个供应链（从原材料供应到最终将产品交付给客户）的绩效进行整体评估的指标是非常少的。虽然大多数供应链都缺乏整体绩效评估指标，不过零售商使用的一些关键绩效指标还是有用的。零售商的关键绩效指标之所以有用是因为零售商是最接近最终用户的实体，而最终用户的反馈是供应链成功与否的关键。

绩效评估方法及评估框架

供应链绩效是复杂的、动态的、多方面的。供应链中多个业务流程交织在一起，多个企业都存在合作关系，这使得制定适当的绩效评估标准成为一项十分具有挑战性的任务。

由于难以从多个供应链参与者处获得可量化的绩效结果，因此绩效评估也存在一定的问题。即便绩效数据可以获得，供应链参与者可能也没有共同的目标或者各自追求着不同的结果。虽然企业经常会使用内部的绩效指标，但除非使用更加全面的绩效指标，否则企业无法真正实现对供应链绩效的评估。

本节着重介绍 3 种在实践中被证明是有用的绩效评估方法。这 3 种方法并不互斥，并且都可以提供评估供应链绩效的新视角。

平衡计分卡

平衡计分卡最初是作为评估企业整体绩效的工具而被引入的。后来，Brewer 和 Speh 对平衡计分卡的方法进行了更新，并将其应用于供应链绩效的评估。如今，平衡计分卡仍然是从多个维度对供应链绩效进行评估的可靠工具。顾名思义，绩效必须是“平衡”的，也就是说，企业并不希望自己在某些方面取得重大成就而在其他方面又极其落后。

平衡计分卡主要从 4 个维度设置绩效指标：客户利益、供应链管理目标、创新和学习以及财务效益，如图 6-4 所示。平衡计分卡的基本前提是“通过结合与长期盈利能力的潜在驱动因素有关的指标（即业务流程指标、创新和学习指标以及客户满意度指标）来平衡过分强调短期财务表现的倾向”。

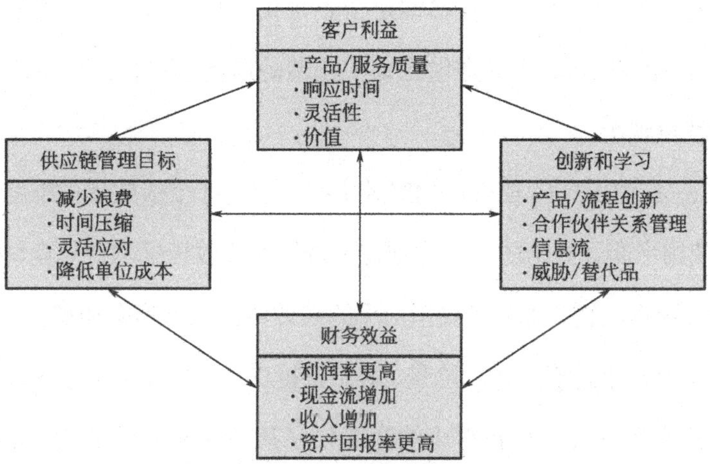

图 6-4　供应链平衡计分卡

以下是对这 4 个维度的简要说明。

（1）客户利益。客户利益衡量的重点是确定客户对供应链系统的满意度，企业希望通过客户价值和客户留存率来对此进行评估，其中客户价值可以通过产品 / 服务质量、响应时间和灵活性衡量。

（2）供应链管理目标。此类指标着重评估订单履行过程满足客户需求的程度，通常是非财务性质的。供应链管理目标的评估维度包括及时性（订单周期）、灵活性（快速响应客户订单变更的能力）、持续降低成本以及减少浪费等。

（3）创新和学习。这里需要重视的问题是需要采取哪些持续性的措施满足客户需求并留住客户。这里关注的重点是未来而不是当下。评估指标通常包括将新产品纳入分销渠道所需的时间、流程改进率以及数据集在整个供应链上的共享程度等。

（4）财务效益。要使供应链长存，必须利用传统的财务指标（如资产回报率）进行评估。盈利能力是根据满足要求的成本，按客户类型进行评估的。现金回流周期评估的是企业将花在材料和人工上的资金转换为现金所需的时间。产品在供应链中流通的速度越快，供应链成员就将更快地获得现金。

图 6–4 列出了 16 项具体的绩效指标，上述 4 个绩效评估维度各包括 4 项。使用平衡计分卡的一个困难在于，很多绩效指标需要与竞争对手的绩效指标进行比较，而获得竞争对手的绩效数据可谓难上加难。

平衡计分卡还有一个缺陷是，其不能提供 4 个维度的汇总绩效分数。虽然使用平衡计分卡分析得出的净得分在某些情况下可能是有用的，但平衡计分卡的实际价值其实在于它可以将多个维度的关键绩效指标集中起来，便于日常查看。同样值得怀疑的是，在多个行业间进行比较时，净得分是否真的有意义。

平衡计分卡最基本的优点是提供了一个简单易懂的框架，可以将多个绩效评估维度集合到一起。平衡计分卡其实是一个框架，企业可以对其内容进行调整以满足企业的具体需求，而且它可以随着市场需要的变化而变化。

作业成本法

传统的会计做法是将成本分配给企业中的各个部门或成本中心。一些间接成本可以根据简化业务成本核算的规则进行分配，如根据劳动工时或机器工时分配成本。但实际上，此类分配可能与每种产出的实际需求不太匹配。

例如，产品 A 和产品 B 的生产需要相同的机器工时，但产品 A 可能还需要在流程后端进行额外的人工定制加工。如果严格按照使用的机器工时对间接成本进行分配，则产品 A 的生产成本会被低估，而产品 B 的生产成本会被高估。

在以流程为中心的供应链环境中，传统的方法往往不是很有用，因为成本中心很少与供应链活动保持一致。实践证明，作业成本法是进行成本分配的一种有效方法。

作业成本法有助于企业了解和控制成本。简而言之，作业成本法可以帮助企业建立一个基于现实的成本模型。作业成本法可以用于评估供应链活动、资源和特定成本对象的成本和绩效。作业成本法的基本前提是，对企业产品的需求导致对供应链活动的需求，而供应链活动反过来需要使用资源（即产生的成本）以完成活动，即将资源（劳动工时、机器工时、材料等）分配给相应的供应链活动，然后将活动分配给成本对象。这样，间接成本（即间接费用分配）将转换为分配给特定活动的直接成本。

作业成本法涉及两个主要阶段，如图 6-5 所示。首先，所使用的资源必须追溯到需要消耗资源的活动，据此确定完成供应链活动的成本。其次要确定供应链活动的产出，使作业成本与相应的产品、服务或客户相联系。

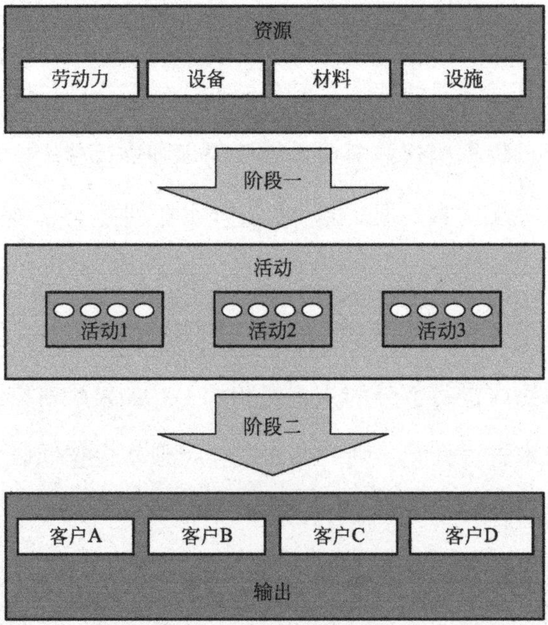

图 6-5　作业成本法

作业成本法的目标是找出不盈利的产出（如产品和服务）。通过对作业成本法的结果进行分析，企业可以改善现有流程，提高效率或定价，从而增加产品或服务的利润。在极端情况下，某个流程、产品可能会被淘汰。

作业成本法的一个缺点是数据采集要求较高。系统需要记录供应链活动发生时的情况，甚至还要记录不操作时的停机成本。不过，作业成本法可为企业提供做出正确的业务决策所需的准确成本信息。作业成本法的结果使企业能够评估特定供应链流程的财务影响，找出提高效率的机会，并开发更具成本效益的新流程。在供应链的运营中，作业成本法的应用非常广泛，作业成本法能帮助企业准确地了解服务特定客户或完成特定供应链活动的真实成本。

六西格玛改进方法

20 世纪 80 年代，摩托罗拉公司开发了六西格玛改进方法。该方法自 20 世纪 90 年代被通用电气公司采用后，便得到了广泛应用。该方法主要通过统计识别流程缺陷产生的原因，对缺陷进行消除。

企业可以采用六西格玛改进方法对现有业务流程进行改进。该方法由 5 个步骤组成，这些步骤总是按顺序进行。首先发现并理解问题（定义）；其次收集数据（测量）；然后通过分析确定根本原因（分析）；随后制定和执行流程改进（改进）；最后要定期对其进行测量，以确保随着时间的推移改进质量不会下降（控制）。六西格玛改进方法的 5 个阶段如下。

（1）定义——明确描述业务问题，指定客户群体，确定项目目标、资源和时间线。

（2）测量——确定当前流程的关键要素以及评估每个要素并收集相关数据。

（3）分析——确定实际绩效与预期绩效之间的差距，对被调查的每个缺陷产生的根本原因进行分析，确定每个绩效缺陷产生的原因。

（4）改进——根据数据分析结果优化当前流程，设计可能的解决方案，测试解决方案，并实施可进行最大限度的改进的解决方案。

（5）控制——制订监控计划以对改进后的流程进行评估，并在产生不利影响之前消除缺陷；对正在进行的流程评估（以及其他更改）进行记录，对员工进行适当且定期的培训。

请勿将六西格玛改进方法与 DMADV（定义、测量、分析、设计和验证）

混淆，DMADV 旨在创建实现六西格玛改进目标的全新流程。

财务分析方法

供应链管理的价值最终是通过财务绩效来评估的。优秀的供应链能够使在供应链运营中扮演中心角色和辅助角色的企业都增强盈利能力。通过改善客户服务（有效性）和降低运营成本（效率），可以有效提高利润。

为准确评估供应链绩效，需要考虑 3 个关键要素。第一个要素，绩效须与供应链的战略和目标相联系。供应链如果存在公认的、可测评的目标，则可以有效降低管理者以牺牲供应链的整体绩效为代价来优化各自企业绩效的可能性。第二个要素与第一个要素密切相关，即要明确制定整体供应链目标和评估指标的重要性。如果解决方案解决的是通过非整体性指标发现的问题，那么把指标限制在一定范围内（而不是适用于整个供应链的指标）将导致供应链的绩效不能达到最优。第三个要素，成功的绩效评估应是多维的，至少要包括效率和有效性。战略利润模型既可以提高效率又可以提高有效性。

战略利润模型

企业一般通过财务业绩和增加的股东价值评估其绩效。第 1 章以图形的方式呈现的战略利润模型提供了一种分析方法，该方法结合利润表和资产负债表中的信息来制定关键绩效指标。效率可以用资产回报率来衡量，有效性可以用销售额的增加来衡量。与该模型中每个财务要素相对应的箭头标识了提高效率所需的财务数据的变化方向。下文将对战略利润模型中的效率和有效性指标进行详细说明。

供应链效率的测量

资产回报率是由战略利润模型产生的效率指标。企业可以通过提高净利润的增长速度（快于总资产的增长速度）提高资产回报率。资产回报率的提高可以通过多种方案中的一种或多种方法完成，如增加销售额、降低销售成本、减少销售费用、一般费用以及行政费用或减少任何类型的资产。

包括销售成本和销售费用、一般费用以及行政费用在内的运营成本实际上可能会增加，但是只要销售额以更快的速度增长，毛利润和净利润就会增加。只要总资产不变，即便净利润的增加幅度不大，资产回报率也会提高。

当销售额没有增加时，提高资产回报率的唯一方法就是提高运营效率或减少总资产。例如，通过以更低的成本购买原材料或降低销售和分销成本（如通过更经济的方法减小销售人员或运输产品的规模）的方式提高运营效率。减少总资产也具有类似的效果。这可以通过降低库存水平、以更快的速度收回未清应收账款或出售生产过程中使用的长期资产来实现。

供应链有效性的测量

销售额（或者更具体地说是销售额的增长）是由战略利润模型产生

的有效性指标。企业可以通过提高客户服务水平提高有效性，客户满意度的提高会直接引起销售额的不断增长。之所以会出现销售额增长，是因为现有客户选择从竞争对手处转移至本公司购买产品，或者有了新客户。销售额的增长将提高资产回报率，因此有效性的提高可能也会对供应链的效率提升产生直接的积极影响。

前文所述的评估效率和有效性的方法可以轻松地应用于单个企业的绩效评估，还可以应用于供应链中所有的参与者，以确定整体的供应链绩效。当然，达成这个目标的前提是组成供应链的各个企业已经建立了牢固的互相信赖的关系，并愿意共享较敏感的财务数据。

小结

正如本书已经明确指出的那样，供应链的环境非常复杂。在复杂的供应链中了解绩效便是绩效评估的作用所在。对于供应链管理者、企业以及端到端的供应链企业而言，选择适当的用于评估供应链绩效的指标类型是迈向成功的关键一步。

本章的目的是对创建有效的供应链绩效指标的要求进行概述。有效的供应链绩效指标应与企业目标和端到端的供应链企业相关。供应链管理者一直面临着一些挑战，即需要在相互排斥的目标之间不断进行权衡，如低成本、高水平的客户服务以及服务交付的适应性。这些权衡表明供应链绩效指标必须涵盖供应链绩效的多个维度，具体包括成本、生产率、质量、资产管理以及客户服务。由于供应链涉及许多企业之间的无缝交互，因此完整的供应链绩效指标应能评估多个企业的绩效。另外，随着供应链的不断发展，供应链绩效指标也应进行相应调整。如果企业树立了新的目标并提供了新的服务，供应链绩效指标也应进行更新。同样，当现有评估指标的使用次数越来越少时，企业需要将其淘汰。

世界一流的供应链企业通常也会在其绩效评估计划的一个或多个方面表现不佳。但它们会利用这些表现不佳的状况识别并解决有关流程、通信和整合的各种问题。成功的绩效评估的关键在于在发现问题后，企业具有快速解决问题并改善现状的能力。

尾注

[1] Beamon, B. M. (1999) Measuring supply chain performance. *International Journal of Operations and Production Management*, 19(3), 275–292.

[2] Bowersox, D. J., Closs, D. J., and Cooper, M. B. (2002) *Supply chain logistics management*. New York: McGraw–Hill.

[3] Brewer, P. C. and Speh, T. W. (2000) Using the balanced scorecard to measure supply chain performance. *Journal of Business Logistics*, 21(1), 75–95.

[4] Chow, G., Heaver, T. D., and Henrikkson, L. E. (1994) Logistics performance: Definition and measurement. *International Journal of Physical Distribution & Logistics Management*, 24(1), 17–28.

[5] Defee, C. C. (2012) Do companies care about supply chain performance? Working paper.

[6] Defee, C. C., Stank, T. P., and Esper, T. L. (2010) The performance

implications of transformational supply chain leadership and followership. *The International Journal of Physical Distribution and Logistics Management*, 40(10), 763–791.

[7] Drucker P. F. (1999) *Management challenges of the 21st century*. New York: Harper Business.

[8] Fabbe–Costes, N. and Jahre, M. (2008) Supply chain integration and performance: A review of the evidence. *International Journal of Logistics Management*, 19(2), 130–154.

[9] Ferrell, W. G. (2007) Time to rethink performance measurement. *Pensions & Investments*, 5(18), 31.

[10] Gibson, B. J., Defee, C. C., and Randall, W. S. (2010) *The state of the retail supply chain: Results and findings of the 2009 study*. Retail Industry Leaders Association: Arlington, VA.

[11] Hoffman, D. (2007) Supply chain measurement: Turning data into action. *Supply Chain Management Review*, 11(6), 20–26.

[12] Hoffman, D. and Barrett, J. (2010) Benchmarking your supply chain. *The Journal of Commerce*, 11(35), 30–33.

[13] Holmberg, S. (2000) A systems perspective on supply chain measurements. *International Journal of Physical Distribution and Logistics Management*, 30(10), 847–868.

[14] Kaplan, R. S. and Norton. D. P. (1992) The balanced scorecard: Measures that drive performance. *Harvard Business Review*, 70(1), 71–79.

[15] Keebler, J. S., Manrodt, K. B., Durtsche, D. A., and Ledyard, D. (1999)

Keeping score: Measuring the business value of logistics in supply chains. Oak Brook, IL: Council of Logistics Management.

[16] Lambert, D. M. and Pohlen, T. L. (2001) Supply chain metrics. *The International Journal of Logistics Management*, 12(1), 1–19.

[17] Lee, H. L. (2004) The Triple–A supply chain. *Harvard Business Review*, 82(10), 102–112.

[18] Mentzer, J. T. (2004) *Fundamentals of supply chain management: Twelve drivers of competitive advantage.* Thousand Oaks, CA: Sage.

[19] Mentzer, J. T. and Konrad, B. P. (1991) An efficiency/effectiveness approach to logistics performance analysis. *Journal of Business Logistics*, 12(1), 33–63.

[20] Pande, P., Neuman, R. and Cavanagh, R. (2001) *The Six Sigma way*. New York: McGrawHill.

[21] Raffish, N. and Turney, P. (1991) Glossary of activity–based management. *Journal of Cost Management*, 5(3), 53–64.

[22] Sharma, A., Grewal, D., and Levy, M. (1995) The customer satisfaction/logistics interface. *Journal of Business Logistics*, 16(2), 1–22.

[23] Tennant, G. (2001) *Six Sigma: SPC and TQM in manufacturing and services*. Hampshire, England: Gower Publishing.

07

未来的供应链

本书讨论的供应链原则、供应链流程和供应链策略重点关注领先企业使用的供应链结构、流程和策略。这些企业已经意识到，供应链管理可以通过降低成本和增加收入来推动利润增长。因此，供应链管理有助于企业实现股东价值并在市场上建立竞争优势。

明智的企业也注意到了时刻保持警惕和具有前瞻性思维的重要性。供应链管理发生在不断变化的全球商业环境中，在这种环境中，策略可能会失去效用，供应链可能会因受到阻碍而中断，成本也可能发生变化。精明的管理者正在不断地对会影响供应链战略和实践的事件、技术等进行分析。拥有快速适应变化的能力将进一步加大领先企业与其他企业的差距。

本章将对十大主要因素进行介绍，它们将在未来推动供应链变革，并带来新的挑战。虽然这十大因素并不能完全覆盖所有可能的情况，但每个因素都值得供应链管理者给予密切关注。这十大因素包括人员、流程和技术方面的因素，它们都会对供应链、企业及其利益相关方产生影响。

十大因素

当今，有许许多多变革性的力量正在影响供应链的发展，而且这些影响可能会持续较长时间。企业的管理者应意识到以下十大因素对供应链的潜在的巨大影响。

永久的波动性

回想发生过的全球性经济崩溃事件和巨大的自然灾害，供应链的管理者就应该能够意识到“黑天鹅”事件随时都会出现，并且一旦出现就会严重影响产品的正常流通。普华永道的研究表明，经济增长、收缩和复苏的宏观经济周期正在变得越来越不稳定，这导致制订可靠的供需计划变得越来越具有挑战性。另一项研究指出，破坏性的宏观经济因素（包括人口增长和移民、经济增长、全球连通性、地缘政治活动和环境变化）会给供应链和必须应对挑战的供应链管理者带来极大的压力。

埃森哲公司将较短的产品生命周期、供应商变更和苛刻的客户等归纳为所有企业面对的共同难题，并称之为“永久的波动性”。对供应链的管理者来说，波动和变化已经属于老生常谈了。真正发生改变的是，在过去的一段时间里，出现困难和波动的频率越来越高了。随着全球化的不断发展，全球商业环境日趋不稳定，这就需要供应链管理者快速做出响应。

响应的方式之一是对第 4 章讨论的各种技术加以应用。强大的获取准确的实时数据的能力有助于企业快速根据相应数据做出响应，其结果是企业能够及时预测和应对变化，而不是被动地做出缓慢的反应。虽然供应链技术已经得到了极大的发展，企业对技术的重视程度也日益提升，但是还是有许多企业还没有对现有的供应链技术（如射频识别技术、可见性工具以及统计决策技术）加以利用。

应对高频率波动的另一种积极策略是建立适应性比较强的供应链。为了利用新的机会，侧重优化劳动力成本的传统运营模式和网络结构必须让位于包含库存、运输、交货时间和机会成本的总抵岸成本。虚拟供应链和多地点网络能够以较低的成本实现需求和库存的快速匹配，从而增强供应链的适应性。

快速执行采购、生产和订单履行等流程有助于供应链适应波动。供应链必须能够快速调整以适应供需变化。运营真正具备敏捷性的供应链需要人力资源部门具有创新意识，并积极主动采取应对措施，信息技术基础架构和系统也要具有发现并利用机遇的能力。能否比竞争对手更快地将创意推向市场，能否充分利用新技术拉近与关键客户的距离，对企业在当今市场的未来发展状况至关重要。

供应链创新是对有关产品生命周期缩短和需求变化的波动进行管理的另一个关键能力。企业需要设计产品和服务，以满足能够为企业带来利润的客户群当前和未来的需求。企业也要识别出哪些产品和客户群不会带来利润，并严格遵守规则有序放弃这些产品和客户群。

在 21 世纪，波动性是持续存在的。对那些没有认识到永久波动的潜在影响且没有提前采取措施应对这种影响的企业来说，其供应链存在着巨大的风险。相比之下，拥有较强的适应性、敏捷性和创新性的供应链的企业面临的风险更小，并能对新的机会加以利用。

高管参与

作为一门学科，供应链管理正处于一个引人注目的转型期。高管越来越多地将供应链管理视为一项战略资产。他们已经认识到，强大的整合供应链对推动企业取得更大的成功具有很大的价值，特别是考虑到长期存在的波动性。这些高管正在提高供应链管理者的地位，并大力投资供应链来加大企业的竞争优势。

从制造商到零售商，精明的高管都已经认识到供应链管理有助于促进企业跨职能部门合作、控制成本、确保产品的可用性，并使企业在经济兴衰期也能获得利润增长。休闲餐饮公司布林克尔国际公司（Brinker International）的董事长兼首席执行官指出："事实上，供应链要对从原材料的采购到合同条款的履行的整个流程负责。供应链可以为餐厅提供一切所需的服务，并确保餐厅既不会'跑得太快'又不会'跑得太慢'。供应链是影响企业经营状况的关键因素。"

好消息是，企业对供应链管理的关注为供应链管理者参与高层会议创造了宝贵的机会。如果能够参与高层会议，供应链管理者便可以加深其对供应链能力的理解，形成供应链战略，并为促进企业成功做出贡献。这就需要供应链管理者与高管进行经常性的有效沟通，也就是说要向高管清晰地阐述供应链中存在的机会、需求和风险，在此过程中应避免使用供应链术语，还要使用易于理解的指标来评估供应链的绩效。更重要的是，供应链管理者要精通货币语言，能够从财务报表和报告的角度出发向高管阐明供应链管理的价值。

虽然企业对供应链关注度的不断提高对供应链管理者来说通常是好事，但这也会变相放大供应链的某些缺陷。例如，一些高管认为，供应链还有很大的改善空间，尤其是供应链风险管理领域。德勤（Deloitte）对全球高管的调查显示，许多高管对全球供应链日益复杂以及由此产生的中断和企业可能为此付出的代价感到担忧。将近一半的受访者表示，他们的供应链风险管理计划的作用非常有限，或者根本就是无效的。为了解决这些问题并优化供应链的风险管理，供应链管理者必须采用预测模型等工具全面整合流程。这将促进企业对风险的主动管理，并提升高管所期望获得的供应链应变能力。

供应链管理者绝不能错过这个机会，并且要做好准备将供应链管理的价值讲给更多的高管级别的听众。当然，说到就要做到，供应链管理者要达成事先承诺的绩效，因为高管会根据其日益增长的期望对供应链管理者进行评估。

人才管理

随着高层越来越期望从强大的整合供应链中获取更大的价值，人才就成了影响成功的关键因素。供应链管理者必须将注意力从专业知识和成本最小化转向更注重使总拥有成本最小化的跨界解决方案，这就需要供应链管理者通过管理技能和商业头脑弥补供应链专业知识的缺乏。

在寻找具备合适的供应链技能、综合管理才能和相关行业知识的合格候选人时，供应链管理者的职责范围正在不断扩大，而此类人才的寻找变得越来越困难。麦克雷、高德纳和麻省理工学院的合作研究表明，能够适应不断变化的供应链管理岗位且经验丰富的供应链人才是非常有限的。

对供应链人才需求的增加又加剧了这种人才短缺。企业高管越来越能意识到供应链管理在促进企业成功方面的重要性，而这种认知正在引发对供应链顶尖人才的竞争。

企业要在人才匮乏的市场中茁壮成长，就需要建立一个三管齐下的人才管理计划。

首先，企业需要专注于获取供应链人才，对职位职责、关键能力和人才需求预测进行评估。为了吸引合格的供应链人才，企业需要根据关键的人才要求进行大规模的招聘，并在招聘过程中对候选人进行短期内的彻底审查，以确保招聘的人才完全符合资质要求。

其次，企业还需要加强对供应链人才的培养。强大的入职培训会迅速吸引供应链人才，使其加入供应链团队，为企业发展做出贡献。企业可以通过持续的培训帮助员工跟上这个瞬息万变的市场，使其为企业的成功做出贡献，并为未来将要承担的责任做好准备。此外，为员工量身定制发展计划、指导关系和潜力计划有助于增强其学习能力、专业能力和领导能力。

最后，企业要制订战略性人才发展计划，使供应链人才能打好根基、学好供应链知识，从而为企业未来的发展做出贡献。经过精心设计且合乎逻辑的职业发展路径有助于供应链人才掌握相应的专业知识和领导才能，推动其职业发展并培养其担任供应链高级管理职务。全方位的人才发展计划有助于减少人员流动以及相关成本。一个具有前瞻性的人才发展计划还涉及人才保留计划，人才保留计划能为企业的供应链发展储备人才。

如果得到适当的资助和执行，人才管理计划将有助于企业建立一个具有强大技能和能力的供应链人才团队，以完成由高管发起的扩展供应链的任务。相比之下，如果企业不重视人才培养，则会削弱供应链管理的作用，并加速关键人才的流动，从而使企业缺乏充分发挥供应链管理的作用及发挥其最大潜力所需的技能。

全渠道客户

归功于技术的不断发展，“客户就是上帝”的说法在21世纪仍然有效。如今，无论何时、何地，客户的需求几乎无处不在。各类企业，尤其是零售商绝对不能忽视这个大的发展机会。美国电子商务销售额的短期发展前景依然很好；根据福雷斯特公司的一项研究预测，以英国为首，欧洲的电子商务销售额也将以15%的复合年增长率增长。

现代消费者能够通过移动设备、个人计算机、实体商店等多种方式下单购物，因此企业必须迅速制定有效的应对策略，开发新的功能以满足供应链全渠道客户的需求。这就需要企业调整基础架构、技术和流程。

全渠道零售商有多种基础架构方案可以选择。这些方案主要包括使用为拥有独立库存的单个渠道提供服务的专用设施，使用为拥有通用库存的所有渠道提供服务的整合设施，抑或二者结合。其他的设施包括实体商店、供应商设施或物流服务提供商设施等。而选择基础架构方案时主要需要考虑产品的特征、需求量和地理分布以及库存单位通用性等。现实中零售商使用多种基础设施来支持多种方案的情况并不少见。

通过使用多种基础设施准确捕获并及时履行全渠道订单，需要可靠的技术手段的支持。第4章讨论的许多软件工具都能够促进订单的及时履行，但未来最有效的工具可能是分布式订单管理软件。分布式订单管理软件能够处理来源于各种渠道的订单，这些渠道包括计算机、零售商店、信息亭或移动设备。在获取订单后，分布式订单管理软件将根据库存容量、交付成本、产能、客户需求以及其他因素来确定最佳的订单履行设施。

只要执行得当，分布式订单管理软件会尽可能选择最有效的方法来帮助零售商满足客户的需求。

履行全渠道订单需要建立灵活的流程。企业需要为每种类型的订单（如个人的电子商务交易订单、零售商店订单以及批发订单）搭配适当的拣配、包装和运输方式。此后企业还需要确定各种流程之间的最佳流动路径，并为后续的交付流程提供不同的速度选项，并根据客户喜好确定订单周期。一些企业正在提升其在主要市场中的当天交货能力，并期望客户会为此项服务支付高溢价。

未来电子商务增长的大头将由能够创造性地调整订单履行基础设施、技术和流程的企业获得。对于想要与亚马逊等电商公司进行竞争的企业而言，进行相关投资是十分重要的。

生产转移

近年来，美国的一些企业高调宣布要将采购和生产活动从一些亚洲国家转回美国。2009 年，Rubin 将石油成本升高列为未来海外采购萎缩的主要影响因素，并预测了全球化的终结。传统的低成本国家、地区采购地点的工资水平的上升也成为企业密切关注的问题。供应链风险的增加以及响应能力的下降使得离岸外包的吸引力降低。很快，各个企业便采取了行动，开始从离岸外包转为近岸外包，开始了制造回流。

尽管惠而浦、通用电气和福特已将部分生产活动转回美国，但没有迹象表明美国国内的制造业会全面复苏。随着生产活动向美洲的不断转移，关键的生产地点将包括墨西哥、智利、巴西、哥斯达黎加以及其他美洲国家。某项研究表明，近岸外包的潜在好处包括更低的运费、更少的在途库存，以及更快的产品上市速度。许多企业都发现，较低的供应链成本加上更高的灵活性，抵消了美国较高的工资水平，从而降低了总拥有成本。

尽管有人大胆预测，数以百万计的制造业工作岗位将会回流，但全球供应链仍将持续运营。企业会继续将生产活动离岸外包，但外包的数量和速度都不会像过去那样了。研究表明，低成本国家之间将出现更多的生产转移。成功进行生产转移的关键在于对潜在转移地点的产能、效率和供应链能力进行正确评估。对于鞋子这类产品，许多企业短期内可能还无法进行生产转移，因为制造此类产品所需的基础设施主要集中在特定国家。

供应链管理者未来要多参与有关采购和生产转移的战略对话。根据 Marshall Fisher 教授的说法，在离岸外包热潮中，企业对劳动力成本的关注过多，而对运营细节和供应链成本的关注又不够。随着讨论的焦点转向在岸外包、近岸外包和制造回流，供应链管理者需要积极地参与此类对话。在进行有关外包生产的战略决策时，需要引入针对运输成本、库存成本、敏捷性、特定地点的风险以及基础设施的可用性的基于事实的评估。

自动化

在有关外包地点和生产转移的讨论中，一个重要的考虑因素是自动化程度。生产活动的高度自动化有助于降低劳动力成本在总成本中的比重，也有助于将北美洲工资上涨对低成本国家的影响降至最低。例如，自动化的出现使联想集团选择在北卡罗来纳州的惠特塞特生产个人计算机。

自动化给供应链带来了许多好处。除了有助于提高劳动生产率和降低劳动力成本的占比外，生产自动化还有助于降低劳动力短缺的影响、消除重复性任务、提高工人的安全性、提高产品质量、缩短制造周期。因此，没有实现自动化的公司可能会发现自己正处于竞争劣势。展望未来，创新技术（如 3D 打印）、信息技术的整合，以及造价更低、更灵活的机器人将使自动化程度更高，并提高投资回报率。

自动化不仅有利于制造业。继欧洲公司之后，北美地区的配送中心的自动化水平也上升了。随着劳动力的老龄化，再加上人工选择商店订单的成本和实际困难的影响，Kroger 和 Sobeys 在高度自动化的配送中心的建设上投资了数百万美元，其员工通常只有在收货和装运时才会接触产品。由于对自动化在提高订单履行效率、准确性和安全性方面的潜在益处比较感兴趣，其他很多零售商也在积极地对类似的商业投资案例进行评估。

与其他重大投资一样，要实现自动化就要对相应的问题、替代方案、效益和成本进行彻底调查，以确定自动化方案是否合适，在财务上是否可行。供应链管理者需要对新的自动化方案、潜在的供应链劳动力短缺，以及强制性医疗保险等成本因素进行仔细分析。这些分析有利于企业在生产和订单履行过程中更多地使用自动化工具。

可持续性

环境保护主义和可持续性的概念对于供应链来说并不新鲜，但在21世纪，环境保护主义和可持续性确实既是挑战也是机遇。从挑战的角度看，企业不能忽视其对环境的影响，因为买方企业和消费者在选择供应商时会越来越多地考虑环境问题。如果企业不能清晰地表达其战略并做出绩效改进，那么其销售水平将会下降。从机遇的角度看，关注可持续性确实会为企业带来经济效益。换句话说，企业可以从“绿色”中获利。

少花钱多办事当然是注重可持续性的一种盈利方式。在过去的几年中，沃尔玛重新设计了包装并减少了包装材料的使用，提高了推车容量利用率以及行进效率，这一系列举措帮助沃尔玛多交付了3.61亿箱货物，同时减少了2.87亿英里的行驶里程。荷美尔转而使用超轻型卡车，增加了每辆车的载货量，将油耗减少了9800加仑（1加仑≈3.8升），碳排放量也减少了100吨。在这两个例子中，两家企业都削减了燃料开支，减少了自然资源的使用，并降低了对环境的影响。

将逆向供应链转变为利润中心既可以带来经济上的回报，又可以对环境负责。具有创新意识的企业并不会将退货和即将到期的产品视为不值得关注且处理成本高昂的麻烦，而是正在着手建立高效的供应链流程和优先顺序来降低逆向成本。虽然最简单的方法就是把这些产品扔进垃圾场里，但这应该是最终手段，因为这样做会牺牲其剩余的产品价值。取而代之的是，企业应从财务分析、合规性和品牌等因素出发，通过所有可能的策略（翻新、拍卖、重新分配、回收以及捐赠等）对产品进行处置。与正向供应链一样，企业也应通过适当的绩效指标对逆向供应链进行评估。

建立可持续的供应链不仅是出于对社会的责任和财务利益方面的考虑，还涉及合规性的问题。逆向供应链必须根据美国 24 个州的扩展产品责任法和全球范围内类似的法规进行适当的报废管理。这些流程通常很复杂，需要供应链管理者花费很多的时间和精力来打理。

供应链网络设计

总体而言，本章所列的第四至第七个因素会对供应链网络的设计产生重大影响。无论何时、何地，销售渠道都需要新的履行设施或重新调整现有设施的用途。采购、生产地点和自动化水平的变化可能会使企业当前的采购地点、分销中心和交货路线变得不合时宜或不甚理想。可持续发展目标可能会推动面向市场的设施和逆向供应链的发展。企业需要对当前的供应链网络设计进行重新评估，并进行适当改善以适应新的市场环境。

通常，出于成本、复杂性和时间方面的考虑，企业很少对供应链网络设计进行研究。但是，由于上文列出的各种变化以及需求、合并、收购或者资产剥离方面的波动，企业应更频繁地对供应链网络设计进行评估和研究。很少有企业会每年都对供应链网络设计进行多次评估，但多次评估供应链网络设计有助于降低供应链成本、提高供应链的服务水平。

为了从供应链网络设计中获得更大价值，企业可以借助网络建模软件的力量。这些软件使供应链管理者可以对现有的供应链进行建模，对不同的策略进行模拟，并根据不同的地点、设施数量和相关因素进行假设分析；可以在成本、收益和执行难度方面对每个可行的方案进行评估。在模型中准确地描述所选网络，会使供应链网络设计评估变得更加容易。

展望未来，供应链管理者应对供应链网络设计持开放态度。在选择地点时，除了考虑典型的地区因素外，供应链管理者还应考虑影响风险和成本的全球性因素。供应链管理者也需要考虑具有创新性的策略，如Zara公司使用的区域集群设计策略。供应链管理者应该以更微妙的方式处理决策。从长远来看，供应链管理者要考虑使用具有大数据和分析功能的网络化企业模型，以快速应对不断变化的市场条件，并寻求长期发展机遇。

大数据

大数据是用来描述存储在数据库中的信息的术语，大数据既包括运输管理系统等结构化存储库，也包括呼叫中心数据等非结构化资源。咨询师、分析师和研究人员认为大数据将是供应链管理的“下一波大潮”。他们认为，如果能够利用软件在这些庞大的数据储备中进行搜索，企业可能会发现某些隐藏数据，并且这些隐藏数据可用于改善供应链。本书讨论的许多供应链能力（如运输规划和需求预测等能力）都可以通过大数据系统进行增强，以帮助管理者快速将数据转换为更好的决策，从而节省资金并优化运营效果。

独特的大数据机会在于尚未被清理或整理的原始供应链数据。Cecere认为，这些来自客户互动、社交媒体和其他外部来源的非结构化数据对供应链管理者来说非常重要。供应链管理者需要使用大数据技术的感知和模式识别功能，以快速获取和学习以前未使用过的数据。这在一定程度上有助于供应链管理者更好地感知真实的渠道需求并做出相应的反应。例如，特易购公司开发了一个分析模型，用来对历史购买数据和预期趋势进行比较。该预测模型有助于特易购公司准确地预测特定地区的消费者的消费需求，然后做出相应的决策。通过使用该模型，特易购公司缺货和库存过剩的情况减少了。

要利用大数据需要具有逻辑化的流程和强大的分析基础架构。首先，必须对数据进行实时收集。然后通过计算、转换和展开等方式对数据进行处理。最后，通过临时查询对数据进行搜索，并通过仪表盘实现数据的可视化。大数据工具的工作原理是将查询移至要处理的数据，而不是将数据移至查询处理器。该过程的每个步骤都意味着数据库正在发生改变，需要重新加载。因此，这种分析模型很庞大，并且需要非常大的内存才能运行，需要一个强大的计算层、文件系统、数据库以及分析程序包以根据业务问题对数据进行评估。

虽然大数据的发展前景十分广阔，但供应链管理者需要清晰地将现实与炒作区别开来，而且要将重点放在数据的质量而不是数量上，阐明将产生最优效果的数据计划，并利用基于云计算的存储和分析工具而不是构建内部解决方案。由于 80%的供应链数据都来自外部合作伙伴，仅有 20%的数据来自企业内部，因此大数据具有很大的潜能可以帮助创建整合的供应链，并使各方在整个供应链中达成一致见解。

政府监管

供应链管理者们一致认为政府并不追求企业利益的最大化。一项调查显示，大部分被调查者认为政府干预程度的提高是他们面临的继成本问题之后的第二大挑战，认为含糊的规定、烦琐的监管以及过于激进的执法会对企业的运营产生负面影响。

供应链管理者需要分析政府法规的变更是如何影响企业运营的，并采取措施以降低其对成本和客户服务的负面影响。例如，美国政府对卡车司机服务时间的规定预示着企业要满足运输需求，就需要支付额外的费用。承运人认为自己的生产力因此下降，需要投入更多的资源才能运送相同数量的货物。托运人也认为这项规定缩短了行驶里程，其被迫对制造和分销网络进行重新配置。企业需要积极主动地重新设计供应链流程，以最大限度地减少负面影响。

监管方面的挑战不仅限于美国政府。例如，在所有欧盟国家、地区销售的产品都不得包含被欧盟的《化学品注册、评估、许可和限制法规》视为有毒物质的化学品。此外，与可持续性、安全性、劳动保护和道德贸易有关的法规也在增加。企业需要建立机制紧跟不断变化的监管环境，并确定适当的供应链响应策略。有些企业选择通过软件工具应对产品成分合规性方面的挑战，而另一些企业则选择寻求熟悉相关区域要求的知识渊博的物流服务提供商和顾问的帮助。

同时，供应链管理者也担心政府对基础设施的投资不足。美国工程师协会 2013 年的一份报告（相应的评级结果为 D+）显示，财政支出在这方面的缺口为 1.6 万亿美元，这进一步加剧了供应链管理者的担忧。运输基础设施缺乏维护和发展引起了供应链管理者的担忧，即交通拥挤将导致生产力下降、交货延迟和供应链成本上升。供应链管理者需要考虑替代性的交付流程、方式和时间安排，以最大限度地减少拥堵的影响。

小结

回顾本书的开头，可以明确企业为什么需要慎重地监控这 10 种因素和供应链环境，以发现其他新出现的问题。第 1 章谈到发展高效和敏捷的供应链能力以响应动态的市场需求，这是企业成败的重大影响因素。本章讨论的因素无疑是动态发展的，其中许多因素的发展都与市场需求的发展保持一致。因此，企业必须对其进行妥善管理，以实现供应链的成功并获得竞争优势。

正如 Stock 指出的那样，技术和供应链数据的大浪潮将会出现，帮助供应链管理者掌控这些因素，但这并非易事。供应链管理者仍将面临控制风险、管理数据和克服障碍等方面的诸多挑战。不过，如果有任何一个团队能够做到这一点，那么该团队中的供应链管理者一定是富有创造力和奉献精神且精力充沛的人。

尾注

[1] Agrawal, A. (2012) Turn your reverse supply chain into a profit center. *CSCMP's Supply Chain Quarterly,* 6(1), 46–53.

[2] AlixPartners. (2012) Mexico continues to be top choice for manufacturing "near-shoring", says AlixPartners study.

[3] Autry, C., Goldsby, T., and Bell, J. E. (2012) *Global macrotrends and their impact on supply chain management,* Upper Saddle River, NJ: FT Press.

[4] Blanchard, D. (2013) Logistically speaking: Whose supply chain is it, yours

or the government's? *MH&L News*.

[5] Booth, T. (2013) Here, there, and everywhere.

[6] Boyd, J. (2012) Think globally, site locally. *Supply Chain Quarterly*, August, 24–25.

[7] Bragg, S., Stone, R., Van Geersdaele, J. (2011) 7 signs your supply chain needs a redesign. *CSCMP's Supply Chain Quarterly,* 5(3), 47–52.

[8] Burnson, P. (2013a) Deloitte survey: Executives face growing threats to logistics management. *Logistics Management.*

[9] Burnson, P. (2013b) PwC's 16th annual global CEO survey reveals continued focus on supply chain. *Logistics Management.*

[10] Cecere, L. (2013) Five supply chain opportunities in big data and predictive analytics. *DataInformed.*

[11] Cooke, J. (2013) Shippers show big interest in big data. *DC Velocity.*

[12] Cottrill, K. (2010, Fall) Are you prepared for the supply chain talent crisis? MIT CTLWhite paper.

[13] Cudahy, G. C., George, M. O., Godfrey, G. R., and Rollman, M. J. (2012) Preparing for the unpredictable. *Outlook: The Online Journal of High–Performance Business*.

[14] eMarketer (2013) Retail ecommerce set to keep a strong pace through 2017.

[15] Engel, B. (2011) 10 best practices you should be doing now. *CSCMP's Supply Chain Quarterly,* 5(1): 48–53.

[16] Ernst & Young. (2011) *Operational agility: From supply chain to integrated*

value chain.

[17] Evans, K. (2013) The rise of same–day deliveries, thanks in part to Amazon. *Internet Retailer.*

[18] Floyer, D. (2013) Enterprise big–data. *Wikibon.*

[19] Fortna. (2013) *5 steps to designing omni–channel fulfillment operations.*

[20] Gibson, B., and Defee, C. (2012) *The state of the retail supply chain: Essential findings of the third annual study.*

[21] Gibson B., Williams, Z., Goffnett, S., and Cook, R. (2013) *SCM talent development: The advance process.* Oak Brook, IL: Council of Supply Chain Management Professionals.

[22] Halsey, A. (2013, March 19) U.S. infrastructure gets D+ in annual report. *The Washington Post.*

[23] Harrington, L. (2012) Nearshoring Latin America: A closer look. *Inbound Logistics.*

[24] Indvik, L. (2013) Forrester: U.S. online retail sales to hit $370 billion by 2017. *Mashable.*

[25] Kalakota, R. (2011) What is a hadoop? Explaining bid data to the C–Suite. *Practical analytics.*

[26] Klappich, D., Stiffler, D., and Tohamy, N. (2011) Talent and high performing supply chains. *Gartner Webinars.*

[27] Knowledge@Wharton. (2013) Should manufacturing jobs be "re–shored" to the U.S.?

[28] Kucera, D. (2013, August 29) Why Amazon is on a warehouse building

spree. *Bloomberg BusinessWeek Technology.*

[29] Lee, W. B. (2013) How to communicate with your board of directors. *Supply Chain Management Review,* 17(2): 32–39.

[30] Manyika, J., Sinclair, J., Dobbs, R., Strube, G., Rassey, L., Mischke, J., and Ramaswamy, S. (2012) *Manufacturing the future: The next era off global growth and innovation.*

[31] Master, N. (2013) Tesco improves supply chain with big data, automated data collection. *RFGen*.

[32] Mayer, M. (2013) Surpassing sustainability. *Refrigerated & Frozen Foods, 23*(5), 30–37.

[33] McCrea, B. (2012, January/February) What hiring managers are looking for today. *Supply Chain Management Review*, January/February Executive Education Special Supplement, S3–S6.

[34] National Restaurant Association. (2013) Supply chain integral to brands' success, CEOs say.

[35] O'Sullivan, D. (2009) *Industrial automation: Course notes.*

[36] Pemmaraju, K. (2011) Five challenges of managing big data in supply chains. *Sand Hill.*

[37] Pinto, J. (2013) Manufacturing automation futures. *Automation World.*

[38] PwC. (2013) *Global supply chain survey 2013: Next-generation supply chains efficient, fast and tailored.*

[39] Rasmus, R., Godfrey, G., and Richter, G. (2012) Dynamic operations: Driving profitable growth in the age of permanent volatility. *CSCMP*

Annual Global Conference 2012.

[40] Rogers, D., Lembke, R., and Benadino, J. (2013) Reverse logistics: A new core competency. *Supply Chain Management Review,* 17(3), 40–47.

[41] Sciacca, C. (2013) Real–time big data is the next big thing for supply chains. *Who said supply chains are boring?*

[42] Sheffi, Y. (2012) *Logistics clusters: Delivering value and driving growth.* Cambridge, MA: MIT Press.

[43] Solomon, M. (2013, August 2) Appeals court upholds virtually all of government's driver hours of service rules. *DC Velocity.*

[44] Stock, J. (2013) A look back, a look ahead. *CSCMP's Supply Chain Quarterly,* 7(2), 22–26.

[45] U.S. Bureau of Labor Statistics. (2012) Business and financial: Logisticians. *Occupational Outlook Handbook.*

[46] Watson, M., Lewis, S., Cacioppi, P., and Jayaraman, J. (2012) *Supply chain network design: Applying optimization and analytics to the global supply chain.* Upper Saddle River, NJ: FT Press.

[47] Westervelt, A. (2012, May 10) How international regulations are changing American supply chains. *Forbes.*

[48] Woods, D. (2013, June 27) Why building a distributed data supply chain is more important than big data. *Forbes.*

致谢

感谢各位导师以及同事为本书的写作所做的贡献，感谢各位提供了编写本书所需的知识和技能。同时也感谢供应链管理专业团队，是他们注意到了 SCPro 认证计划的重要需求。感谢里克 · 布拉斯根（Rick Blasgen）、凯瑟琳 · 海德兰（Kathleen Hedland）、安 · 诺伊曼（Ann Neumann）、凯西 · 麦金纳尼（Kathy McInerney）、希瑟 · 莫里斯（Heather Morys）以及 CSCMP 的所有同仁。

非常感谢特德 · 斯坦克（Ted Stank）博士（来自田纳西大学）、克里斯 · 莫伯格（Chris Moberg）博士（来自俄亥俄大学）以及汤姆 · 斯佩（Tom Speh）博士（来自迈阿密大学）的鼎力支持，他们使 SCPro 从理论概念转变为现实，并且同意让布赖恩 · 吉布森博士加入这个计划。同样也要感谢来自田纳西大学的查德·奥特里（Chad Autry）博士以及英国《金融时报》的珍妮·莱文（Jeanne Levine），在这套供应链丛书的编制过程中，他们提供了宝贵的支持。